# 사기

역사와 삶의 철학이 만나는 살아 있는 기록

청소년 철학창고 12

**사기** 역사와 삶의 철학이 만나는 살아 있는 기록

초판 1쇄 발행 2006년 5월 25일 | 초판 11쇄 발행 2022년 7월 8일

풀어쓴이 고은수
펴낸이 홍석 | 이사 홍성우 | 기획 채희석
인문편집팀장 박월 | 편집 박주혜 | 표지 디자인 황종환 | 본문 디자인 서은경
마케팅 이송희 · 한유리 · 이민재 | 관리 최우리 · 김정선 · 정원경 · 홍보람 · 조영행 · 김지혜
펴낸곳 도서출판 풀빛 | 등록 1979년 3월 6일 제2021-000055호
주소 07547 서울특별시 강서구 양천로 583 우림블루나인 A동 21층 2110호
전화 02-363-5995(영업) 02-362-8900(편집) 팩스 02-393-3858
홈페이지 www.pulbit.co.kr | 전자우편 inmun@pulbit.co.kr


ISBN 978-89-7474-538-7  44910
ISBN 978-89-7474-526-4 (세트)


이 도서의 국립중앙도서관 출판예정도서목록(CIP)은 서지정보유통지원시스템 홈페이지(http://seoji.nl.go.kr)와
국가자료공동목록시스템(http://www.nl.go.kr/kolisnet)에서 이용하실 수 있습니다. (CIP제어번호 : CIP2006001075)

# 사기

## 역사와 삶의 철학이 만나는 살아 있는 기록

사마천 지음 | 고은수 풀어씀

# '청소년 철학창고'를 펴내며

  우리 청소년이 읽을 만한 좋은 책은 없을까? 많은 분들이 이런 고민을 하셨을 겁니다. 그러면서 흔히들 고전을 읽어야 한다고 합니다. 하지만 서점에 가서 책을 골라 보신 분들은 느꼈을 겁니다. '청소년의 지적 수준에 맞춰서 읽힐 만한 고전이 이렇게도 없는가.'라고.

  고전 선택의 또 다른 어려움은 고전의 범위가 매우 넓다는 것입니다. 청소년 시기에는 시간과 능력의 한계 때문에 그 많은 고전들을 모두 읽을 수 없습니다. 그렇다면 어떤 책을 읽어야 할까요?

  이런 여러 가지 현실적 어려움을 고려하여 기획한 것이 풀빛 '청소년 철학창고'입니다. '청소년 철학창고'는 고전의 핵심이라 할 수 있는 '철학'에 더 많은 무게를 실었습니다. 그 이유는 무엇일까요?

  사람들은 일반적으로 철학을 현실과 동떨어진 공리공담이나 펼치는 학문이라고 생각합니다. 하지만 철학적 사고의 핵심은 사물과 현상을 다양하게 분석하고 종합하여 그 원칙이나 원리를 찾아 내는 것입니다. 그래서 철학은 인간과 세상에 대해 깊이 있게 생각하고, 논리적으로 종합하는 능력을 키워 줍니다. 그런 만큼 세상과 인간에 대해 눈떠 가는 청소년 시기에 정말로 필요한 공부입니다.

하지만 모든 고전이 그렇듯이 철학 고전 또한 읽기가 쉽지 않습니다. 그래서 '청소년 철학창고'는 청소년의 눈높이에 맞추기 위해 선정에서부터 원문 구성에 이르기까지 많은 노력을 기울였습니다.

첫째, 책을 선정하는 과정에서부터 엄격함을 유지했습니다. 동양·서양·한국 철학의 전공자들이 많은 회의 과정을 거쳐, 각 시대마다 동서양과 한국을 대표하는 철학 고전들을 엄선했습니다. 특히 우리 선조들의 사상과 동시대 동서양의 사상들을 주체적인 입장에서 비교하고 검토할 수 있도록 했습니다.

둘째, 고전 읽기의 참다운 맛을 살리기 위해 최대한 원문을 중심으로 구성했습니다. 물론 원문 읽기의 어려움을 해결하기 위해 새롭게 번역하고 재정리했습니다. 그리고 청소년이라면 누구나 어렵지 않게 읽으면서 고전이 주는 의미와 내용을 이해할 수 있도록 설명을 덧붙였고, 전체 해설을 통해 저자의 사상과 전체 내용을 다시 한 번 정리해 주었습니다.

마지막으로 쉬운 것부터 읽기 시작하여 점차 사고의 폭을 넓혀가도록 난이도에 따라 세 단계로 구분을 했습니다. 물론 단계와 상관 없이 읽고 싶은 순서대로 읽어도 될 것입니다.

우리 선정위원들은 고전 읽기의 진정한 의미가 '옛것을 되살려 오늘을 새롭게 한다(溫故知新).'는 데 있다고 생각합니다. '청소년 철학창고'를 통해 자라나는 청소년들이 인간과 사물에 대한 깊은 통찰력을 키워, 밝은 미래를 열어 나갈 수 있기를 진정으로 바랍니다.

2005년 2월

선정위원    허우성(경희대 교수, 동양철학)      윤찬원(인천대 교수, 동양철학)
          정영근(서울산업대 교수, 한국철학)    허남진(서울대 교수, 한국철학)
          이남인(서울대 교수, 서양철학)        한자경(이화여대 교수, 서양철학)

# 들어가는 말

　아직 종이가 발명되지 않았던 시절에 죽간(竹簡, 대나무 판)과 목간(木簡, 나무 판)에다 한문 50여만 글자를 칼로 새기고 옻으로 칠해서 만든 책이 사마천의 《사기(史記)》다. 엄청난 노력과 시간 그리고 대단한 능력 없이는 불가능했던 《사기》의 완성은 사마천의 삶과 긴밀하게 연결되어 있다.

　비교적 순탄한 관료 생활을 하던 사마천은 대대로 역사를 기록하는 집안의 전통에 따르라는 아버지의 유언대로 사관(史官, 역사 기록을 담당하는 관리)이 되었다. 그러나 흉노족(匈奴族)에 패한 장군 이릉(李陵)을 대담하게 변호하는 바람에 황제의 노여움을 샀고 생식기를 거세당하는 궁형(宮刑)을 받아야 했다. 치욕과 울분으로 하루에도 수십 번씩 죽음을 생각했지만 사마천은 《사기》를 완성하려는 일념으로 치욕을 견디며 더욱 열정적으로 자신의 일에 열중했다.

　이렇게 완성된 《사기》는 사마천 혼자만의 업적이 아니었다. 사마천의 고백에 의하면 이 방대한 자료는 그의 아버지가 모아 둔 것이었고, 자신은 다만 아버지의 유업을 이어받았을 뿐이라고 한다. 그러나 사마천의 겸손한 고백이 있다고 해서 《사기》를 완성한 그의 업적이 깎여질 수는 없을 것이다.

　사마천은 중국 역사를 신화와 전설에서 구분해 사실의 세계로 구성했으며 연대별로 기술한 그 이전의 역사책과는 달리 본기(本紀)와 열전(列傳), 그리고 연표(年表)로 구성하는 종합적인 역사 서술 체계를 만들어 냈다. 또한 왕조 중심의 본기와 인물 중심의 열전을 함께 수록해서 여러 지역에서 일어난 동시대의 사건과 주요 인물 그리고 제도의 변천 등을 체계화해서 서술했다.

《사기》는 인간의 다양한 삶을 감동적으로 표현한 문학 작품이기도 하다. 《사기》에는 여러 인물을 소개한 열전이 절반 이상의 분량을 차지해서 《사기》라고 하면 흔히 《사기열전》을 연상하기도 한다. 사마천은 수많은 인물들의 이야기를 풍부하고 다양하게, 그리고 생생하게 그려냈다. 열전을 읽으면서 우리는 인간의 본성과 본질을 꿰뚫어 보는 사마천의 뛰어난 통찰력에 절로 감탄하고 감동하게 된다. 《사기》에 역사와 철학이 함께 들어 있다고 말하는 까닭도 바로 인간 존재에 대한 사마천의 깊이 있고 철학적인 사유 때문이다. 《사기》가 고전으로 널리 알려지고 읽혀지는 이유도 바로 여기에 있다고 할 수 있다.

많은 학자들의 연구 대상이 되었고 수많은 독자들의 사랑을 받은 《사기》는 우리나라에서도 번역본에서 요약서에 이르기까지 매우 많은 형태로 출간되었다. 그럼에도 이 책을 굳이 펴내려는 이유는 학생들이 원문의 문장을 좀 더 쉽게 읽을 수 있고, 체계적으로 중국 고대사를 파악할 수 있도록 돕고 싶었기 때문이다.

《사기》에 대한 애정과 역사에 대한 학생들의 관심을 넓히려는 고민에서 나온 이 책이 아무쪼록 역사와 문학이 어우러져 있는 인류의 고전 《사기》를 이해하는 데 작은 보탬이 되길 바란다.

2006년 4월
반포고등학교에서 고은수

# 중국의 고대 왕조

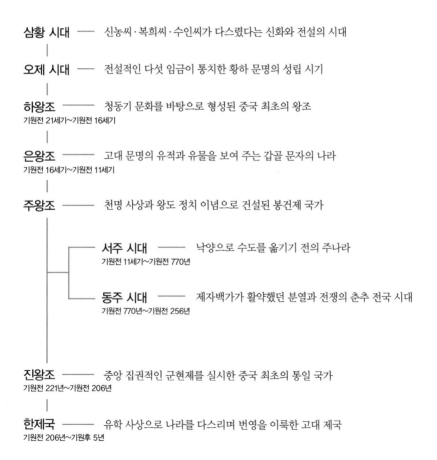

**삼황 시대** —— 신농씨·복희씨·수인씨가 다스렸다는 신화와 전설의 시대
|
**오제 시대** —— 전설적인 다섯 임금이 통치한 황하 문명의 성립 시기
|
**하왕조** —— 청동기 문화를 바탕으로 형성된 중국 최초의 왕조
기원전 21세기~기원전 16세기
|
**은왕조** —— 고대 문명의 유적과 유물을 보여 주는 갑골 문자의 나라
기원전 16세기~기원전 11세기
|
**주왕조** —— 천명 사상과 왕도 정치 이념으로 건설된 봉건제 국가

      **서주 시대** —— 낙양으로 수도를 옮기기 전의 주나라
      기원전 11세기~기원전 770년

      **동주 시대** —— 제자백가가 활약했던 분열과 전쟁의 춘추 전국 시대
      기원전 770년~기원전 256년

**진왕조** —— 중앙 집권적인 군현제를 실시한 중국 최초의 통일 국가
기원전 221년~기원전 206년
|
**한제국** —— 유학 사상으로 나라를 다스리며 번영을 이룩한 고대 제국
기원전 206년~기원후 5년

|일러두기|

1. 이 책은 한국사 사료 연구소에서 제공한 사마천의 《사기》를 기본 텍스트로 하고 《사기》
 (정범진 외 옮김, 까치출판사, 1995), 《사기의 탄생 그 3천 년의 역사》(천퉁성 지음, 청계, 2006), 《사
 기》(이인호 지음, 살림, 2005)를 참고하였다.
2. 《사기》는 원래 본기(本紀), 표(表), 서(書), 세가(世家), 열전(列傳)의 순서에 따라 130편으로 구
 성되어 있는데, 이 책은 본기와 세가 및 열전을 시대 순서에 따라 7부로 재구성하였다.
3. 어려운 원문은 이해를 돕기 위해 최대한 쉽게 풀어썼고, 일부 원문은 전체 흐름을 벗어
 나지 않는 범위에서 생략하기도 하였다.
4. 각 부의 제목과 각 장의 제목, 소제목은 이해를 돕기 위해 필자가 붙인 것이다.

제 **1** 부  전설의 오제 시대

# 史記 제1부 전설의 오제 시대

대개 오래된 역사는 신화와 전설에서 비롯된다. 수천 년의 기나긴 중국 역사 역시 삼황오제(三皇五帝)라고 하는 전설 속의 인물에서부터 시작한다. 삼황은 신농씨(神農氏), 복희씨(伏羲氏), 수인씨(燧人氏)로 천황씨(天皇氏), 지황씨(地皇氏), 인황씨(人皇氏)라고 말하기도 한다. 그리고 오제는 황제(黃帝), 제 전욱(顓頊), 제 곡(嚳), 제 요(堯), 제 순(舜) 이렇게 다섯 명의 임금을 일컫는다.

삼황오제의 시대는 역사 이전의 신화와 전설의 시대다. 그러나 사마천(司馬遷)은 삼황의 이야기는 허황된 것으로 여겼지만, 오제 시대는 역사 속으로 편입해서 합리적인 부분만은 역사적 사실로 인정했다. 이와 같이 사마천은 중국의 역사가 바로 오제 시대에서 출발한다고 설명하고 있다.

오제 시대의 다섯 임금 중 특히 네 번째와 다섯 번째 왕인 요임금과 순임금은 중국 역사에서 성인으로 존경받는 훌륭한 왕이다. 이들은 백성을 극진히 사랑하며 나라의 정치를 올바르게 이끌었던 성군이었다. 그래서 흔히 훌륭한 임금이 나라를 잘 다스리는 태평한 시대를 일컬어 요순 시대라고 말한다. 특히 요임금과 순임금이 왕위를 자식에게 물려주지 않고 능력 있는 인물을 발탁해서 그 능력을 시험해 본 뒤에 임금의 자리를 물려준 것은 이상 정치의 꽃으로 여겨지고 있다.

"학자들이 오제에 대해 말한 지는 오래되었다. 그러나 대개 요임금 이후의 사실들만 기록했을 뿐 그 이전의 임금들에 대해서는 제대로 기록하지 못하고 있다. 나는 일찍이 오제 시대의 유적들을 찾아 여행했는데, 확실히 그곳 사람들의 풍속은 다른 곳에 비해 많이 달랐다. 오제 시대의 이야기는 결코 허황된 것이 아니다. 나는 그 시대의 이야기들 중 비교적 합리적인 것들만 선택해 본문을 저술하고 오제본기의 제1편으로 삼았다."

- 태사공자서(太史公自序) -

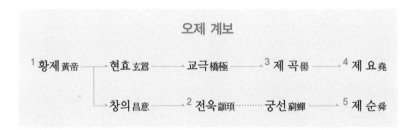

## '탁록의 들판'에서 싸우다

황제는 성이 공손(公孫)이고 이름은 헌원(軒轅)으로, 태어나면서부터 무척이나 총명했다. 헌원이 살았던 시대는 신농씨의 후예가 지배하던 시절로 각 부족들 간에 싸움이 잦아 혼란했지만 신농씨의 후예는 이를 평정하지 못했다. 이에 헌원이 나서서 여러 제후들을 모두 제압했다. 그러나 치우(蚩尤)는 포악해 아무도 제압할 수 없었다. 치우가 난을 일으켜 헌원을 따르지 않자 헌원은 제후들을 모아 치우와 '탁록의 들판'에서 맞대결했고 이 싸움에서 헌원은 치우를 물리쳤다. 이로써 모든 제후들이 헌원을 천자(天子, 하늘의 뜻을 받아 천하를 다스리는 사람)로 삼았으니 그가 곧 황제다.

황제는 백성들이 편히 생활할 수 있도록 하기 위해 하루도 편히 쉬지 않고 열심히 나라를 다스렸다. 산림을 개척해 길을 만들고, 역법을 연구해 해와 달과 날을 만들었으며, 철에 따라 온갖 곡식과 여러 가지 과실을 심도록 하고, 여러 가지 도구들을 만들게 했다. 온 나라가 평온해지니 황제의 할 일은 줄어들었으나, 귀신과 산천에 제사 지내는 일로 더 바빠졌다.

황제에게는 아들이 스물다섯 명 있었는데, 본부인과의 사이에는 두 명의 아들, 즉 현효와 창의가 있었다. 황제가 세상을 떠나자 황제의 손자이자 창의의 아들인 고양(高陽)이 즉위했는데, 이분이 오제 중 두 번째 왕인 제 전욱이다.

전욱은 조용하면서 생각이 깊었고, 뛰어난 지혜가 있어서 모든 일을 두루 잘 알았다. 전욱은 토지를 개발해 오곡을 키워 널리 퍼트리고, 기후 변화를 관찰해 절기에 맞게 일을 하게 했다. 또한 귀신에 제사 지내고 백성들을 교화시켰으며 나라의 영토를 넓혔다. 이렇게 만물이 전욱의 인격과 어진 덕에 감화되었고 해와 달이 비추는 곳이면 그에게 속하지 않는 곳이 없었다.

전욱에게는 아들 궁선이 있었지만, 전욱이 죽고 난 뒤 그의 뒤를 이은 사람은 현효의 손자이며 황제의 증손자인 고신(高辛)이었다. 그가 제 곡이다.

곡은 태어나면서부터 신령스러워 스스로 자기 이름을 말했다. 그는 모든 사람에게 베풀어 만물에 이로움을 주었으나 자신을 위해서는 사소한 것도 탐내지 않았다. 멀리서 일어나는 일까지도 모두 알수 있을 정도로 총명했고, 아주 세밀한 것도 판별할 수 있을 만큼 눈이 밝았다. 또한 해와 달의 운행을 헤아려 달력을 만들었으며, 자연의 섭리에 따라 처신했다.

곡에게는 두 명의 부인에게서 난 아들 둘이 있었는데, 방훈(放勳)과 지(摯)였다. 곡이 죽자 지가 즉위했으나 정치를 잘못했으므로 동생 방훈이 즉위했는데, 바로 요임금이라고 불리는 제 요다.


## 홍수를 다스릴 사람이 누구인가?

요임금은 하늘처럼 인자하고 신처럼 지혜로워, 사람들은 마치 태양에 의지하는 것처럼 가까이 다가갔고, 만물을 촉촉이 적셔주는 비구름을 보듯이 우러러보았다. 요임금은 부유했으나 교만하지 않았고 존귀했으나 오만하지 않았으며, 황색 모자를 쓰고 검은 옷을 입었으며 흰 말이 끄는 붉은 마차를 탔다.

요임금은 어진 덕을 베풀어 모든 친족들을 화목하게 했다. 친족이 화목하게 되자 관리들이 각기 맡은 일을 바르게 했고, 관리들이 사사로움이 없이 바르게 행동하니 나라의 모든 사람들이 화합했다. 백성들에게는 절기에 맞춰 농사를 짓도록 했고, 1년을 366일로 정한 후 윤달을 두어 시차를 조정했다. 관리들을 알맞은 자리에 배치해서 일을 처리하도록 하니 나라 안의 모든 일이 잘 되었다.

만년에 이르러 요임금이 주변의 가까운 사람들에게 누가 왕위를 계승하는 것이 좋은지를 물었다. 신하들은 당연히 요임금의 아들 단주(丹朱)를 추천했다. 그러나 요임금은 단주가 왕이 될 능력이 부족하다고 생각했다. 이에 공공(共工)이라는 사람이 추천되었으나 그 역시 능력이 부족했다.

요임금은 말했다.

"넘실대는 홍수가 하늘에까지 넘쳐서 거대한 물줄기가 산을 감싸고 언덕까지 덮치니 백성들의 걱정이 태산과도 같소이다. 이 홍수를 다스릴 수 있는 사람이 없겠소?"

사악(四岳, 사방의 제후들을 관장하는 우두머리)이 곤(鯀)을 추천하기에 곤에게 맡기었으나 9년이 지나도록 아무런 일도 이루지 못했다. 이에 요임금은 신분과 지위 그리고 출신 지역을 따지지 말고 능력 있는 사람을 추천하도록 하자 이번에는 모든 신하들이 순을 추천했다.

요임금도 순의 이름을 들어 보기는 했지만 잘 알지는 못했다. 그래서 순이 어떤 사람이냐고 묻자 신하들은 이렇게 말했다.

"순의 아비는 눈이 먼 장님인데 도덕을 전혀 모르고 어미는 수다스러워 남을 잘 헐뜯으며 동생은 교만합니다. 그렇지만 순은 효도와 우애로 가족을 화목하게 합니다."

요임금은 순에게 도덕을 관장하게 했는데 원만하게 잘 처리했다. 또 행정과 외교를 맡겼는데 이 역시 잘 했다. 이번에는 산림과 하천, 연못에 관한 일을 맡겼는데, 폭풍이 몰아쳐도 한 번도 일을 그르치지 않고 침착하게 잘 처리했다. 요임금은 순이야말로 성인이라 생각해 순을 불러 천자의 지위를 물려주려고 했는데, 순은 자신의 덕으로는 부족하다며 사양했다.


## 순이 천자가 되면 천하가 즐거워하리라


요임금은 나이가 많았으므로 순에게 명해 천자를 대신해 정치를 하게 하고는 하늘의 뜻을 알아보려고 했다. 이에 순은 하늘에 제사를 드리는 것부터 시작해 유명한 산과 큰 내에 제사를 지내고 동서 남북으로 제후를 순방해 지방의 사정을 살피고 예의와 형벌을 정비하는 데에 이르기까지 모두 알맞게 처리했다.

토목 건설을 잘 처리하지 못했던 공공을 북쪽 변방으로 유배시키고, 능력도 없는 공공을 추천했던 환두(驩兜)를 남쪽으로 유배시켰으며, 반란을 일으킨 삼묘(三苗, 남쪽의 오랑캐) 종족을 서쪽으로 이주시켰다. 그리고 홍수를 다스리지 못한 곤을 우산(羽山)으로 추방했다. 이렇게 네 명의 죄인을 처벌하자 천하가 순에게 복종했다.

요임금은 천자의 자리에 오른 지 70년 만에 순을 발탁했으며, 순을 등용한 지 20년 만에 그를 천자의 대행으로 임명했다. 그로부터 8년 뒤에 요임금이 세상을 뜨니 백성들은 마치 자기 부모를 잃은 것처럼 슬퍼했다. 삼년상을 치르는 동안 사방의 모든 사람들이 음악을 연주하지 않고 요임금을 추모했다.

요임금은 생전에 자신의 아들 단주가 천하를 다스리기에는 능력이 부족해서 순에게 천자의 자리를 물려주겠다고 하면서 신하들에게 이렇게 말했다.

"순이 천자가 되면 천하가 즐거워하고 오직 단주만 손해를 보겠지만, 반대로 단주가 천자가 되면 천하가 고통을 겪고 오직 단주만 즐거울 것이다."

삼년상이 끝나자 순은 단주에게 왕의 자리를 사양하고 떠났다.

**신농씨**
삼황의 한 명으로 농경을 가르치고 약초를
찾아내 병을 다스렸으며 시장을 세우고 교역
을 가르쳤다.

**복희씨**
삼황의 한 명으로 팔괘를 처음 만들었고 그물
을 발명해 어획과 수렵의 방법을 가르쳤다.

**제 전욱**
오제의 한 명으로 사려가 깊고 백성들을
올바르게 이끌었으며 천하를 잘 다스렸다.

**제 곡**
오제의 한 명으로 70년간 재위하며 시간과
절기를 관찰하는 방법을 농업에 응용했다.

그러나 제후들은 단주에게 가지 않고 순을 찾아 정치를 의논했다. 다툼이 있어서 소송하는 사람들도 단주에게 가지 않고 순을 찾아가 해결해 줄 것을 청했다. 노래를 해도 단주를 위해 부르지 않고 순을 칭송해 노래했다.

이렇게 되자 순은 "이는 하늘의 뜻이로다!"라고 하며 천자의 자리에 올랐다. 이 사람이 순임금으로 불리는 제 순이다. 이때 순의 나이는 예순한 살이었다.

순은 기주(冀州, 중국의 북방에 있는 9주의 하나) 출신으로 고수(瞽叟)의 아들이고, 제 전욱의 7대 자손이다. 그러나 전욱의 후손은 모두 지위가 낮은 서민이었다. 순은 농사를 짓고 물고기를 잡았으며, 질그릇을 굽거나 생활에 필요한 그릇과 도구를 만드는 일로 생활했고 틈이 나면 장사를 하기도 했다.

순의 아버지 고수는 장님으로 순의 어머니가 세상을 뜨자 후처를 맞아 아들 상(象)을 낳았는데, 상은 매우 오만했다. 아버지 고수는 후처의 아들 상만을 편애해 늘 순을 죽이려고 했으므로 순은 항상 도망 다녔고, 순이 어쩌다가 잘못이라도 저지르게 되면 곧 벌을 받았다. 그러나 순은 언제나 순종하며 아버지와 계모를 잘 모셨고, 동생에게도 잘 대했으며, 늘 성실한 태도로 조금도 게으름을 피우지 않았다.

순은 나이 스물에 효성이 지극하다고 소문이 났고, 서른 살 때에는 요임금에게 등용되었다. 순의 사람됨과 능력을 시험하기 위해 두 딸을 순에게 시집보낸 요임금은 안팎에서 그의 행실을 관찰했다. 요임금의 두 딸 또한 천자의 딸이라고 친척들에게 거만하게 행동하지 않았으며 겸손하게 훌륭한 부인의 도리를 지켜 나갔다.

순의 사람됨을 아는 마을 사람들은 순이 농사를 지으면 밭의 경계를 양보했으며, 물고기를 잡으러 가면 좋은 자리를 양보했다. 순이 질그릇을 굽자 거칠고 잘못된 그릇이 하나도 없게 되었으며, 순이 머무르는 곳은 1년이 지나면 촌락이 되었고 2년이 지나면 읍이 되었으며 3년이 지나면 도회지가 되었다. 이를 칭찬해 요임금은 순에게 칡덩굴 섬유로 만든 옷과 거문고를 하사했고, 그를 위해 곡식 창고를 지어주고 소와 양을 선물로 주었다.

그러나 순의 아버지 고수는 늘 순을 죽이려 했다. 하루는 순에게 창고 위에 올라가 진흙으로 벽을 바르게 하고는 아래에서 불을 질러 창고를 태워 버렸다. 그러나 순은 두 개의 삿갓으로 자신을 보호하면서 뛰어내려 죽음을 면했다. 그 뒤에 고수는 순에게 우물을 파도록 시켰는데 순이 깊이 파 내려가자 고수와 상은 함께 흙을 부어 우물을 메워 버렸다. 그러나 순은 미리 파 두었던 구멍으로 빠져 나왔다. 그 사실을 알지 못한 고수와 상은 순이 죽었다고 생각하며 기뻐했다.

순을 죽였다고 기뻐하는 순의 아버지와 어머니 그리고 동생 상은 순의 재산을 나누어 가지려고 했다. 이때 상은 이렇게 말했다.

"이 계략은 원래 제가 생각한 것입니다. 그러니 저는 순의 두 아내

**제 요**
제 순과 함께 중국에서 가장 이상적인 성군으로 일컬어진다. 역법을 정했으며
어질고 덕망 있는 사람들에게 국정을 보좌하게 했다.

와 거문고를 갖겠습니다. 소와 양 그리고 곡식 창고는 부모님이 가지십시오."

그리고 상은 순의 방으로 들어와 즐겁게 거문고를 타고 있었다. 그러나 순이 살아 집으로 돌아오자 상은 몹시 놀라 겸연쩍어하며 말했다.

"나는 형 생각에 가슴이 아파 거문고를 타고 있었습니다."

"그렇구나. 이토록 내 생각을 하고 있었구나!"

그 후에도 순은 더욱 정중하게 아버지를 잘 섬기고 동생을 아꼈다.


## 아첨꾼을 멀리하면 오랑캐도 굴복하리라

요임금이 순에게 정치를 맡겼을 때, 순은 '팔개(八愷)'라는 여덟 명의 인재를 등용해 수리 사업을 맡겼는데 잘 처리했다. 또 '팔원(八元)'이라는 고신씨를 섬기던 유능한 여덟 명의 인물을 등용해 다섯 가지 가르침을 전파하도록 했는데 이는 아버지는 위엄 있게, 어머니는 자애롭게, 형은 우애 있게, 동생은 공손하게, 자식은 효성스럽게 행동하는 것을 말한다. 다섯 가지 가르침이 잘 실천되니 집안은 화목해지고 세상은 안정되었다. 또한 흉악한 일을 즐겨하는 '혼돈(渾沌)', 신의를 저버린 '궁기(窮奇)', 아무리 해도 교화가 되지 않는 '도올(檮杌)', 음식과 재물을 탐하는 '도철(饕餮)'의 네 가족들을 나라 밖으로 쫓아내니 사람들이 좋아했다.

요임금이 돌아가신 후 천하를 다스리게 된 순임금은 지방 12주의 제후들을 불러 모아 제왕이 갖추어야 할 덕행에 대해 의논하면서 이렇게 말했다.

"덕을 베풀고 아첨꾼을 멀리하면 오랑캐도 모두 굴복할 것이오."

그리고 여러 인재들을 등용해 임무를 맡겼는데, 우(禹)에게는 물과 토지를 다스리는 일, 후직(后稷)에게는 농사, 설(契)에게는 오교(五敎, 도덕과 교육), 고요(皐陶)에게는 형벌, 수(倕)에게는 토목 공사와 각종 도구를 담당하게 했다. 또한 익(翼)에게는 산림과 연못 관리, 백이(伯夷)에게는 하늘에 제사 지내는 일, 기(夔)에게는 음악, 용(龍)에게는 외교와 여론 파악의 일을 하도록 했다.

순임금은 3년마다 그들의 공적을 평가해 승진시키거나 강등시키니 중앙과 지방의 모든 관리들이 열심히 일을 했다. 모두가 업적을 남겼으나 그중에서도 가장 큰 공적을 이룬 사람은 우였다. 우는 전국 아홉 개의 산을 개간했고, 아홉 개의 호수에는 모두 둑을 잘 쌓았으며, 아홉 개의 하천도 물길이 잘 통하게 했고, 전국을 9주로 확정했다. 이로써 순임금 때에는 영토가 사방 5천 리가 되었고, 각 지방에서는 그 실정에 맞게 특산품을 가지고 와서 조공했다. 사방에 있는 변방의 부족들을 모두 어루만져 잘 달래니 천하가 모두 순임금의 공적을 우러러보게 되었다.

순임금은 천자의 자리에 오른 지 39년 되던 해에 남쪽을 돌아보다
가 창오의 들에서 돌아가셨으니, 장강(長江, 양자강) 이남의 구의산에
서 장사 지냈다.

순임금의 아들 상균(商均)은 인재가 되지 못했으므로, 요임금이 그러
했듯이 순임금 또한 우를 발탁해 천자의 후계임을 하늘에 보고했다.

삼년상을 마치자 순임금이 그러했듯이 우도 역시 순임금의 아들
상균에게 천자의 자리를 양보했다. 그러나 제후들이 모두 우에게 복
종하자 우는 비로소 천자의 자리에 올랐다. 우왕은 요임금의 아들
단주와 순임금의 아들 상균에게 땅을 떼어 주어 그것으로 조상께 제
사를 올리게 했다. 단주와 상균은 천자의 아들이 입는 옷을 입었고,
예우도 그렇게 받았다. 그들은 존귀한 손님의 신분으로 천자를 만났
고 천자는 신하로 대하지 않았으니, 이것은 우왕이 감히 권력을 독
점하지 않았음을 보여 주는 것이다.

황제로부터 우왕에 이르기까지 모든 임금이 같은 성에서 나왔으
나 나라 이름은 각기 달리해 각자의 덕행을 밝혔다. 즉 황제는 유웅
(有熊), 전욱은 고양, 곡은 고신, 요는 도당(陶唐), 순은 유우(有虞), 우
는 하후(夏后)라 했다. 〈오제본기(五帝本紀)〉

史記

제2부 왕조 시대의 출발

  치수 사업으로 능력을 인정받은 우가 순임금의 뒤를 이어 왕이 되었다. 우왕도 요임금, 순임금과 마찬가지로 성군으로 존경받는 사람의 하나였다. 그 역시 자식이 아닌 훌륭한 사람에게 왕위를 넘겨주려 했지만, 신하들이 우왕의 아들을 받들어 왕으로 추대했기 때문에 우왕 이후로는 왕위가 자손에게 계승되었다. 이로써 중국 왕조가 시작되는데, 우왕 때의 나라 이름이 하(夏)였으므로 하왕조는 중국 최초의 왕조가 된다. 전에는 하왕조를 전설 속의 나라로 간주했으나, 최근에는 중국에서 최초로 청동기 문화가 형성되는 기원전 2천 년경에 존재했던 나라로 인정한다.

  하왕조는 17대 임금인 걸왕(桀王) 때 망했다. 걸왕은 폭군으로 하왕조의 제후였던 성탕(成湯)이 다른 제후들을 이끌고 걸왕을 몰아내어 새로운 왕조, 즉 은(殷)나라를 세우게 된다. 이때가 기원전 16세기 무렵이었다.

  은나라의 수도는 은허(殷墟)로 이곳에서 성곽 흔적을 비롯해 청동기, 옥기, 도기 등의 유물과 짐승의 뼈나 거북의 등딱지에 새긴 갑골 문자 등 그 시대의 유적이 발굴되었다. 특히 은왕조 때부터 사용된 갑골 문자는 한자의 출발이라고 할 수 있다. 또한 거대한 궁전과 신전, 왕과 귀족들의 대형 무덤에 가득 찬 사치스러운 부장품, 살아 있는 사람들을 함께 묻었던 순장의 흔적은 중국 고대 문명의 모습을 보여 주는 중요한 유물과 유적이다.

  하왕조의 마지막 임금 걸왕이 폭군이었듯이 은왕조의 마지막 임금 주왕(紂王)도 역시 폭군이었다. 하왕조나 은왕조는 모두 마지막 왕이 향락과 여색에 빠져 정치가 혼란스러워지고 결국 혁명 세력에 의해 무너진다는 공통점을 가진다.

# 1. 중국 최초의 국가 하왕조

## 하왕조 계보(기원전 21세기~기원전 16세기)

전욱顓頊 ——— 곤鯤 ——¹ 우禹 ——² 계啓 ———³ 태강太康

—⁴ 중강仲康 ·······¹⁴ 공갑孔甲 —¹⁵ 고皐 ——¹⁶ 발發 ——¹⁷ 걸桀

## 물을 다스리는 데에 실패한 우의 아버지 곤

하왕조를 세운 우왕은 이름이 문명(文命)으로 황제 헌원의 자손이다. 우의 아버지는 곤이며, 곤은 제 전욱의 아들이다. 그런데 우의 아버지 곤은 천자의 아들이면서 천자가 되지 못하고 다른 사람 밑에서 신하 노릇을 했다. 요임금 때에 홍수가 나서 곤에게 물을 다스리게 했는데 기용된 지 9년이 되도록 홍수가 끊이지 않았고 별 성과도 거두지 못했다. 이에 요임금이 천자의 뒤를 계승할 훌륭한 인물을 찾기 시작했고, 이때 추천된 인물이 순이었다. 요는 순에게 천자의 일을 대행하도록 맡겼고 순은 곤의 아들 우를 추천해 곤의 일을 잇게 했다. 순임금은 우에게 명했다.

"그대는 홍수와 토지를 다스리는 데에 최선을 다해 주시오."

처음에 우는 사양하며 설과 후직, 고요에게 양보했으나 순임금의 거듭된 요청으로 그 일을 맡게 되었다. 우는 총명하고 의욕이 왕성하며 매우 부지런했으며 성품은 인자했고 말은 믿음직스러웠다. 또한 행동은 법도에 맞고 사리에 맞게 일을 했으며, 부지런하고 엄숙해 모든 관리들의 모범이 되었다. 우는 순임금의 명을 받들어 익(益)과 후직을 밑에 두고 물을 다스리는 공사를 시작했다. 우는 인부들을 데리고 직접 산에 올라가 말뚝을 세워 산의 높이와 강의 깊이를 측정했다.


## 나의 덕행은 그대의 공로로 추진되고 있소

우는 아버지 곤이 추방당한 것을 가슴 아프게 생각했다. 그래서 우는 결혼한 지 나흘 만에 집을 나서서 13년간이나 밖에서 지내게 되었다. 그동안 아들이 태어났다는 소식을 듣고도, 심지어 자신의 집 대문 앞을 지날 때에도 집에 들어가지 않았다. 입고 먹는 것을 절약해 귀신에게 정성을 다해 제사를 지냈고 누추한 집에 살면서 절약한 비용을 물을 다스리는 데에 사용했다. 바닥에 쇠를 박은 신발을 신고 손에는 여러 가지 도구며 측량 기구들을 들고 다녔다.

한편 우는 익에게 명해 백성들에게 벼를 심는 방법을 가르치게 했고, 후직에게 명해 백성들에게 부족한 식량을 나눠 주게 했다. 식량이 모자라는 곳은 풍족한 곳에서 공급해 각 지방이 균형을 이루게 했다. 또 각 지방을 순시하며 그 땅에서 나는 알맞은 생산물을 잘 살펴서 공물(貢物, 나라에 세금으로 바치던 특산물)을 정했고, 교통을 편리하게 하는 데도 노력했다. 이렇게 해서 전국이 하나로 통일되었으며 각종 생활 물자도 매우 풍족해졌다. 모든 토지는 조건에 맞게 등급을 정해 신중하고도 공평하게 조세를 징수했다.

나라가 안정되자 순임금은 신하들을 칭찬하고 덕행의 이야기를 나누었다. 이때 우는 이렇게 말씀드렸다.

"아, 임금이시여! 왕위를 신중히 하시고 거동을 편안하게 하십시오. 보좌하는 신하들이 덕행이 있으니 천하가 임금의 뜻에 모두 따를 것입니다. 밝은 덕행으로 하늘의 명을 기다리시니 하늘이 거듭 복을 내리실 것입니다."

그러자 순임금은 이렇게 대답했다.

"아! 훌륭한 신하로다! 훌륭한 신하로다! 훌륭한 신하는 나의 다리이며 팔이며 귀이며 눈이로다. 나는 백성을 돕고자 하니 그대들은 나를 도와야 하오. 나에게 치우침이 있으면 그대들이 나를 바로잡아야 하오. 그대들은 내 앞에서 아첨하다가 물러나서 비방해서는 안 되며 모든 신하들을 공경해야 하오. 남을 헐뜯고 아첨해서 총애받는 신하들은 모두 물리칠 것이오."

우는 이렇게 말씀드렸다.

"옳으신 말씀입니다. 임금께서 그렇게 하지 않으시고, 만일 선한 사람과 악한 사람을 모두 같이 등용하신다면 어떤 공적도 이루지 못하실 것입니다."

이에 순임금은 말했다.

"나의 덕행은 바로 그대의 공로에 의해서 이루어지고 있소."

순임금은 하늘에 우를 추천하고 후계자로 삼았다. 70년이 지나 순임금이 돌아가셨다. 삼년상이 끝나자 우는 순의 아들 상균에게 천자의 자리를 사양하고 양성(陽城) 지방으로 피신했다. 그러나 천하의 제후들은 모두 상균에게 가지 않고 우를 찾아왔다. 할 수 없이 우는 천자에 즉위하고 국호를 하후, 성을 사(姒)씨로 삼았다.

우왕은 즉위하자 고요를 하늘에 추천해 그에게 정권을 넘겨주려 했으나 고요가 죽었다. 그 후 우왕은 자신을 도와 물을 다스리던 익을 천거해 정치를 맡겼다. 10년 후 우왕은 동쪽을 돌아보다가 회계(會稽)라는 곳에서 돌아가셨다. 우는 천하를 익에게 넘겨주었다. 삼년상이 끝나자 익은 우왕의 아들 계(啓)에게 제위를 양보하고 자신은 물러나 기산(箕山)의 남쪽에서 살았다.

우의 아들 계는 현명해서 천하가 모두 계에게 마음을 돌렸다. 우왕이 돌아가시면서 익에게 천하를 넘겨주었지만, 익은 우왕을 보좌한 기간이 얼마 되지 않아 천하의 마음을 얻지 못했다. 제후들은 모두 익에게 가지 않고 계를 찾아갔다. 마침내 계가 천자가 되었다.

## 탕이 폭군 걸을 무너뜨리다

계왕 이후 열다섯 명의 임금이 대를 이었고 마지막으로 이계(履癸)가 즉위했는데, 이 사람이 곧 폭군 걸왕이다. 걸은 덕행에 힘쓰지 않고 무력으로 백성들을 탄압했다. 그로 인해 백성들은 견딜 수가 없었으며 제후들도 이미 하나라에 등을 돌리고 은 부족의 우두머리 탕에게 기대하고 있었다. 이런 낌새를 알아차린 걸왕은 탕을 잡아들여 감옥에 가두었다가 얼마 후에 풀어 주었다.

탕은 덕을 잘 닦았으므로 제후들이 모두 그에게 모여들었다. 탕은 마침내 군사를 거느리고 걸왕을 공격했다. 걸왕은 명조(鳴條) 지방으로 도망쳤으나 결국은 추방되어 죽었다.

걸왕은 이때 사람들에게 이런 말을 했다.

"내가 탕을 감옥에 가두고도 죽이지 않아 오히려 내가 이 지경에 이르게 되었다."

이렇게 해서 하나라는 멸망하고, 탕이 천자가 되어 천하를 차지했다. 〈하본기(夏本紀)〉

**우왕**
순임금에게 발탁되어 홍수를 막는 치수 사업을 성공적으로 이끌었다. 그 뒤 순임금이 왕위를 물려주어 하나라의 시조가 되었다.

**걸왕**
하나라의 마지막 왕으로 아첨하는 신하들을 가까이하고 향락에 빠져 백성들을 도탄에 빠뜨린 대표적인 폭군이다.

**갑골 문자**

거북의 등딱지나 짐승의 뼈 등에 새겨진 상형 문자로 제사나 전쟁 등의 내용을 기록했다. 또한 점을 쳐서
길흉을 가리는 일에 쓰였다.

# 2. 갑골 문자의 나라 은왕조

**은왕조 계보** (기원전 16세기 ~ 기원전 11세기)

<sup>1</sup> 탕왕湯王·天乙 ──→ <sup>2</sup> 외병外丙 ──→ <sup>3</sup> 중임中壬 ──→ <sup>4</sup> 태갑太甲

──→<sup>5</sup> 옥정沃丁 ········· <sup>28</sup> 태정太丁 ──→ <sup>29</sup> 제을帝乙 ──→ <sup>30</sup> 주왕紂王

## 백성을 보면 그 나라를 알 수 있다

은나라의 시조는 설이다. 설의 어머니는 이름이 간적(簡狄)으로 유융씨(有娀氏) 부족의 딸이며, 제 곡의 둘째 부인이다. 한번은 간적이 다른 사람들과 목욕을 갔는데 제비가 알을 떨어뜨리자 간적이 이를 받아 삼켜 버렸다. 그 후 아이를 임신해 낳았는데, 그 아이가 바로 설이다. 순임금이 천하를 다스리던 시절 설은 물을 다스리는 우를 도와 큰 공을 세웠다.

순임금이 설에게 말했다.

"나라의 모든 관리들이 화목하지 않고 오륜(五倫, 군신·부자·부부·형제·친구 사이에 지켜야 할 도리)이 제대로 지켜지지 않고 있으니 그대가 사도(司徒, 도덕을 관장하는 책임자)를 맡아 백성들을 감화시켜 주시오.”

그리고는 설에게 상(商)이라는 곳을 봉토(封土, 왕이 제후에게 주어 다스리도록 하는 영토)로 주었고, 또 자(子)씨 성을 하사했다.

설은 일찍이 요임금, 순임금 그리고 우왕 시기에 등용되어 관리로 일했는데, 공적이 뛰어나 모든 관리들이 설을 칭송했다. 설이 세상을 떠나고 그의 자손들이 제후의 지위를 계승했는데, 설 이후 열네 번째 제후로 즉위한 사람이 천을(天乙)로 바로 성탕왕을 말한다.

성탕은 박(亳) 지방에 도읍을 정한 후 여러 제후들을 정벌했다. 우선 갈(葛) 지방의 제후가 하늘에 제사를 지내지 않자 가장 먼저 정벌하려 했다. 탕은 이때 재상 이윤(伊尹)에게 이렇게 말했다.

“맑은 물을 보면 자신의 모습을 볼 수 있는 것처럼 백성들을 살펴보면 그 나라가 제대로 다스려지는지 아닌지를 알 수 있지 않겠소?”

이윤이 답했다.

“현명하십니다. 다른 사람의 훌륭한 말을 귀담아 듣고 따르면 도덕이 발전할 것입니다. 군주가 백성을 자식처럼 여긴다면 훌륭한 인물들이 모두 왕궁으로 몰려들 것입니다. 더욱 노력하시옵소서.”

그리고 탕은 갈 지방의 제후에게 “그대가 천명(天命, 하늘의 뜻)을 공손히 받들어 제사를 지내지 않는다면 큰 벌을 내릴 것이며, 결코 용서하지 않을 것이다.”라고 말한 다음 갈 지방을 정벌했다.

**탕왕**
걸왕을 몰아내고 은나라를 세운 뒤 어진 정치로 나라
를 잘 다스려 황하 상류까지 그 세력을 확대시켰다.

**이윤**
은나라의 신하로 탕왕 때부터 4대에 걸쳐 은
왕조를 보필하며 큰 공을 세웠다.

## 탕의 덕은 진실로 크도다

이윤이 재상이 되기 전의 일이다. 이윤은 일찍이 탕의 명성을 듣고 만나려고 했지만 방법이 없었다. 그래서 유신씨(有莘氏)의 종이 되어서 유신씨의 딸이 탕에게 시집갈 때 솥과 도마를 지고 가서 탕을 만날 수 있었다. 이때 이윤은 탕에게 음식의 맛을 예로 들면서 올바른 정치를 시행할 것을 말했다. 그러나 어떤 사람은 이와 다르게 말한다. 이윤은 원래 처사(處士, 재주와 능력이 있으나 벼슬을 하지 않고 있는 사람)였는데, 탕이 사람을 시켜 그를 맞아들이고자 했으나 다섯 번이나 거절한 뒤에야 비로소 이윤이 탕을 찾아와서 그의 신하가 되었다고 한다. 그리고 이윤은 탕에게 아홉 종류의 군주에 대해 설명했다고 한다.

한때 탕은 쇠락해 가는 하나라를 구하기 위해 이윤을 보낸 적이 있었다. 하지만 이윤은 하나라로 가는 도중 하나라가 이미 너무나도 부패했음을 알고는 다시 은나라로 돌아왔다.

어느 날 탕이 교외로 나갔는데 어떤 사람이 사방에 그물을 치고는 "천하의 모든 짐승들이 내 그물로 들어오게 하소서."라고 빌고 있는 것을 보았다.

그러자 탕은 "어허, 한꺼번에 모든 것을 다 잡으려고 하다니!"라고 말하며, 세 방면의 그물을 거두게 하고는 다음과 같이 축원하게 했다.

"왼쪽으로 가고 싶은 것은 왼쪽으로 가게 하고, 오른쪽으로 가고 싶은 것은 오른쪽으로 가게 하소서. 내 명령을 따르지 않는 것만 내 그물로 들어오게 하소서."

제후들이 이 소문을 듣고는 "탕의 덕이 진실로 크도다! 그의 덕은 이제 모든 짐승에게까지 이르렀도다!"라고 하며 감탄했다.


## 저 태양은 언제 지려나

당시 하나라의 걸왕이 포악한 정치를 하며 주색(酒色)에 빠져 지내자, 곤오씨(昆吾氏)가 반란을 일으켰다. 탕도 군대를 일으키고 제후들을 인솔했다. 재상 이윤도 함께 나섰다. 탕은 직접 도끼를 손에 치켜들고 곤오씨를 정벌한 후 걸왕까지 정벌하고자 했다. 그때 탕은 백성들에게 이렇게 선포했다.

"여러분! 모두 내 말을 들으시오. 나같이 보잘것없는 사람이 어찌 감히 반란을 일으키려고 하겠소? 오직 하나라가 많은 죄를 지었고 그대들이 원망하는 소리를 들었기 때문이오. 그러니 나는 하늘의 뜻이 두려워 정벌하지 않을 수 없는 것이오. 하나라가 죄를 많이 저질러 하늘이 그를 벌하라고 명하신 것이오.

지금 그대들 가운데는 '군주가 우리를 불쌍히 여기지 않아 농사를 그만두고 전쟁에 참여하게 되었다.'라고 하거나 또는 '걸왕이 도대체 어떤 죄를 지었다는 것인가?'라고 묻는 사람도 있는 줄 아오.

하나라 걸왕은 백성들의 농사지을 힘까지 빼앗아 못살게 굴고, 나라의 재물을 약탈해 백성들이 나태해지고 서로 화목하지 못하게 만들었소. 마침내 사람들이 '저 태양은 언제나 지려나. 차라리 너와 함께 사라지리라!'라고 말할 지경에 이른 것이오. 하나라 걸왕의 덕이 이와 같으니 지금 내가 정벌하지 않으면 안 된다고 생각하는 것이오. 하늘이 내릴 벌을 내가 대신하도록 도와준다면 그대들에게 큰 상을 내릴 것이오. 내 말을 믿어 주시오. 나는 결코 약속을 저버리는 사람이 아니오. 만일 그대들이 내 말을 따르지 않는다면 그대들의 식구들을 데려다가 죽이거나 노비로 삼을 것이며, 결코 용서하지 않을 것이오.”

탕은 이 말을 전령관에게 알려서 《탕서(湯書)》를 짓게 했다. 이때 탕이 “나는 무예가 뛰어나고 용감하다.”라고 해서 탕을 무왕(武王)이라고 부르게 되었다.

마침내 걸왕이 패해 명조 지방으로 달아났다. 탕은 걸왕 편에 섰던 다른 제후들도 정벌하고 많은 보물을 획득했다. 이윤이 바른 정치를 펴자 제후들이 모두 복종했고, 드디어 탕은 천자의 지위에 올라 전국을 평정했다.

탕이 세상을 떠났으나 태자 태정(太丁)이 죽는 바람에 태정의 동생 외병(外丙)이 천자가 되었다. 그러나 그는 3년 만에 세상을 떴고, 중임(中壬)이 뒤를 이었으나 그도 4년 만에 세상을 떴다. 재상 이윤은 태정의 아들인 태갑(太甲)을 즉위시켰다. 그러나 즉위한 지 3년이 되자 태갑은 포악해져 탕이 만든 법령을 지키지 않고 도덕을 문란하게 했다. 이에 이윤이 그를 동궁(桐宮)으로 내쫓고 자신이 대신 정치를 했다. 태갑이 3년간 동궁에 머물면서 자신의 잘못을 뉘우치고 훌륭한 인물이 되자, 이윤은 태갑을 맞아들여 그에게 정권을 되돌려 주었다. 태갑이 덕을 닦아 정치를 하니 제후들이 모두 은나라에 복종하게 되었고 백성들도 평안하게 되었다.

태갑이 죽고 옥정(沃丁)이 즉위했다. 이때 재상 이윤도 세상을 떠났다. 이윤의 장례는 천자의 예로 치러졌고, 후세 사람들은 이윤을 성인으로 추앙했다.


## 주지육림의 폭군 주왕


이후 많은 천자들이 뒤를 이었는데, 마지막으로 즉위한 사람이 주왕이다. 주왕은 타고난 바탕이 총명하고 말재주가 뛰어났을 뿐만 아니라 일처리가 신속하며, 맨손으로 맹수와 싸울 정도로 힘이 셌다. 또한 주왕의 지혜는 신하의 충고와 조언이 필요 없을 정도였으며 말재주로 자신의 허물을 교묘하게 감출 수 있었다. 주왕은 자신의 재능을 신하들에게 과시해 천하에 명성을 드높이려고 했으며, 늘 다른 사람들이 자신만 못하다고 여겼다.

주왕은 술과 음악을 지나치게 즐겼으며 여자도 좋아했다. 특히 달기(妲己)라는 여자를 총애해 달기가 말하는 것이면 뭐든지 다 들어주었다. 주왕은 달기를 위해 음탕한 노래를 짓게  하고, 저속한 춤과 퇴폐적인 놀이를 새로 만들도록 했다. 또한 백성들에게서 세금을 많이 걷어 돈과 곡식을 산처럼 쌓아 놓았다. 원대(苑臺)라는 별장에는 여러 종류의 짐승과 새들을 잡아다 길렀다.

주왕은 귀신도 우습게 여겼다. 많은 악사와 광대들을 불러들이고, 술로 연못을 만들어 빽빽하게 들어찬 나무들처럼 고기를 매달아 놓고서 벌거벗은 남녀들이 그 안에서 서로 쫓아다니게 하면서 밤이 새도록 술을 마시며 놀았다.

주왕의 포악한 정치로 백성들의 원망이 높아지고 은나라를 배신하는 제후들이 늘어나자, 주왕은 형벌을 더욱 엄하게 했다. 기름칠한 기둥을 뜨겁게 달군 후 죄수에게 그 기둥을 붙잡고 올라가게 해서 떨어지면 기둥 밑의 불에 타 죽게 하는 형벌인 포락지형(炮烙之刑)까지도 만들어 시행했다.

이때 주왕은 서백 창(西伯昌)과 구후(九侯) 그리고 악후(鄂侯)를 삼공(三公, 천자를 보좌하는 세 명의 최고 관직)으로 삼았다. 삼공의 한 명인 구후가 자신의 예쁜 딸을 주왕에게 바쳤다. 그러나 구후의 딸이 음탕한 것을 싫어하자 화가 난 주왕은 그녀를 죽이고, 구후도 죽여서 포를 떠서 소금에 절였다. 악후가 이를 완강하게 말리자 악후도 역시 포를 떠서 죽였다. 서백 창이 이 소식을 듣고 혼자 탄식했는데, 주왕이 이를 알고 서백 창을 감옥에 가두어 버렸다. 서백 창의 부하인 굉요(閎夭) 등이 미녀와 진기한 보물 그리고 잘 달리는 좋은 말을 구해 주왕에게 바치자 주왕은 서백 창을 풀어 주었다.

서백 창은 풀려나자 자신이 받은 땅을 떼어 바치며 포락지형만은 없애 달라고 주왕에게 간곡하게 요청했다. 주왕은 이를 허락하며 서백 창에게 주변의 제후국들을 정벌하게 하고서 제후들의 우두머리로 삼았다. 주왕은 아첨하는 신하, 남을 헐뜯는 신하들을 등용했는데 이로 인해 은나라와 제후들 사이가 더욱 멀어지게 되었다.

많은 제후들이 서백 창을 추종하자 서백 창의 세력은 점점 강해지는 반면 주왕의 위세는 더욱 줄어들었다. 이때 주왕의 숙부인 왕자 비간(比干)이 충고했지만, 주왕은 듣지 않았다. 또한 주왕은 어진 신하들의 충직하고 바른 말도 듣지 않았다.


새로운 임금은 어찌해서 아직도 나타나지 않는가?


서백 창이 기국(譏國)이라는 제후국을 멸망시키면서 세력이 더욱 커지자, 주왕의 신하 조이(祖伊)는 서백 창을 두려워해서 경계하며 다급히 주왕에게 충고했다.

"하늘이 우리 은나라의 운명을 끊으려고 합니다. 총명한 눈을 가진 사람이 앞날을 내다보며 거북의 등딱지로 점을 쳐보니 우리의 앞날이 좋을 것이라고 보장하지 않습니다. 이는 선왕들께서 우리를 보살피지 않는 것이 아니라, 임금께서 음란하고 포악해 하늘과의 관계를 끊어버렸기 때문에 하늘이 우리를 버리신 것입니다.

왕께서는 백성들이 편안히 먹지도 못하게 하셨고, 하늘의 뜻을 헤아리거나 이해하지도 못하셨으며 법도를 따르지도 않았습니다. 지금 백성들 가운데 임금의 멸망을 원하지 않는 사람이 없으니 모두들 '하늘은 어찌해서 재앙을 내리지 않으며, 새로운 임금은 어찌해서 아직도 나타나지 않는가?'라고 말하고 있습니다. 이제 왕께서는 어찌하시겠습니까?"

그러자 주왕은 말했다.

"내가 태어나서 천자가 된 것은 하늘의 뜻이 아니오?"

조이는 주왕에게 간언하는 것이 더 이상 아무 소용이 없다는 것을 알고는 발길을 돌렸다.

서백 창이 세상을 뜨고 무왕(武王)이 동쪽 지방을 정벌해 영토를 넓혀 나가자, 은나라를 버리고 무왕을 따르는 제후가 8백 명이나 되었다. 서백 창이 다스리던 지역이 주(周)라는 곳이었기 때문에 무왕의 나라를 주나라라고 했다. 모든 제후들이 주나라의 무왕에게 말했다.

"지금이야말로 은나라를 정벌할 수 있습니다."

그러나 무왕은 "그대들은 아직 하늘의 뜻을 모르고 있소."라고 하며 제후들의 청을 듣지 않았다.

은나라의 주왕은 갈수록 음란해졌다. 미자(微子)라는 충신은 몇 번이고 충고했으나 주왕이 듣지 않자 사람들과 상의한 다음 마침내 은나라를 떠났다. 그러나 왕자 비간은 "신하는 죽더라도 임금께 충성스런 말을 해야 한다."라고 하면서 계속 주왕에게 간언했다. 그러자 주왕이 노해 "성인의 심장에는 구멍이 일곱 개나 있다더니 그게 사실인가?"라고 하면서 비간의 가슴을 열어 심장을 꺼내 보았다. 기자(箕子)는 이를 보고 너무나 두려운 나머지 미친 척하며 다른 사람의 노비가 되고자 했지만 주왕이 기자를 잡아 감옥에 가두었다.

이에 주나라 무왕은 제후들을 거느리고 은나라의 주왕을 정벌했다. 주왕도 군대를 불러 모아 대항했으나 무왕에게 패해 결국 주왕은 성으로 도망쳐 자살했다. 무왕은 주왕의 목을 베고는 깃대에 메달아 사람들에게 보였고, 주왕의 여자 달기도 처형했다. 무왕은 기자를 풀어 주고, 비간의 묘에 봉분을 해 주었다. 그리고 주왕의 아들들에게는 봉토를 나누어 주어 은나라의 선왕들에 대한 제사를 받들게 했다. 이렇게 무왕이 잘 살펴서 처리하자 백성들은 매우 기뻐했다. 이에 주나라의 무왕은 천자가 되었다. 〈은본기(殷本紀)〉

제3부 주왕조의 성립

　　은왕조가 잦은 전쟁과 주왕의 포악한 정치로 인해 흔들리고 있던 기원전 11세기 무렵, 주의 제후가 일어나 은나라를 멸망시키고 중국을 지배했다. 이것이 주나라다. 주나라를 세운 무왕은 "하늘이 은을 버리고 새로이 주를 건설하게 했다."라고 말했다. 다시 말해 주나라가 은나라를 멸망시킨 것은 자신이 권력을 탐해서가 아니라 천명, 즉 하늘의 뜻에 의해서라는 것이다. 이것이 바로 천명 사상이다. 이 바탕에는 백성을 사랑하고 덕으로 통치하는 정치, 요순 시대와 같은 이상 정치에 대한 열망이 들어 있다. 이처럼 백성을 사랑하는 애민(愛民) 정신, 그리고 덕으로 다스리는 왕도 정치는 유교 사상에서 매우 중요한 정치 이념이 되었다.

　　이러한 천명 사상과 왕도 정치 이념을 바탕으로 주왕조는 가까운 혈족이나 공신들을 제후로 삼아 땅을 나누어 봉토로 지급해 다스리게 하는 봉건제를 실시했다. 봉건제란 왕이 나라의 모든 영토를 직접 다스리지 않고 제후들에게 토지와 백성을 나누어 주고 그 대가로 제후들은 왕에게 공물과 군사적 의무를 바쳤던 제도다.

　　봉건제를 기반으로 3백여 년간 유지되던 주왕조는 시간이 지날수록 왕실과 제후 사이의 혈연관계가 멀어지고 제후들의 세력이 커져 왕권이 약화된다. 그러다가 기원전 770년에는 견융(犬戎)이라는 북방 부족의 침입을 받아 수도인 호경(鎬京)이 함락되어 낙양(洛陽)으로 옮기게 되었다. 주나라는 낙양으로 수도를 옮기기 전을 서주(西周), 옮긴 이후를 동주(東周)라고 부르는데 이 동주 시대가 바로 공자와 맹자 등이 살았던 춘추 전국(春秋戰國) 시대다.

# 1. 봉건제를 시행한 주왕조

**주왕조 계보** (기원전 11세기~ 기원전 256년)

고공단보 古公亶父 ——— 계력 季歷 ——— 문왕 文王 ——— ¹ 무왕 武王

—→ ² 성왕 成王 ——— ³ 강왕 康王 ········ ¹² 유왕 幽王 ——— ¹³ 평왕 平王
|782~770|        |770~720|

—→ ¹⁴ 환왕 桓王 ········ ¹⁸ 양왕 襄王 ——— ²¹ 정왕 定王 ——— ³⁵ 현왕 顯王
|720~697|    |652~619|    |607~586|    |369~321|

—→ ³⁶ 신정왕 慎靚王 ——— ³⁷ 난왕 赧王
|321~315|    |315~256|

## 버려졌던 아이

주나라의 시조 후직의 이름은 기(棄)다. 기의 어머니 강원(姜原)은 제 곡의 부인이다. 어느 날 강원이 들에 나갔다가 거인의 발자국을 보게 되었다. 강원은 문득 그 발자국을 밟고 싶어 밟았더니 마치 아기를 가진 듯 배가 꿈틀거렸다. 그리고 달을 채워 사내아이를 낳았다. 강원은 불길한 생각이 들어 비좁은 골목에 아이를 버렸으나 말

이나 소가 지나가면서 모두 피하고 밟지 않았다. 다시 아이를 숲에
옮겨 놓았는데 마침 산에 많은 사람들이 모여 있어서 하는 수 없이
얼음이 언 도랑에 버렸다. 그러나 새들이 날개로 아이를 덮고 깃털
을 깔아 주었다. 강원은 신기하게 여겨 아이를 데려다가 잘 키웠다.
처음에 아이를 버리려고 생각했으므로 아이의 이름을 '버리다'라는
뜻을 가진 기라고 지었다.

기는 어린 시절부터 뛰어나 큰 인물이 될 기색이 보였다. 기는 놀이
를 하면서도 삼과 콩 심는 것을 좋아했는데, 그가 심은 삼과 콩은 모
두 잘 자랐다. 기는 성인이 되자 더욱 농사에 힘써 토지의 특성을 살
펴서 곡식을 심어야 할 곳에 농사를 지으니, 백성들이 모두 기를 본
받았다. 이러한 소문을 들은 요임금은 기에게 농사를 관장하는 벼슬
을 주었고, 순임금은 기를 태(邰) 지방에 봉하고 '후직'이라 불렀다.


칭송받는 고공단보


후직이 죽고 그의 12대 후손인 고공단보(古公亶父) 때의 일이다. 오
랑캐인 훈육(薰育)과 융적(戎狄)이 주나라에 침입해 재물을 요구하자
고공단보는 재물을 그냥 내주었다. 얼마 후 이들이 다시 쳐들어와
땅과 백성들을 요구하자 백성들은 모두 분개해 싸우고자 했다.

그러나 고공단보는 이렇게 말하며 싸움을 반대했다.

"백성이 군주를 받들어 임금의 자리에 모시는 것은 자신들을 이롭게 하기 위한 것이오. 지금 융적이 우리를 공격하는 까닭은 우리의 땅과 백성 때문이오. 백성들이 나에게 속하든 그들에게 속하든 무슨 차이가 있겠소? 백성들은 나를 위해 싸우고자 하는데, 나는 백성들의 아버지와 아들을 죽이면서까지 군주가 되기는 싫소."

고공단보는 가까운 사람들을 거느리고 떠나 기산 아래에 정착했다. 그러자 많은 사람들이 고공단보가 어진 정치를 베푼다는 소문을 듣고 그를 따르고자 몰려들었다. 이에 고공단보는 융적의 풍속을 고치고 성곽과 가옥을 세웠으며, 읍을 나누어 그들을 살게 하고 여러 관직을 두었다. 그러자 백성들은 모두 노래하며 고공단보의 덕을 칭송했다.

고공단보에게는 세 명의 아들이 있었는데, 태백(太伯), 우중(虞仲) 그리고 계력(季歷)이었다. 막내아들 계력이 결혼해 창을 낳을 때 빨간 빛의 새 한 마리가 붉은 글씨를 물고 방으로 날아드는 성스러운 조짐이 있었다. 그러자 고공단보는 이렇게 말했다.

"나의 시대에 큰일을 할 사람이 나타날 것이라고 했는데, 그게 창이 아니겠는가?"

장남 태백과 둘째 우중은 아버지가 막내 계력을 후계자로 삼을 의향이신 것을 알고 형만(荊蠻, 중국의 남쪽 지역) 지방으로 가서 문신을 하고 머리를 짧게 자르고 살았다.

**서백 창**
어진 정치로 제후들의 존경을 받아 은나라를 멸망시킬 토대를 마련했
으며 주나라 건국의 기초를 확립했다. 후대에 문왕으로 높여졌다.

**태공망**
주나라 문왕과 무왕을 도와 주나라를 건국시킨 일
등 공신이다. 그 공으로 제나라를 봉토로 받았다.

**무왕**
은나라를 멸망시키고 주나라를 창건해서 동생
인 주공 단과 태공망의 보필을 받아 나라의 기
초를 다졌다.

## 서백 창, 태공망을 만나다

고공단보가 죽자 계력이 아버지의 뒤를 이었고, 계력의 뒤를 창이 계승했다. 이때 창은 서백 창이라고 불렸는데, 서백 창은 '서쪽 지방의 제후 창'이라는 뜻이다. 서백 창은 뒷날 주나라의 문왕(文王)으로 높여졌다.

서백 창은 조상 후직의 농사 기술을 따르고 할아버지 고공단보의 법도를 본받아 오로지 어진 정치를 베풀었으며 특히 노인을 공경하고 아랫사람을 사랑했다. 학자들을 접대하느라 식사를 거르기도 했다. 이로 인해 많은 학자들이 서백 창에게 몰려들었다. 하루는 서백 창이 사냥을 나가려고 하다가 점을 쳤는데 이렇게 점괘가 나왔다.

"잡을 것은 용도 이무기도 아니고, 호랑이도 곰도 아니다. 잡을 것은 천하를 통치하는 왕이 되도록 보필해 줄 사람이다."

이것이 무슨 뜻일까 생각하며 서백 창은 사냥을 나갔는데, 위수(渭水)에서 한 노인을 만났다. 그의 이름은 여상(呂尙), 성은 강(姜)이었으며 나이는 72세였다. 서백 창은 여상과 이야기를 나누었는데, 그가 보통 사람이 아니라는 것을 알고는 크게 기뻐하면서 말했다.

"돌아가신 아버님 태공께서 살아 계실 적에 말씀하셨는데 '장차 성인이 주나라 땅에 나타날 것이고, 그로 인해 일어날 것이다.'라고 하셨소. 선생이 진정 그분이 아니신가요? 우리 태공께서 선생을 기다린 지가 오래되었소이다."

서백 창은 그를 '돌아가신 아버지 태공이 기다리던 사람'이라는 뜻으로 태공망(太公望)이라고 부르며 스승으로 삼았다. 이렇게 태공망은 서백 창과 인연을 맺었고 이후 은나라 주왕이 서백 창을 감옥에 가두었을 때 서백 창의 부하 굉요 등을 시켜 미녀와 진귀한 보물들을 바치게 해서 서백 창을 풀려나게 돕는 등 막중한 일을 했다. 서백 창은 약 50년간 주 땅을 통치하다가 죽었다. 서백 창이 죽자 태자 발(發)이 왕위에 올랐는데, 그가 바로 무왕이다.


## 나는 천명을 받들어 은을 멸망시켰도다

무왕은 즉위하자 태공망을 군사 참모로 삼고, 동생 주공 단(周公旦)을 보좌관으로 임명했다. 그리고 다른 신하들을 시켜서 아버지 문왕의 위업을 계승하고 확대했다. 무왕은 문왕 때와 마찬가지로 계속 영토를 넓혀 나갔다. 많은 제후들 역시 은나라의 주왕을 따르지 않고 주나라의 무왕에게로 왔다.

은나라 주왕의 포악함이 더욱 심해져서 왕자 비간을 죽이고 기자를 감금했다는 소식이 들려왔다. 이에 무왕은 주왕을 치려고 결심하고 거북의 등딱지로 점을 쳤는데 점괘는 불길했으며 폭풍우마저 내렸다. 여러 대신들은 두려워했으나 태공망만은 강력히 공격할 것을 주장했다. 무왕은 마침내 주나라를 정벌할 것을 선포했다.

"은나라의 죄가 더 이상은 두고 볼 수 없을 정도가 되었으니, 정벌을 서두르지 않을 수가 없소이다."

무왕은 왼손에 황금색 도끼를 쥐고 오른손에는 흰색 깃발을 들고 병사들을 지휘하며 이렇게 말했다.

"옛말에 '암탉은 새벽에 울지 않으니, 새벽에 암탉이 울면 집안이 망한다.'라고 했다. 지금 은나라의 주왕은 오직 달기의 말만 듣고 선왕의 제사를 지내지 않으며 나라를 어지럽혔다. 또한 친족은 멀리하면서 죄를 짓고 도망쳐 온 사람들을 신임하고 등용하니, 그들은 백성에게 포악하게 대하고 온갖 악행을 다 저질렀다. 지금 나는 오직 하늘의 징벌을 받들어 그대들과 함께 집행하겠다.

그대들이여 호랑이나 곰, 승냥이처럼 용맹하게 나아가라. 그러나 항복해 오는 사람은 거절하거나 죽이지 마시오. 자, 힘을 냅시다!"

주왕은 무왕이 공격해 온다는 말을 듣고 병사들을 모아 대적했다. 이때 주왕의 군대는 수는 많았으나 사기가 크게 떨어져 있었다. 오히려 주왕의 군대는 무왕이 빨리 쳐들어오기를 바라고 있었으며, 무왕이 진격해 오자 모두 주왕을 배반하고 무왕에게 길을 열어 주었다.

주왕은 성안으로 들어가 스스로 불 속에 뛰어들어 죽었다. 무왕이 커다란 흰색 깃발을 들고 제후들을 지휘하니 제후들이 모두 무왕에게 절을 했다. 또한 무왕이 은나라의 백성들에게 '하늘이 복을 내려 주었도다.'라고 말하자, 백성들은 땅에 머리를 조아리고 무왕에게 절을 했다. 무왕은 죽은 주왕의 머리를 베어 깃대에 매달고 애첩 두 명의 목도 베어 역시 깃대에 매달았다. 그러고는 성을 나왔다.

이튿날 무왕은 도로를 정비하고 사당과 궁궐을 수리하게 했다. 여러 장수와 제후들이 늘어선 가운데 무왕은 말했다.

"저는 왕조를 바꾸라는 중대한 천명을 받아 은나라를 무너뜨렸으니, 하늘의 신성한 명을 받겠나이다!"

그리고 은나라를 정벌하는 데에 공을 세운 친족과 공신들에게 공로에 따라 벼슬을 내리고 봉토를 지급했으며, 감금되었던 기자를 석방했다. 이어서 군사들을 이끌고 귀국한 무왕은 새로운 수도 호경을 건설했다.


## 어린 조카를 보살피며 올바르게 나라를 다스린 주공 단

무왕이 병으로 돌아가셨다. 태자 송(誦)이 뒤를 이어 왕위에 올랐는데, 그가 바로 성왕(成王)이다. 성왕은 나이가 어린 데다가 이제 주나라가 막 천하를 평정했으므로 무왕의 동생 주공 단은 제후들이 배반하지나 않을까 두려워 자신이 어린 왕을 대신해 나라를 다스렸다.

그러자 다른 두 동생 관숙(管叔)과 채숙(蔡叔)은 주공 단이 권력을 빼앗는 것이라고 의심해 반란을 일으켰다. 그러나 주공 단은 이들을 진압하고 벌을 주었다. 주공 단이 나라를 다스린 지 7년째 되던 해 성왕이 성인이 되자, 주공 단은 정권을 성왕에게 돌려주고 신하의 자리로 물러났다.

주공 단이 나라를 다스리던 때의 일이다. 어린 성왕이 병이 나서 위독하자 주공 단은 자신의 손톱을 잘라 황하(黃河)에 가라앉히면서 하늘에 빌었다.

"왕은 아직 나이가 어려 분별력이 없습니다. 하늘의 명령을 어지럽힌 사람은 바로 저 주공 단이옵니다."

이렇게 하늘에 빌고 난 후 주공 단이 이 내용을 글로 기록해 문서 보관소에 보관하자 성왕의 병이 완쾌되었다.

그 후 성왕이 직접 정치를 펴게 되었을 때 어떤 사람이 주공 단을 헐뜯고 비난해 주공 단은 초나라 지방으로 망명하게 되었다. 그런데 문서 보관소에서 주공 단의 축원문이 나오자 성왕은 눈물을 흘리며 주공 단을 돌아오게 했다. 그 후로도 주공 단은 성왕이 혹시나 사치스럽고 교만하지는 않을까 걱정되어 성왕에게 바른 정치를 하도록 많은 글을 바쳤다.

## 애첩을 웃기려다 나라를 망친 유왕

성왕 이후 280여 년이 지나 12대 유왕(幽王)이 즉위했다. 유왕 2년에 도성 부근의 삼천(三川) 지방에 지진이 발생했다. 이때 한 신하가 이렇게 말했다.

"주나라는 장차 망하게 될 것입니다. 천지의 기운은 그 질서를 잃지 않아야 하는데, 만약 그 질서를 잃었다면 이는 사람이 어지럽힌 것입니다. 지금 삼천 지역에 지진이 일어난 것은 양기가 그 자리를 잃고 음기에 눌린 것입니다. 양기가 자리를 잃고 음기 아래 있으면 물의 근원은 막히게 되며, 나라는 반드시 망하게 됩니다.

물이 잘 흐르고 땅이 윤택해야 백성들에게 유용한데, 땅이 윤택하지 않으면 백성들의 물자가 부족하게 되니 어찌 망하지 않겠습니까? 나라는 반드시 산천에 의지하는 것이니 산이 붕괴되고 하천이 고갈되는 것은 나라가 망하는 징조입니다. 하천이 마르면 반드시 산이 무너집니다."

이 해에 정말로 세 개의 하천이 말랐고 급기야 기산이 무너지기에 이르렀다.

유왕은 포사(褒姒)라는 첩을 총애했다. 포사가 아들을 낳자 왕은 왕후 신후(申侯)와 태자 의구(宜臼)를 폐하고, 포사를 왕후로 삼고 포사가 낳은 아들을 태자로 세웠다.

포사는 잘 웃지 않았다. 유왕은 여러 가지 방법으로 그녀를 웃게 하려 했으나 그래도 웃지 않았다. 유왕은 봉화대와 큰북을 만들어 적이 오면 봉화를 올리게 했는데, 어느 날 유왕이 거짓으로 봉화를 올려 제후들이 모두 몰려왔다. 그것을 보고 포사가 크게 웃자 이에 유왕은 기뻐하며 여러 차례 거짓 봉화를 올렸다. 그 후 유왕은 신용을 잃어 봉화를 올려도 제후들이 다시는 오지 않았다.

유왕은 괵석보(虢石父)라는 사람을 대신으로 임명했는데 백성들이 모두 원망했다. 괵석보는 간사하고 아첨을 잘하며 이익을 탐하는 사람인데도 유왕이 그를 중요한 자리에 임용했기 때문이다.

한편 왕후의 자리에서 쫓겨난 신후는 크게 분한 나머지 견융족과 손잡고 유왕을 공격했다. 유왕은 봉화를 올려서 병사를 소집했으나 군사는 오지 않았다. 견융족 등은 유왕을 여산 아래에서 죽이고 포사를 사로잡았으며, 주나라의 재물을 모두 빼앗아 갔다. 이에 제후들이 신후에게 가서 원래 태자였던 의구를 새로운 왕으로 받드니, 그가 평왕(平王)이다. 평왕은 즉위하자 견융족의 침입을 피해 수도를 낙양으로 옮겼는데, 이때부터 주나라는 쇠약해져서 제후들 사이에 강한 나라가 약한 나라를 공격하고 빼앗게 되었다.

〈주본기(周本紀), 제태공세가(齊太公世家), 노주공세가(魯周公世家)〉

# 2. 의로움과 절개의 상징, 백이와 숙제

백이(伯夷)와 숙제(叔齊)는 고죽국(孤竹國) 군주의 두 아들이다. 아버지는 아우인 숙제를 후계자로 삼을 생각이었으나 아버지가 죽자 숙제는 형 백이에게 군주의 자리를 사양했다. 그러자 백이는 숙제에게 "네가 아버지의 뒤를 잇는 것은 아버지의 명령이다."라고 하며 떠나 버렸다. 그러나 숙제도 역시 그 자리에 오르지 않고 떠났다. 고죽국 사람들은 할 수 없이 둘째 아들을 군주로 세웠다.

백이와 숙제는 서백 창이 노인을 잘 봉양한다는 말을 듣고는 그에게 몸을 맡기려 했다. 그러나 도착해 보니 서백 창은 죽고, 그의 아들 무왕이 아버지의 위패를 수레에 싣고 은나라의 폭군 주왕을 정벌하러 동쪽으로 가고 있었다.

백이와 숙제는 무왕의 말고삐를 붙잡고 말리며 말했다.

"아버지가 돌아가셨는데 장례도 끝내지 않고 바로 전쟁을 일으키니 효도라고 할 수 있습니까? 신하로서 군주를 시해하려 하니 이것을 인의(仁義)라고 할 수 있습니까?"

그러자 옆에 있던 신하들이 백이와 숙제를 죽이려고 했다. 이때 태공망이 말리며 말했다.

"이들은 의로운 분들이시다."

그러고는 그들을 보호해 돌려보냈다.

무왕이 은나라의 폭정을 평정하고 주나라를 세우니 천하의 제후들이 주나라를 받들었다. 그러나 백이와 숙제는 주나라의 백성이 되는 것을 부끄럽게 여겨 주나라 곡식을 먹는 것조차도 의롭지 못한 일이라 생각하고는 수양산(首陽山)에 숨어 고사리를 캐서 먹었다. 마침내 굶주려 죽게 될 지경에 이르자 이런 노래를 지었다.

저 서산(西山)에 올라
고사리를 뜯네.
폭력으로 폭력을 바꾸었건만
그 잘못을 모르는구나.
신농씨·순임금·우왕의 태평성대는
자취 없이 사라지는구나.
이제 내가 갈 곳은 어디인가
아, 가자! 죽음의 길로
우리의 운명이 다했구나!

백이와 숙제는 마침내 수양산에서 굶어 죽었다.
어떤 사람은 이렇게 말했다.
"하늘의 도리는 사사로움이 없어 항상 착한 사람들과 함께 한다."

그러나 백이와 숙제는 착한 사람이라고 할 수 있지 않은가? 그런데도 인덕을 쌓고 품행이 고결한 이들은 굶어 죽었다.

또한 공자는 70명이나 되는 자신의 제자들 중 오직 안연(顏淵)만이 학문을 좋아한다고 칭찬했다. 그러나 안연은 너무나 가난해 지게미나 쌀겨 같은 거친 음식조차도 배불리 먹지 못하다가 끝내 젊은 나이에 죽고 말았다. 그렇다면 하늘이 착한 사람에게 보답해서 베푸는 것이 이런 것인가?

도척(盜跖, 춘추 시대의 악명 높은 도둑)은 날마다 죄 없는 사람을 죽이고, 사람의 간을 회쳐 먹었다. 잔인한 짓을 일삼고 수천 명씩 무리를 지어 제멋대로 천하를 돌아다녔지만 그는 끝내 하늘이 준 자신의 수명을 다 누리고 죽었다. 이것은 도척이 어떤 덕을 쌓았기에 가능한 것인가?

이러한 일들은 아주 두드러진 사례들이다. 최근의 이야기를 하자면 못된 짓만 하고 법을 어기면서도 한평생을 호강하고 즐겁게 살며 자손들까지도 부귀를 누리는 사람들이 있다. 그런 반면에 걸을 때도 조심스럽게 발길을 내딛고, 말할 때가 아니면 입을 열지 않고, 길을 걸어도 샛길로 앞질러 걷지 않고, 옳은 일이 아니면 힘써 하지 않음에도 재앙을 만나는 사람들이 헤아릴 수 없이 많다. 이것은 나를 무척 당혹스럽게 한다. 만약 이러한 것이 하늘의 도리라면 과연 옳은 것인가, 옳지 않은 것인가?

공자는 말했다.

"길[道]이 다른 사람과는 함께 일을 추구하지 않는다."

이 말은 사람이 제각기 자신의 뜻에 따라 행동한다는 뜻이다. 그래서 공자는 또한 이렇게도 말했다.

"부귀가 찾아서 얻을 수 있는 것이라면, 나는 마부라도 기꺼이 하겠다. 노력해서 될 일이 아니라면 나는 차라리 내가 원하는 대로 도를 행하고 덕을 쌓겠다."

"날씨가 추워져야 비로소 소나무와 잣나무가 시들지 않음을 안다."

세상이 혼탁해졌을 때에야 비로소 깨끗하고 맑은 사람이 드러난다. 어째서 세속의 사람들은 부귀한 사람을 그리도 중하게 여기는데에 반해 깨끗하고 청렴한 선비는 가볍게 여기는 것일까.

공자는 말했다.

"군자는 죽은 뒤에 자신의 이름이 칭송되지 못함을 부끄럽게 여긴다."

또한 가의[賈誼, 한(漢)나라 문제(文帝) 때의 정치가이자 문인]는 이렇게 말했다.

"탐욕스런 사람은 재물에 목숨을 걸고, 열사는 명예에 목숨을 걸며, 권세욕이 큰 사람은 권력에 목숨을 걸고, 평범한 백성들은 그저 그날그날에 집착하며 살 뿐이다."

비슷한 색깔이 서로 어울리고 비슷한 부류가 끼리끼리 모이듯, 용이 날아오르면 구름이 따라오고 호랑이가 울부짖으면 바람이 몰아치듯, 성인이 나타날 때에 세상 만물도 다 뚜렷이 드러나게 된다.

백이와 숙제가 고매한 분이었지만 공자의 칭찬이 있고 나서 그 명성이 더욱 드러나게 되었고 안연이 다른 사람보다 특히 학문을 좋아했지만 파리가 천리마의 꼬리에 붙어 천 리를 갈 수 있는 것처럼 공자의 칭찬을 받아 더욱 두드러지게 되었다.

깊은 산골짜기에 숨어 살아가는 선비들의 명성이 드러나고 드러나지 않는 것도 이와 같으니 고매한 사람들의 이름이 묻혀 세상 사람들이 몰라주는 경우가 많아 애통하기 그지없다. 시골에 묻혀 사는 사람이 덕행을 닦아 명성을 떨치고자 해도 자신을 알아줄 덕과 지위가 높은 사람을 만나지 못한다면 어찌 후세에 이름을 전할 수 있겠는가? 〈백이열전(伯夷列傳)〉

제 4 부

분열과 전쟁의 춘추 시대

# 史記 제4부 분열과 전쟁의 춘추 시대

춘추 전국 시대는 춘추 시대와 전국 시대로 구분되는데 기원전 770년부터 기원전 403년까지를 춘추 시대, 기원전 403년부터 진(秦)나라가 중국을 통일하는 기원전 221년까지를 전국 시대라고 한다.

춘추 시대에는 각 제후들이 자신의 세력과 영토를 넓히는 가운데서도 여전히 주나라 왕실을 받들고 그 권위를 존중했던 것에 반해, 전국 시대에는 제후들이 주나라 왕실을 무시하고 스스로 왕이라 칭하며 패권(霸權, 으뜸의 자리를 차지하는 권력)을 차지하려고 했다. 따라서 춘추 시대는 독자적인 세력을 가진 제후들이 수없이 난립하고 많은 제후국들이 있었던 반면 전국 시대에는 비교적 강대한 나라들이 대립해서 서로 권력 다툼을 벌였다.

한편 춘추 전국 시대에는 각 제후들이 능력 있는 인재를 등용하고자 했다. 이 시기에 수많은 사상가가 나타나는데 공자, 맹자, 노자, 장자, 묵자, 한비자 등이 대표적인 사상가다. 이 시대의 여러 학파를 총칭해서 제자백가(諸子百家)라고 한다. 제자백가는 혼란한 현실 사회를 수습하기 위해 각기 자신의 입장에서 정치 사상을 제시했으며, 인간의 본성과 바람직한 이상 세계를 깊이 있게 추구하기도 했다. 대표적인 학파로 유가, 법가, 도가 등을 들 수 있다.

그렇다면 이렇게 분열되고 혼란했던 춘추 전국 시대가 시작된 이유는 무엇이었을까? 그것은 철기의 도입으로 인한 경제적인 발전 때문이었다. 춘추 시대 말기와 전국 시대 초기에는 철기 문화가 본격적으로 시작되었다. 철기의 사용은 군사적인 측면에도 큰 영향을 주어 전차를 중심으로 하는 귀족 무사 집단 사이의 전쟁이 보병과 기병을 중심으로 하는 전쟁으로 바뀌어 일반 백성들도 전쟁에 동원되었다. 그리고 철제 농기구의 사용으로 농업 생산력이 비약적으로 발전해서 영토에 대한 소유욕도 강하게 나타났다.

춘추 시대에 가장 세력이 컸던 제후를 '패자(覇者)'라고 하는데, 춘추 시대의 다섯 패자를 가리켜 '춘추 오패'라고 한다. 춘추 시대의 첫 번째 패자는 제(齊)나라의 환공(桓公)이다. 제나라 환공이 패권을 차지하는 데에 많은 일을 한 사람이 관중(管中)인데, 그가 제나라 환공에게 발탁될 수 있었던 것은 그의 둘도 없는 친구 포숙(鮑叔)의 덕택이었다. 이 두 사람의 아름다운 우정을 가리켜 사람들은 '관포지교(管鮑之交)'라고 불렀다.

춘추 시대에는 한 번 천하의 패권을 잡았다고 해서 영원히 지킬 수 있는 것이 아니었다. 끊임없이 다른 제후들이 도전을 했고, 따라서 싸움은 끊이지 않았다. 제나라 환공에 이어 진(晉)나라의 문공(文公), 진(秦)나라의 목공(穆公), 초(楚)나라의 장왕(莊王)도 그런 패자의 지위를 누렸다. 그러다가 춘추 시대 말기에 이르면 오(吳)나라 왕 합려(闔廬)와 그의 아들 부차(夫差)가 명재상 오자서(伍子胥)의 도움을 받아 패자의 지위를 차지한다.

사마천은 춘추 시대 제후들 사이의 세력 변화를 세가와 열전을 통해 자세히 다루고 있는데, 특히 중심적인 인물들에 대해서는 마치 드라마처럼 역동적으로 서술하고 있다.

# 춘추 시대 국가들

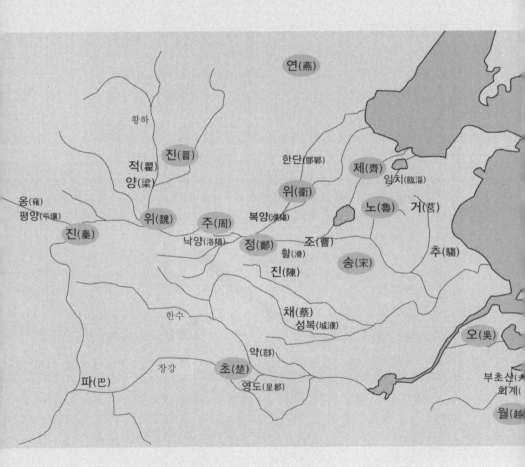

# 1. 관중과 포숙을 등용한 제나라 환공

## 제나라 왕 계보 (기원전 11세기~기원전 379년)

| | | | |
|---|---|---|---|
| 태공망 太公望<br>\|11세기\| | 정공 丁公 ·········· | 6 애공 哀公 ········· | 12 장공 莊公<br>\|795~731\| |
| ↳ 13 희공 釐公<br>\|731~698\| | 14 양공 襄公<br>\|698~686\| | → 15 무지 無知<br>\|686~685\| | → 16 환공 桓公<br>\|685~643\| |
| ···· 30 평공 平公<br>\|481~456\| | 31 선공 宣公<br>\|456~405\| | → 32 강공 康公<br>\|405~379\| | |

## 군주께서 천하의 우두머리가 되고자 하신다면

제나라 희공이 죽자 태자 제아(諸兒)가 왕위에 올랐는데 그가 양공이다. 양공 4년에 노(魯)나라 환공(桓公)이 부인과 함께 제나라에 왔다. 노나라 환공의 부인은 양공의 이복 여동생으로 결혼하기 전부터 양공과 불륜의 관계였다. 환공의 부인이 제나라에 오자 양공은 다시 그녀와 정을 통했다. 그런데 이 일을 노나라 환공이 알게 되자 양공은 노나라 환공을 술에 취하게 한 후 살해했다. 그 후 양공은 대신들도 부당하게 처벌했는데, 양공의 두 동생 규(糾)와 소백(小白)은 자기들에게도 이런 재앙이 미칠까 두려워 각기 노나라와 거(莒)나라로 도망쳤다.

관중과 포숙은 어릴 때부터 친한 친구였다. 포숙은 늘 관중의 능력과 인품을 알아주었다. 그래서 관중이 가난해 포숙을 속일 때가 많았지만 전혀 탓하지 않고 항상 관중을 잘 대해 주었다. 그 후 제나라 양공의 두 동생 규와 소백이 다른 나라로 망명하자 포숙은 소백을, 관중은 규를 각각 섬기게 되었다.

얼마 후 제나라에서 내란이 일어나 양공을 살해한 무지(無知)가 왕이 되었다가, 무지도 반대파에 의해 죽임을 당했다. 이때 망명 중인 규와 소백은 왕위를 차지하기 위해 먼저 제나라로 들어가려고 경쟁하며 싸우게 되었다. 규를 섬기고 있던 관중이 화살로 소백을 맞추었는데 소백은 허리띠의 쇠 부분을 맞고서 죽은 체했다. 관중은 소백이 죽은 줄만 알고 제나라로 돌아가는 일정을 여유있게 늦추었다. 이 사이 소백은 먼저 제나라로 들어가 왕위에 올라 환공이 되었다. 환공은 곧 제나라 군사를 정비해 규의 세력을 물리쳤다. 결국 규는 죽었고 관중은 체포되었다. 환공은 자신에게 화살을 쏘았던 관중도 당연히 죽이려고 했다.

이때 포숙은 환공에게 이렇게 말했다.

"군주께서 제나라만을 다스리시려 한다면 저만 있어도 가능할 것입니다. 그러나 만일 군주께서 천하의 패자가 되고자 하신다면 관중이 없이는 불가능합니다."

포숙의 설득으로 환공은 자신을 죽이려고 했던 관중을 등용해 재상에 임명했다. 이렇게 해서 관중은 제나라의 정치를 맡게 되었는데, 환공이 제후국의 우두머리로서 위엄을 떨칠 수 있었던 것은 관중의 탁월한 능력에 힘입은 바가 컸다.


## 나를 낳아준 사람은 내 부모지만, 나를 진정 알아준 사람은 포숙이다

훗날 관중은 이렇게 회고했다.

"가난했던 시절 나는 포숙과 함께 장사를 했다. 이익을 남기면 항상 내가 더 가졌는데도 포숙은 나에게 욕심이 많다고 말하지 않았다. 포숙은 내가 가난한 것을 알기 때문이다. 한번은 내가 포숙을 위해 어떤 일을 했는데 일이 잘못되어 포숙을 난처하게 만들었다. 그러나 포숙은 나를 어리석다고 생각하지 않았다. 사람에게는 운세에 따라 좋은 때와 나쁜 때가 있다는 것을 알기 때문이다.

나는 일찍이 관직에 세 번이나 나갔다가 세 번 모두 군주에게 인정받지 못하고 내쫓겼지만 포숙은 나를 무능하다고 생각하지 않았다.

내가 아직 때를 만나지 못한 것을 알기 때문이다. 그리고 나는 세 번 싸움에 나갔다가 세 번 모두 달아났지만 포숙은 나를 겁쟁이라고 하지 않았다. 내가 늙은 어머니를 모시고 있다는 것을 알기 때문이다.

또한 공자(公子, 귀한 집안의 자제) 규가 왕의 자리를 놓고 벌인 싸움에서 패해 죽자 규를 따르던 소홀(召忽)은 목숨을 끊었으나 나는 붙잡혀 굴욕스런 신세가 되었다. 그러나 포숙은 나를 부끄러움도 모르는 사람이라고 여기지 않았다. 내가 사소한 일에는 부끄러워하지 않으나 천하에 이름을 날리지 못함을 부끄러워하고 있음을 알기 때문이다. 그러므로 나는 감히 말할 수 있다. 나를 낳아준 사람은 내 부모지만, 나를 진정 알아준 사람은 포숙이다."

포숙은 관중을 추천하고 자신은 관중보다 낮은 지위에 있었다. 포숙의 자손들은 대대로 제나라의 녹봉을 받으며 봉토로 받은 땅과 도시를 십여 대까지 이어 갔으며 항상 명문 집안으로 인정받았다. 또한 세상 사람들은 관중의 능력을 칭찬하기보다도 사람을 볼 줄 아는 포숙을 더 칭송했다.

재상이 된 관중은 보잘것없는 제나라가 바닷가에 자리 잡은 점을 활용해 다른 나라와의 활발한 교역으로 재물을 쌓고 나라를 부유하게 만들었다. 또한 군대를 튼튼하게 하고 민심을 잘 파악한 후에 정책을 시행했다. 그는 이렇게 말했다.

"창고에 물자가 가득 차야 예절을 알며, 먹고 입는 것이 풍족해야

**제나라 환공**
춘추 오패의 첫 번째 패자로 관중을 재상에 임명해 부국강병을 이루었다. 정치·군사·경제의 개혁을 단행했으며 존왕양이를 주창했다.

**관중**
춘추 시대 제나라의 재상으로 환공이 패자가 되는 데 큰 공헌을 했다. 또한 백성들의 생활을 안정시키고 경제 정책에 힘썼다.

명예와 치욕을 알게 된다. 임금이 법도를 실천하면 아버지, 어머니, 형, 동생, 아내, 자식이 굳게 뭉치고, 나라를 다스리는 네 가지 강령 즉 예의, 의로움, 깨끗함, 부끄러움이 펼쳐지지 못하면 그 나라는 멸망한다. 물이 높은 곳에서 낮은 곳으로 흐르듯 명령을 내리면 그 명령은 민심에 따를 뿐이다.”

나라에서 논의한 정책은 탁상공론이 아니었기 때문에 실천하기 쉬웠다. 백성들이 바라는 것은 그대로 들어주고, 백성들이 싫어하는 것은 그들의 뜻대로 없애 주었다. 관중은 정치를 하면서 재앙이 될 수 있는 일도 복이 되게 하고, 실패할 일도 돌이켜서 성공으로 이끌었다. 그는 이로움과 해로움을 분명히 따지고 신중히 계산했다.


## 주는 것이 얻는 것이다


환공 즉위 5년에 제나라는 노나라를 공격해 크게 승리했다. 그래서 노나라 왕은 제나라에 땅을 떼어 주며 조약을 맺게 되었다. 이때 노나라의 장수 조말(曹沫)이 달려들어 환공의 목에 날카로운 칼을 들이대며 위협했다.

“제나라는 강하고 노나라는 약한데 강자가 약자를 침범해 땅을 빼앗는 것이 도리에 맞는 일이요? 빼앗은 땅을 도로 내놓으시오.”

당황한 환공은 당장의 위기에서 벗어나기 위해 그러겠다고 약속했다. 그러나 위기가 수습되자 환공은 무례한 조말의 위협에 굴복한 것이 화가 나서 약속을 취소하려고 했다. 그때 관중은 환공에게 약속은 약속이니 지킬 것을 건의하며 하찮은 약속이라도 신의를 저버리지 말아야 다른 나라들로부터 신뢰를 받을 수 있다고 주장했다. 여기에서 "주는 것이 곧 얻는 것임을 아는 것이 정치의 비책이다."라는 말이 생겨난 것이다.

이 소식이 전해지자 천하의 제후들이 제나라를 찾아와 환공을 뵙고 그를 천하의 패자로 인정했다. 이렇게 제후들 중 환공이 처음으로 패권을 잡게 되었고 이후 제나라는 계속 영토를 넓혀 나갔다.

환공에게는 십여 명의 아들이 있었는데 환공이 죽자 다섯 명의 아들이 각기 당파를 이루어서 왕위를 차지하기 위한 다툼을 벌였다. 이 때문에 궁중은 비어 환공의 시신을 입관(入棺)조차 시키지 못했다. 환공의 시신이 67일간이나 침상에서 방치되자 시체의 구더기가 문 밖까지 기어 나왔다. 마침내 첫째 아들 무궤(無詭)가 왕위에 오르고서야 입관이 되고 장례를 치를 수 있었다. 무궤는 왕위에 오른 지 30개월 만에 죽었고, 이어서 네 명의 아들이 차례로 왕위를 이었다.

〈제태공세가(齊太公世家), 관안열전(管晏列傳)〉

# 2. 19년의 유랑을 겪은 진나라 문공

## 진나라 왕 계보(기원전 11세기~기원전 376년)

| | | | |
|---|---|---|---|
| <sup>1</sup> 당숙우 唐叔虞 11세기 | <sup>2</sup> 진후 晉侯 | <sup>3</sup> 무후 武侯 | <sup>4</sup> 성후 成侯 |
| <sup>19</sup> 헌공 獻公 \|677~651\| | <sup>20</sup> 해제 亥齊 \|651\| | <sup>21</sup> 도자 悼子 \|651\| | <sup>22</sup> 혜공 惠公 \|651~637\| |
| <sup>23</sup> 회공 懷公 \|637\| | <sup>24</sup> 문공 文公 \|636~628\| | <sup>25</sup> 양공 襄公 \|628~621\| | <sup>38</sup> 열공 烈公 \|422~395\| |
| <sup>39</sup> 효공 孝公 \|395~378\| | <sup>40</sup> 정공 靜公 \|378~376\| | | |

## 쫓기는 중이

진(晉)나라 문공은 헌공의 아들로 이름은 중이(重耳)다. 헌공에게는
여덟 명의 아들이 있었는데, 그중 태자 신생(申生)과 중이 그리고 이
오(夷吾)가 현명하고 선량했다. 헌공은 여희(驪姬)라는 여자를 새로 얻
어 총애했는데, 여희가 아들 해제(奚齊)를 낳자 헌공은 더욱 여희와
해제만 사랑했다. 여희는 암암리에 자신이 낳은 아들 해제를 태자로

세우려고 음모를 꾸몄다.

어느 날 여희는 태자 신생에게 제사 음식을 헌공에게 바치도록 시켰다. 태자는 여희의 말대로 제사 음식을 바쳤고, 여희는 헌공이 사냥 나간 틈을 이용해 사람을 시켜 그 음식에 몰래 독을 넣게 했다. 헌공이 사냥에서 돌아오자 주방장이 태자가 바친 음식을 바쳤다. 헌공이 먹으려고 하자 여희가 옆에서 말리며 말했다.

"이번 제사 음식은 멀리서 온 것이라 검사를 해 보고 먹는 것이 좋겠습니다."

고기를 떼어 개에게 주니 개가 먹고 죽었다. 또한 어린 환관에게 먹였더니 그 역시 죽었다. 그러자 여희가 눈물을 흘리며 말했다.

"태자가 이럴 줄은 정말 몰랐습니다. 군왕께서는 나이가 많으셔서 머지않아 돌아가실 텐데 군왕을 시해하고 그 자리를 뺏으려 하다니……. 태자가 이렇게 하는 까닭은 저와 해제 때문입니다. 우리 모자가 떠나는 게 좋겠습니다."

그러자 헌공은 크게 노했고, 이 소식을 들은 태자 신생은 곡옥(曲沃) 지방으로 도망쳤다. 어떤 사람이 태자에게 말했다.

"독약을 넣은 사람은 여희인데, 왜 사실대로 여쭙고 해명하지 않으십니까?"

"우리 아버님께서는 늙으셔서 여희가 아니면 편안히 잠들 수 없고 식사도 달게 드시지 못하오. 바른대로 말을 하면 아버님께서 여희에게 화를 내실 터인데, 그러면 아니 되오."

"그렇다면 다른 나라로 멀리 도망치시는 것이 좋을 듯합니다."

"이런 오명을 지고 밖으로 도망친다면 누가 나를 받아주겠소? 내가 죽는 수밖에……."

그리고 태자는 스스로 목숨을 끊었다.

그 후 여희는 중이와 이오도 제거하려고 이들도 제사 음식에 독이 든 것을 알고 있었다고 헌공을 속였다. 이 말이 전해지자 두 사람은 형처럼 될까봐 두려워 자신들의 성으로 도망을 갔다. 헌공은 두 아들이 도망가자 이들이 진짜 모반하려 했다고 확신하고 발제(勃鞮)라는 환관을 중이에게 보내 자결할 것을 명했다. 그러나 중이는 달아났고 발제는 그의 뒤를 쫓아가다 중이의 옷소매를 칼로 베었다. 중이는 어머니의 고향인 적(翟)나라로 도망갔다. 이때 중이의 나이는 43세였고, 다섯 명의 현사(賢士, 훌륭한 선비) 외에도 수십 명의 부하들이 그를 따랐다.

헌공은 다시 군사를 보내 도망간 이오를 잡아오라고 명령했는데, 이오가 완강히 저항하자 잡을 수가 없었다. 이듬해 헌공은 다시 이오를 공격했다. 이오는 적나라로 도망치려 했지만, 그곳에는 형 중이가 있어서 함께 있는 것이 좋지 못하다고 여겨 결국은 양(梁)나라로 피신했다. 그 후 헌공은 중이가 있는 적나라를 공격하게 하니, 적나라는 헌공이 보낸 진나라 군사의 공격을 힘겹게 막아 내었다.

## 저들은 당신에게 생명을 맡겼는데 여색에 빠져 있으니

중이가 적나라에 머문 지 5년이 되었을 때 헌공이 죽었다. 진나라에서는 이극(李克)이라는 사람이 여희의 두 아들 해제와 도자(悼子)를 죽이고 중이를 왕으로 모시려고 했다. 그러나 중이는 자신도 죽게 될까 두려워 사양하고 돌아가지 않았다. 그러자 중이의 동생 이오가 진(秦)나라 목공과 제나라 환공의 도움을 받아 왕이 되었으니, 그가 바로 혜공이다.

혜공은 그의 형 중이가 겁이 나서 환관 발제로 하여금 장사들을 데리고 가서 중이를 죽이라고 명령했다. 이 소식을 들은 중이가 현사들과 의논했다.

"처음부터 적나라가 나를 적극적으로 지원해 줄 것으로는 결코 믿지 않았소. 다만 거리가 가까워 잠시 머문 것뿐이오. 머무른 지가 오래되었으니 이제 큰 나라로 옮겼으면 하오. 나는 천하의 패자로서 존경받는 제나라 환공에게 가고 싶소. 듣자하니 제나라의 재상 관중도 죽었다는데 지금이야말로 환공이 인재를 구하려 하지 않겠소?"

중이는 12년 동안의 피신 생활을 청산하고 적나라를 떠났다. 중이 일행이 제나라에 도착하자, 제나라 환공은 정중하고 극진히 중이를 대접했다. 또한 환공은 자기 친족 여자를 중이에게 시집보내고 말 스무 마리도 주었다. 중이는 제나라에서 안락하고 편안한 나날을 보낼 수 있었다. 그 이듬해에 환공이 세상을 떠났고 중이가 제나라에 온 지도 5년이 흘렀다. 거기서 중이는 한 여자를 사랑해서 제나라를 떠날 생각을 하지 않았다. 현사들은 모여서 언제까지 이렇게 살아야 할 건지 그리고 앞으로는 어떻게 할 것인지 논의했다. 그들의 걱정을 알게 된 제나라 여인이 중이에게 이렇게 말했다.

"당신은 한때 위급한 처지에 몰려 여기에 오셨습니다. 저 현사들은 당신에게 생명을 맡기고 앞날을 기다리고 있는데 당신께서는 여색에 빠져 계시니 부끄러운 일입니다. 빨리 귀국해서 큰일을 하시고 신하들의 노고에도 보답하셔야 하지 않겠습니까?"

그러나 중이는 안락한 생활에 만족해서 떠나려 하지 않았다. 제나라 여인은 어쩔 수 없이 현사들과 상의해 중이를 잔뜩 취하게 해 놓고서는 수레에 태웠다. 한참 후에야 깨어난 중이는 머리끝까지 화가 치밀었으나 할 수 없이 마음을 고쳐먹고 계속 전진했다.


## 중이, 마침내 왕이 되다

중이 일행은 조(曹)나라, 송(宋)나라, 정(鄭)나라를 거쳐 초나라로 갔다. 초나라 성왕(成王)은 중이를 제후에 상당하는 예절로 후하게 대접했다. 성왕은 중이를 극진히 대접하며 말했다.

"공자께서 귀국하셔서 성공하신다면 어떻게 보답하시겠소?"

"글쎄요. 국왕께는 없는 것이 없을 텐데 무엇으로 보답해야 할지요."

"그렇지만 무엇으로든지 보답은 해야 하지 않겠소?"

"만약 부득이하게 우리가 서로 싸우게 된다면 90리를 물러나 드리겠습니다."

이 말을 전해들은 초나라 장군 자옥(子玉)이 화를 내며 말했다.

"주군께서는 중이를 극진히 대접하셨는데, 그의 말이 이처럼 불손하니 죽여 버리지요."

그러자 성왕이 말했다.

"진나라 공자 중이는 현명하고 능력이 있는데도 밖을 떠돌며 오랫동안 곤궁하고 고달프게 지냈으며, 중이를 따르는 사람들도 모두 능력이 있는 인재들이다. 이 모든 것은 다 하늘이 정하신 것인데 어떻게 중이를 죽일 수 있겠는가? 반대로 만일 그대가 중이라면 어떻게 대답을 하겠는가?"

중이가 초나라에 머무르는 몇 달 동안 진(秦)나라에 인질로 있던 진(晉)나라 태자 어(圉)가 진나라에서 탈출했다. 진나라는 이를 매우 괘씸하게 생각해서 초나라에 있는 중이를 초청했다. 중이가 도착하자 진나라의 목공은 친척 여자 다섯 명을 중이의 처로 삼게 했다. 그중에는 탈출한 태자 어의 부인도 있었다. 중이는 사양하려 했으나 현사의 충고를 듣고 받아들였다.

이때 진(晉)나라에서는 군주 혜공이 죽고, 태자 어가 회공으로 즉위했는데, 회공보다도 중이를 지지하는 세력이 훨씬 더 많았다. 이러한 움직임에 호응해서 목공은 군사를 지원해 중이의 귀국을 도왔다. 결국 진(晉)나라의 군대는 무너지고, 회공은 도주하다 죽었다. 드디어 중이가 망명한 지 19년 만에 진나라의 왕이 되어 문공으로 즉위했으니 이때 그의 나이는 62세였다.

전에 자신을 죽이려고 했던 환관 발제가 문공을 뵙기를 청했다. 그러나 문공은 그를 꾸짖으며 만나 주지 않았다.

"네 놈이 전에 나를 죽이려다 나의 옷소매를 베었지. 그 후에도 너는 혜공의 명을 받고 나를 추적해 죽이려 했어. 네 놈은 그 일을 잊지 말아야 할 것이야."

"저는 궁형(宮刑)을 받은 사람으로서 감히 두 마음으로 주군을 섬기거나 주인을 배반할 수 없어 주군께 죄를 지었던 것입니다. 주군께서 이미 귀국하셔서 왕이 되셨는데 제가 옛일을 어찌 잊을 수가 있겠습니까? 옛날 관중은 활을 쏘아 제나라 환공의 허리띠 쇠를 맞추었으나 환공은 관중에게 의지해 천하의 패자로 불리지 않았사옵니까? 이제 궁형을 받은 이 사람이 매우 긴요한 일을 보고하려고 하는데 어찌해서 주군께서는 허락하지 않으십니까? 지금 재난이 눈앞에 다가왔사옵니다."

재난이 다가왔다는 말에 문공은 발제를 만나 주었다. 환관 발제는 혜공의 신하였던 여생(呂省)과 극예(郤芮) 등이 반란을 준비한다는 정보를 전해 주었다. 정말 발제의 말대로 여생과 극예가 반란을 일으켜 궁궐을 불태웠다. 그러나 문공의 호위군들이 반란군과 싸워 퇴각시켰고, 그 전에 문공으로부터 도움을 요청받은 목공은 도주하는 그들을 유인해 황하 강변에서 죽였다. 이로써 진나라는 평온을 회복했다.

문공은 정치를 잘해 백성들에게 은혜를 베풀었으며, 자신을 따라 떠돌던 사람들과 공이 있는 신하들에게 상을 내렸는데, 공이 많은 사람에게는 땅을 내리고 적은 사람에게는 벼슬을 내렸다.

## 패자가 된 진나라의 문공

문공 2년에 주나라 왕실의 양왕(襄王)이 자기 동생의 반란으로 쫓겨나자 문공에게 도움을 요청했다. 문공은 군대를 보내어 양왕을 보호하고 난을 일으킨 양왕의 동생 숙대(叔帶)를 죽였다. 주나라 왕실은 문공에게 상으로 토지를 내렸다. 문공이 양왕을 도운 것은 천하의 패자가 되려면 주나라 왕실을 보호해야 한다는 현사들의 강력한 조언에 따른 것이었다.

문공 4년에 초나라 성왕이 다른 제후들과 함께 송나라를 포위했다. 송나라에서는 진(晉)나라에 도움을 청했다. 문공의 현사들은 지금이야말로 전에 송나라로부터 입은 은혜에 보답하고 패권을 확립할 수 있는 좋은 기회라고 주장했다. 그리고 조나라와 위(衛)나라가 초나라와 친하니 이들 두 나라를 공격하면 초나라는 송나라에 대한 포위를 풀 것이라고 말했다.

진나라는 삼군(三軍, 상중하 세 개로 이루어진 군)을 만들어 위나라와 조나라를 공격했다. 초나라의 성왕도 군대를 이끌고 진나라에 맞섰다. 이때 초나라의 장군 자옥이 성왕께 아뢰었다.

"군왕께서는 일찍이 문공을 특별히 우대하셨습니다. 그런데 문공은 우리가 조나라, 위나라와 친하다는 것을 알면서도 일부러 그들을 공격했으니 이것은 군왕을 얕잡아 보는 것입니다."

성왕이 말했다.

"문공이 국외에서 유랑한 지 19년! 곤궁하고 고달프던 시기가 꽤 오래되었노라. 그러다가 마침내 귀국해 왕이 되고 백성들로부터 칭송을 듣고 있으니 이는 하늘이 그에게 길을 열어준 것이다. 우리가 문공을 감당하기는 어려울 것이다."

이에 자옥이 성왕께 청했다.

"제가 장담은 못하지만 저 못된 문공을 꼭 응징하겠습니다."

성왕은 기분이 언짢아서 자옥에게 일부러 적은 수의 군사를 붙여주었다. 자옥은 군대를 이끌고 진나라 군대를 공격했다. 그러자 진나라에서는 갑자기 군대를 후퇴시켰다. 한 장수가 물었다.

"왜 후퇴를 하시는 겁니까?"

"예전에 내가 초나라에 있을 때 서로가 대치하게 되면 90리를 후퇴하겠다고 약속한 적이 있었는데, 이를 위배할 수는 없지 않겠느냐?"

초나라 군대도 후퇴하려 했으나 자옥이 찬성하지 않았다.

이때 진나라 군대가 주둔한 곳은 성복(城濮)이라는 곳으로 여기에는 송나라, 제나라 그리고 진(秦)나라의 군대가 진(晉)나라를 지원하기 위해 함께 있었다. 마침내 성복에서 진(晉)나라와 초나라는 서로 만나 전투를 벌였다. 이 성복 전투에서 초나라는 패배했고 자옥은 패잔병들을 이끌고 철수했다.

초나라 군대를 격파한 문공은 네 마리 말이 이끄는 수레 백 승과 포로로 잡힌 보병 천 명을 주나라 왕실에 바쳤다. 이에 천자는 사신을 보내어 진나라 문공을 제후국의 우두머리인 백(伯)으로 선포하고, 여러 가지 선물과 용사 3천 명을 내려 주었다. 문공은 세 차례 사양한 후 절을 하고 선물을 받았다. 이후로 진나라의 문공은 패자로 칭해졌다.

한편 자옥은 전쟁에서 패해 초나라로 돌아갔다. 초나라의 성왕은 자옥이 자신의 말을 듣지 않고 공을 탐내서 진나라와 전쟁을 벌였다고 노여워하며 자옥을 크게 꾸짖었다. 그러자 자옥은 자결했다.

이 소식을 들은 문공은 "우리들은 초나라 밖을 공격했는데, 초나라 왕은 안에서 대신을 죽였으니 안팎에서 우리를 도와주는구나."

라고 하며 기뻐했다.

　그해 겨울 문공은 주나라 왕실의 천자를 뵙고자 했다. 그러나 혹시 제후들이 반란을 일으킬까 두려워 문공은 사람을 보내 주나라 왕실의 양왕으로 하여금 하양(河陽)이라는 곳으로 오시라고 했다. 양왕이 오자 문공은 여러 제후들을 이끌고 양왕을 찾아뵈었다.

　문공 9년 겨울, 진나라 문공이 세상을 떠나고 아들 희환(姬歡)이 뒤를 이어 양공이 되었다. 〈진세가(晉世家)〉

# 3. 백리해를 얻은 진나라 목공

## 진나라 왕 계보 (기원전 778년 ~ 기원전 206)

| | | | |
|---|---|---|---|
| 1 양공 襄公<br>\|778~766\| | 2 문공 文公<br>\|766~716\| | 8 성공 成公<br>\|664~660\| | 9 목공 穆公<br>\|660~621\| |
| 10 강공 康公<br>\|621~609\| | 14 애공 哀公<br>\|537~501\| | 16 도공 悼公<br>\|491~477\| | 25 효공 孝公<br>\|362~338\| |
| 26 혜왕 惠王<br>\|338~311\| | 27 무왕 武王<br>\|311~307\| | 28 소양왕 昭襄王<br>\|307~251\| | 29 효문왕 孝文王<br>\|251~250\| |
| 30 장양왕 莊襄王<br>\|250~247\| | 31 진시황 秦始皇<br>\|247~210\| | 32 2세 황제<br>호해 胡亥<br>\|210년~206\| | 33 자영 子嬰<br>\|206\| |

## 명재상 백리해를 얻다

진(秦)나라의 목공은 그의 형 성공의 뒤를 이어 왕이 되었다. 왕이 된 지 4년째 되던 해 목공은 진(晉)나라 헌공의 딸이자 태자 신생의 누이 목희(穆姬)를 아내로 맞아들였다.

전에 헌공이 우(虞)나라를 공격했는데, 거기서 그는 백리해(百里奚)

를 포로로 잡아 자신의 딸 목희의 종으로 만들었다. 그리고 목희가 목공에게 시집갈 때 백리해를 딸려 보냈다. 그러나 백리해는 진나라 에서 도망쳤다가 초나라 사람들에게 붙들렸다. 목공은 백리해가 훌 륭한 인재라는 말을 듣고 초나라 사람들에게 백리해의 몸값을 톡톡 히 치르고 데려왔다. 이때 백리해의 나이는 70세였다.

목공은 백리해와 나랏일을 의논하려 했다. 이때 백리해는 건숙(蹇叔)이라는 인물을 추천했다. 목공은 예물을 갖추고 건숙을 맞아들여 그를 상대부에 임명했다.

그해 가을에 목공은 친히 군대를 이끌고 진(晉)나라를 공격했다. 그때 진(晉)나라에서는 여희가 음모를 꾸며 태자 신생이 죽었고, 신 생의 동생 중이와 이오는 도망쳐 진나라에서 나와 있었다.

진(晉)나라 헌공이 죽자 피신 중이던 이오가 목공에게 사람을 보내 자신이 귀국해서 왕이 될 수 있도록 도와 달라고 청했다. 이에 목공 은 백리해로 하여금 군대를 이끌고 이오가 진(晉)나라로 갈 수 있도 록 보살피게 했다. 그러자 이오는 목공에게 "만약 제가 왕위에 오를 수 있다면 여덟 개의 성을 떼어 바치겠습니다."라고 했다.

마침내 이오는 귀국해 왕위에 올라 혜공이 되었다. 그러나 혜공은 목공에게 약속한 여덟 개의 성을 주지 않았다. 이때 진(秦)나라에 사 신으로 간 비정(丕鄭)이 목공에게 이렇게 말했다.

"진(晉)나라 사람들은 사실은 이오가 아니라 형 중이가 왕이 되기를 바라고 있습니다. 지금 이오가 진(秦)나라와의 약속을 어긴 것은 모두가 여생과 극예의 계략에서 나온 것입니다. 그러니 여생과 극예를 불러들여 죽이면 좋을 것입니다."

목공은 그 말을 따랐다. 그래서 비정을 진(晉)나라로 돌려보내 여생과 극예를 꾀어 진(秦)나라로 오게 하려고 했다. 그러나 여생과 극예는 비정의 음모를 눈치 채고 비정을 죽여 버렸다.

비정의 아들 비표(丕豹)가 진(秦)나라로 도망쳐 진(晉)나라를 정벌할 것을 목공에게 아뢰었다. 그러나 목공은 비표에게 벼슬을 주었을 뿐 그의 말을 따르지는 않았다.

그 후 진(晉)나라가 가뭄으로 식량이 부족하자 진(秦)나라에 식량을 지원해 줄 것을 요청했다. 비표는 목공에게 식량을 주지 말고 이번 기회에 진(晉)나라를 정벌하자고 했다. 목공이 백리해에게 의견을 물으니 그는 "이오가 주군께 죄를 지은 것이지, 백성들이 무슨 죄가 있습니까?"라고 했다. 목공은 백리해의 의견을 따라 식량을 지원해 주었다.

2년 후 이번에는 진(秦)나라에 기근이 들어 목공은 진(晉)나라에 식량을 요청했다. 혜공은 신하들과 의논했다. 한 신하가 "기근을 틈타 토벌하면 성공할 수 있습니다."라고 하자 혜공은 그 말을 따랐다. 그래서 혜공은 군사를 일으켜 진(秦)나라를 공격했다. 목공도 비표를 장수로 삼아 친히 나서서 싸웠다. 전쟁 중에 목공은 진(晉)나라의 군사들에게 포위당해 부상까지 입었다. 이때 기산 마을의 사람들 3백 명이 죽음을 무릅쓰고 진(晉)나라의 군사들에게 대항했다. 이들의 활약으로 목공은 포위에서 풀려났을 뿐 아니라 오히려 진(晉)나라의 혜공을 사로잡게 되었다.

예전에 목공이 기르던 좋은 말을 잃어버린 적이 있었는데, 알고 보니 기산 마을 사람들이 잡아먹은 것이었다. 관리가 이들을 체포해 처벌하려고 했는데, 목공은 "군자는 짐승 때문에 사람을 상하게 하지 않는다. 좋은 말고기를 먹고 술을 마시지 않으면 탈이 난다고 들었소."라고 하면서 술을 보내고 용서해 주었다. 기산 마을 사람들은 그 은덕에 보답하기 위해 기꺼이 목공을 따라 싸움에 나섰고, 목공이 위기에 빠지자 필사적으로 싸운 것이다.

혜공이 포로로 잡히자 목공은 그를 죽이려 했다. 그러자 주나라 왕실의 천자가 이 소식을 듣고 혜공이 주나라 왕실과 같은 성(姓)이니 그를 사면해 달라고 요청했다. 또한 목공의 부인은 진(晉)나라 왕의 누이였는데, 그녀가 눈물로 용서를 간청하자 목공은 혜공과 맹약을 하고 용서해 돌려보냈다. 혜공은 자신의 나라로 돌아가 영토 일부를 진(秦)나라에 바치고, 태자 어를 인질로 보냈다. 목공은 왕족의 딸을 태자 어에게 시집보냈다. 이때 진(秦)나라의 영토는 동쪽으로 황하에까지 이르렀다.

진(秦)나라, 효산에서 진(晉)나라에 패하다

진(秦)나라에 인질로 있던 진(晉)나라 태자 어는 아버지 혜공이 병이 났다는 소식을 듣고 걱정해 말했다.

"양나라는 우리 어머니의 나라인데 진(秦)나라가 멸망시켰다. 나는 형제가 많으므로, 아버지께서 돌아가시면 진(秦)나라는 반드시 나를 머물게 할 것이고, 그러면 진(晉)나라에서도 나를 무시해 다른 왕자를 왕으로 세울 것이다."

태자 어는 진(秦)나라를 탈출해 진(晉)나라로 도망쳤다.

이듬해 혜공이 죽자 태자 어가 왕위에 올라 회공이 되었다. 진(秦)나라에서는 태자 어가 도망친 것을 분통해 하며 초나라에 피신 중이던 중이를 맞아들이고 사신을 보내 진(晉)나라 대신들에게 중이를 귀국시키려 한다고 알렸다. 마침내 중이가 진(晉)나라로 돌아가 왕이 되었으니, 이가 곧 문공이다. 문공은 회공을 죽였다.

그 뒤 목공은 진(晉)나라 문공을 도와 정나라를 포위했다. 이때 정나라에서는 목공에게 사신을 보내 "정나라가 망하면 진(晉)나라가 강대해지므로, 진(晉)나라에게는 득이 되지만 진(秦)나라에는 이익이 없습니다. 진(晉)나라가 강대해지면 진(秦)나라의 우환이 될 것입니다."라고 하니 목공은 군대를 철수해 돌아왔다.

2년 후 문공이 서거했다. 이때 정나라의 한 관리가 자신의 나라를 배반해 목공에게 정나라를 습격하면 정복할 수 있다고 건의했다. 목공은 백리해와 건숙에게 이 일을 상의했다. 그들은 이렇게 말하며 반대했다.

"여러 나라를 거치고 천 리 길을 지나 다른 나라를 습격하는 것은 아무런 이득이 없습니다. 더욱이 누군가가 정나라를 배반해 말한 것이라면, 우리나라 사람 중에도 우리의 사정을 정나라에 밀고하지 않으리라는 법이 없습니다. 정나라를 치는 것은 좋지 않습니다."

그러나 목공은 이들의 말을 듣지 않고 군사를 일으킬 결심을 굳혔다. 그리고 백리해의 아들 맹명시(孟明視)와 건숙의 아들 서걸술(西乞術) 등에게 군사를 통솔하도록 명령했다. 군대가 출발하는 날 백리해와 건숙 두 사람이 통곡했다. 목공이 노해서 "내가 출병하는데 그대들은 통곡하며 우리 군사를 가로막으니 어찌된 거요?"라고 하자, 두 사람은 "신들은 감히 군왕의 군대를 가로막으려는 것이 아니옵니다. 출병하면 저희 자식들도 떠나게 되는데 늙은 저희들로서는 자식들이 늦게 돌아온다면 다시는 볼 수 없을 것 같아 통곡하는 것입니다."라고 했다. 이어 두 사람은 물러나 자식들에게 이르기를 "너희 군사가 패한다면 틀림없이 효산(殽山)의 험난한 요새지일 것이다."라고 했다.

진(秦)나라의 군대는 동쪽으로 진격해 진(晉)나라를 거쳐 주나라 왕실의 도성 북문을 지났다. 주나라 왕실의 대부 왕손만(王孫滿)은 "진

(秦)나라의 군사들은 무례하니 틀림없이 패하게 될 것이다."라고 말했다. 진나라의 군대가 효산 근처의 활(滑)이라는 지방에 도착했을 때, 정나라 상인 현고(弦高)가 소 열두 마리를 끌고 팔러 가다가 진나라의 군대를 만났다. 현고는 죽거나 포로가 될까봐 두려워 소를 바치면서 "듣건대 귀국에서 정나라를 정벌하려고 한다는데, 정나라 왕께서는 착실하게 방어 준비를 하고 있으며 소 열두 마리를 끌고 가서 병사들을 위로하라고 저를 보내셨습니다."라고 말했다. 진나라의 장군들은 "우리가 습격하려 한다는 것을 정나라에서 이미 알고 있으므로 쳐들어간다고 해도 성공하지 못할 것이다."라고 말하고는 자신들이 머무르고 있는 활 지방을 멸망시켰다. 활은 진(晉)나라 국경의 근처 땅이었다.

이때 진(晉)나라에서는 문공이 죽어 아직 장사도 지내지 못하고 있었다. 문공의 태자 양공은 노해 "진(秦)나라는 부친을 잃은 나를 우습게 여겨, 장례하는 틈을 타 우리 활읍을 침공했다."라고 말하고는 상복을 검게 물들여 입고 효산에서 진(秦)나라의 군사를 크게 무찔렀다.

진(晉)나라 군대는 맹명시 등 진(秦)나라의 세 장수를 포로로 잡고 돌아왔다. 진(晉)나라 문공의 부인은 진(秦)나라의 여자였다. 그녀는 포로가 된 진(秦)나라의 장수들을 살릴 생각으로 왕에게 이렇게 말했다.

"진(秦)나라의 목공은 이 장수들에 대한 원망이 골수에 사무쳐 있을 것입니다. 이 사람들을 돌려보내 목공이 통쾌하게 직접 삶아 죽이도록 해 주십시오."

진(晉)나라 왕이 이를 허락해 진(秦)나라의 장수들을 돌려보냈다. 세 장수가 돌아오자, 목공은 교외까지 나와 이들을 맞이하고는 울며 말했다.

"내가 백리해와 건숙의 말을 듣지 않아 그대들을 굴욕되게 했으니, 정말 미안하오."

그러고는 그들의 관직과 녹봉을 그대로 유지시켜 주었다. 그 후 목공은 다시 맹명시 등에게 군대를 이끌고 진(晉)나라를 공격해 팽아(彭衙)에서 교전하게 했으나 전세가 불리해지자 군대를 철수시켰다.


## 융족을 토벌하다

이 무렵 중국 밖에 있는 융족의 왕이 유여(由余)라는 신하를 사신으로 보냈다. 융왕은 목공이 현명하다는 소문을 듣고 진(秦)나라의 실정을 살펴보게 한 것이다. 목공은 유여에게 궁전과 궁중 창고의 재물을 보여 주었다. 유여가 말했다.

"이런 궁전과 재물은 귀신에게 만들라고 해도 힘이 들 터인데, 하물며 사람에게 만들라고 했으니 백성들이 많이 고달팠을 것입니다."

목공은 유여의 말을 이상하게 생각하며 물었다.

"중국에서는 시서예악(詩書禮樂, 시와 글과 예절과 음악)과 법도로 나라를 다스리는데도 항상 난리가 일어나는데, 그대 나라에는 이런 것이 없는데도 어떻게 어려움 없이 잘 다스리시오?"

유여가 웃으면서 말했다.

"이것이 바로 중국 안에서 난리가 일어나는 원인입니다. 상고 시대의 성인 황제께서 예악과 법도를 만드신 후로 친히 솔선수범하시어 겨우 나라가 다스려졌습니다. 그러나 후대에는 왕들이 날로 교만해지고 음란한 즐거움에만 빠졌습니다. 후대의 왕들은 법률 제도의 위력을 믿고 백성들에게 책임을 물으며 감시하니, 백성들은 극도로 피폐해져서 군주를 원망하고 인의를 요구하게 됩니다. 위아래가 서로 다투고 원망하며 서로 임금의 자리를 빼앗고 죽여서 멸망할 지경에까지 이르게 된 것은 모두 이러한 이유에서입니다.

그러나 융족은 그렇지 않습니다. 윗사람은 순박한 덕으로 아랫사람을 대하고 아랫사람은 충성으로 윗사람을 받들므로 한 나라의 정치가 사람이 자기 한 몸을 다스리는 것같이 잘 다스려집니다. 하지만 백성들은 잘 다스려지는 까닭이 무엇인지도 알지 못합니다. 이것이 진정한 성인의 다스림입니다."

이에 목공이 물러나 국가의 기밀을 다루는 내사(內史) 왕료(王蓼)에게 말했다.

"내가 듣기로 이웃 나라의 성인은 그 적대 국가의 걱정거리라는

데, 지금 유여의 현명함이 나의 걱정이니 장차 이를 어찌하면 좋겠는가?"

왕료가 말했다.

"융왕은 궁벽한 곳에 살고 있어 중국의 음악을 들어 보지 못했습니다. 왕께서 시험 삼아 노래와 춤에 뛰어난 미인들을 보내 융왕의 의지를 꺾어 버리십시오. 또한 유여를 더 머물게 해서 돌아가지 못하게 하면 융왕은 유여를 의심하게 되고 그러면 그들의 군신 관계는 멀어질 겁니다."

이에 목공은 유여와 나란히 자리에 앉아 같은 그릇의 음식을 나누어 먹으며, 융족의 지형과 병력에 대해서 자세히 물었다. 그런 한편 열여섯 명의 미녀들을 융왕에게 보내도록 왕료에게 분부했다.

미녀들을 받은 융왕은 무척 기뻐하며 즐기느라 그해가 다 가도록 시간 가는 줄을 몰랐다. 이때 진나라에서 유여를 돌려보냈다. 유여가 여자에 빠져 있는 융왕에게 여러 번 충고했지만 융왕은 듣지 않았다. 목공은 또 여러 번 사람을 보내 유여를 초빙하니 유여는 마침내 융왕을 떠나 진나라에 투항했다. 목공은 유여를 대접하고 융족을 정벌할 계책을 물었다.

한편 목공은 맹명시 등을 더욱 중용(重用, 중요한 자리에 임용함)해 그들에게 군대를 이끌고 진(晉)나라를 치게 했다. 진(秦)나라의 군대는 황하를 건너자 타고 온 배를 태워 버렸다. 죽을 각오로 싸우겠다는 의지였다. 그렇게 해서 진(晉)나라 군대를 크게 무찔러 효산 전투에서의 패배를 보복했다. 목공은 황하를 건너와 효산 전투에서 죽은 병사들을 위해 묘지를 만들어 장사 지내고 3일 동안 죽음을 슬퍼하며 울었다. 그리고 진(秦)나라의 군사들에게 말했다.

"아! 병사들이여, 내 너희에게 맹세하노라. 옛 사람들은 일을 도모함에 노인의 의견을 따랐으므로 실수가 없었던 것이다."

목공은 과거 백리해와 건숙의 의견을 따르지 않았던 것을 거듭 생각하며 이렇게 맹세함으로써 후대에 자신의 과오를 기억하도록 했다. 이 소문을 듣고 군자들은 말했다.

"아! 진나라의 목공은 사람을 대하는 처신이 정말로 빈틈없이 철저하구나. 그래서 결국 맹명시가 승리하는 기쁨을 얻었도다!"

목공은 유여의 계책을 받아들여 융왕을 토벌하고, 마침내 서융 지역을 제압했다. 주나라 왕실의 천자는 목공에게 사신을 파견해 축하하며 징과 북을 선물했다.

즉위한 지 39년 만에 목공이 서거했다. 그때 따라서 죽은 사람이 177명이었는데, 그중에는 진(秦)나라의 충신도 세 명이나 있었다. 진나라 사람들은 그들을 애도해 〈황조(黃鳥)〉라는 시를 지었고, 군자들은 이렇게 말했다.

"목공은 영토를 넓혀서 나라를 부강하게 했다. 동쪽으로는 강한 진(晉)나라를 굴복시키고, 서쪽으로는 융족을 제패했다. 그러나 목공이 여러 제후들의 우두머리가 될 수 없었던 것은 당연한 일이기도 하다. 왜냐하면 죽은 후에 백성들을 버리고 어진 신하를 따라서 죽게 했기 때문이다. 고대의 옛 왕들은 죽은 후에도 좋은 도덕과 법도를 남겼거늘, 목공은 오히려 백성들이 동정하는 착한 사람과 어진 신하를 빼앗아 갔으니, 진나라는 더 이상 동쪽을 정벌할 수 없을 것임을 알겠다."

목공에게는 아들이 40명이었는데 그중 태자 앵(罃)이 왕위를 계승하니 그가 강공이다. 〈진본기(秦本紀)〉

# 4. 3년을 날지 않던 새, 초나라 장왕

## 초나라 왕 계보 (기원전 848년 ~ 기원전 223년)

| | | | |
|---|---|---|---|
| 1 웅역 熊繹 | 19 장오 웅간 莊敖熊艱 | 20 성왕 成王 | 21 목왕 穆王 |
| \|848~838\| | \|677~672\| | \|672~626\| | \|626~614\| |
| 22 장왕 莊王 | 23 공왕 共王 | 27 평왕 平王 | 28 소왕 昭王 |
| \|614~591\| | \|591~560\| | \|529~516\| | \|516~489\| |
| 40 애왕 哀王 | 41 부추 負芻 | | |
| \|228\| | \|228~223\| | | |

## 3년을 날지도 지저귀지도 않은 새

초나라 목왕이 죽자 그의 아들 웅려(熊侶)가 왕위에 올라 장왕이 되었다. 장왕은 즉위한 후 3년간 정치에는 관심을 두지 않고 밤낮으로 향락만을 즐겼다. 장왕은 신하들에게 명령했다.

"감히 과인에게 충고하는 사람이 있으면 용서하지 않고 죽음으로 다스리도록 하겠다."

오거(伍擧)가 간언하기 위해 궁궐에 들어가 보니, 장왕은 양손에 미인들을 하나씩 껴안고 무희들 속에 앉아 있었다. 오거가 말했다.

"제가 수수께끼를 내고자 합니다. 새 한 마리가 언덕에 앉아 있는데, 3년 동안 날지도 않고 지저귀지도 않았습니다. 이 새는 무슨 새입니까?"

장왕이 말했다.

"3년 동안 날지 않았으니 날면 하늘을 치솟아 오를 것이고, 3년 동안 지저귀지도 않았으나 한번 지저귀면 사람을 놀라게 할 것이다. 오거, 그대는 가도 좋다. 과인이 그대의 뜻을 알겠노라."

그러나 몇 달이 지나도록 장왕은 변함없이 향락에서 헤어나질 못했다.

이번에는 대부 소종(蘇從)이 입궐해 장왕에게 간언했다. 그러자 장왕이 말했다.

"그대는 금지령을 듣지 못했느냐?"

"죽음으로써 주군을 깨닫게 하는 것이 저의 소원이옵니다."

소종의 간곡한 간언으로 장왕은 비로소 음란한 행동을 그만두고 정치에 전념했다. 그리고 오거와 소종에게 국정을 맡기니 나라안의 사람들이 크게 기뻐했다. 그해에 장왕은 용(庸)나라를 멸망시켰다. 이어서 2년 후에는 송나라를 정벌해 5백여 대에 달하는 마차를 빼앗았다.

다시 장왕은 융족을 정벌해 서쪽으로 영토를 넓혔으며 주나라 왕실의 도읍지 교외에서 군대를 정렬하는 열병식을 하면서 힘을 과시했다. 초나라의 세력을 인정한 주나라 왕실의 정왕(定王)은 왕손만을 장왕에게 보내어 장왕을 천하의 패자로 인정하며 격려했다. 이때 장왕은 왕손만에게 초나라 군사력의 막강함을 과시했는데, 왕손만은 진정한 패권은 덕행에서 나오는 것임을 강조하자 장왕은 그 말에 반박하지 못하고 돌아갔다.


도의를 잃지 않은 장왕


다음 해에 장왕은 약오(若敖)를 재상에 임명했다. 그런데 어떤 사람이 장왕 앞에서 약오를 모함하자, 약오는 죽임을 당할까 두려워 오히려 장왕을 공격했다. 장왕이 반격해 약오의 일가족을 몰살시켰다.

그 후 장왕은 진(陳)나라를 정벌하고 하징서(夏徵舒)를 죽였다. 하징서가 자신의 임금을 시해했기 때문에 그를 처벌한 것이다. 진나라를 정벌한 후, 그 지역을 초나라의 현으로 편입시켰다. 신하들이 모두 이를 축하했는데, 대부 신숙시(申叔時)는 장왕에게 축하의 인사를 건네지 않았다. 장왕이 그 까닭을 묻자 신숙시가 이렇게 대답했다.

"옛 속담에 이르기를, 소를 끌고 다른 사람 밭에 들어가면 밭주인이 소를 빼앗는다고 합니다. 밭에 들어간 것이 잘못이니, 그의 소를 빼앗아도 지나치지 않겠지요? 다시 말씀 드리면 대왕이 진나라에 난이 일어나 제후들을 이끌고 그 난을 평정한 것은 도의로 한 것인데 오히려 진나라의 토지를 탐한다면 어떻게 천하를 호령하시겠습니까?"

장왕은 즉시 진나라 후손들에게 나라를 다시 세우게 했다.

이듬해 장왕은 정나라를 포위해 3개월간 공격했다. 정나라 도성 바깥의 성문으로 들어가니 항복의 뜻으로 정나라 양공(襄公)이 상반신을 드러낸 채 양을 끌고서 장왕을 맞으며 말했다.

"제가 하늘의 도움을 얻지 못하고 대왕을 섬기지 못했기에 대왕께서 진노하시어 친히 이곳에 오셨으니, 이 모든 것이 저의 잘못입니다. 어떻게 감히 대왕의 명령에 따르지 않겠습니까! 대왕께서 저를 귀양 보내시거나 노예로 삼으신다고 해도 대왕의 명령에 따르겠습니다. 만일 대왕께서 너그럽게 저를 용서하시어 대를 끊지 않게 하고 저의 지위를 낮추시어 대왕을 모실 수 있게 한다면, 그것은 더 바랄 수 없는 저의 소망입니다. 그러나 제가 어찌 감히 이런 사치스러운 생각을 가질 수 있겠습니까? 감히 대왕께 간청하는 바입니다."

초나라 대신들이 장왕께 말했다.

"주군께서는 이를 허락하시면 안 됩니다."

그러자 장왕이 말했다.

"정나라 군주가 이처럼 자신을 낮추고 겸손하니 틀림없이 그의 백성들을 믿을 수 있겠노라. 그렇게 간청하는데 어떻게 대를 끊어 놓는단 말인가?"

장왕은 친히 군대를 30리 떨어진 곳으로 후퇴시켜 정나라와 강화를 허락했다. 이에 맹약을 맺고 정나라 군주의 동생을 인질로 삼아 초나라에 데려왔다. 그 후 진(晉)나라 군대가 정나라를 구원하기 위해 초나라 군대와 싸웠으나 황하 강변에서 크게 패했다.

　이어서 장왕은 송나라를 공격했다. 이는 송나라 사람이 초나라 사신을 죽였기 때문이다. 송나라 도성을 포위한 지 5개월이 지나자, 성안에 양식이 떨어져 사람들이 서로 아이들을 바꾸어 먹고 죽은 사람의 뼈를 땔감으로 쓰기까지 했다. 송나라의 대부 화원(華元)이 죽음을 무릅쓰고 성 밖으로 나와 장왕에게 이런 비참한 상황을 말하자 장왕은 그를 군자라고 칭찬하고 포위를 풀어 물러갔다.

　장왕은 즉위한 지 23년 만에 죽어서 그의 아들 웅심(熊審)이 왕위를 이어 공왕이 되었다. 〈초세가(楚世家)〉

# 5. 와신상담하는 오나라 왕 부차와 월나라 왕 구천

## 오나라 계보 (기원전 586년 ~ 기원전 473년)

| ¹ 수몽 壽夢 | ² 제번 諸樊 | ³ 여제 餘祭 | ⁴ 여말 餘眛 |
|---|---|---|---|
| \|586~561\| | \|561~548\| | \|548~531\| | \|531~527\| |

| ⁵ 요 僚 | ⁶ 합려 闔廬 | ⁷ 부차 夫差 |
|---|---|---|
| \|527~515\| | \|515~496\| | \|496~473\| |

## 월나라 계보

| 하나라 제6대 왕인<br>소강 少康의 서자 | ········· | 윤상 允常 | 구천 句踐 | 석여 鼫與 |
|---|---|---|---|---|
| | | | \|496~465\| | \|465~459\| |

| 불수 不壽 | 옹 翁 | 예 翳 | 지후 之侯 |
|---|---|---|---|

| 무강 無彊 |
|---|
| \|343~323\| |

### 오자서의 복수

오자서는 초나라 사람으로 이름이 원(員)이다. 오자서의 아버지는 오사(伍奢)이고 형은 오상(伍尙)이라고 하는데 당시 초나라 왕은 평왕(平王)이었다. 평왕은 자기 아들인 태자 건(建)의 부인될 여자를 진(秦)나라에서 맞아오도록 했는데, 그녀가 너무 미인이라 자신이 차지하고는 태자를 국경 수비 책임자로 쫓아 버렸다. 오자서의 아버지는 태자를 가르치는 일을 맡았는데, 왕에게 이 일을 추진한 간신 비무기(費無忌)의 말을 듣지 말라고 충고한 죄로 감옥에 갇혔다. 평왕은 이어서 태자를 죽이려 했으나 태자가 이를 알고 송나라로 도망쳤다.

일이 이렇게 되자 비무기는 후환이 두려워져 다시 왕에게 오자서 부자를 헐뜯어 죽이려고 했다. 왕이 계략을 써서 오자서 형제를 불러들이려 했으나 오자서는 내막을 파악해 오지 않았고 형 오상만 왔다. 평왕이 오자서의 아버지와 형을 함께 처형하자 오자서는 도망쳐 송나라로 가서 태자 건을 섬겼다. 그런데 도중에 태자는 정나라에서 죽고 오자서는 죽을 고비를 넘기며 간신히 오나라로 달아났다.

그 무렵의 오나라 왕은 요였고, 왕의 동생 광(光)이 장군으로 있었다. 오자서는 광을 찾아가 자신을 써줄 것을 부탁했다. 형을 제거하고 왕이 될 야심을 갖고 있던 공자 광은 유능한 인재들을 자기 사람으로 만들어가던 중이라, 오자서를 예의로 접대하며 왕에게도 추천했다.

등용된 오자서는 오나라 왕 요에게 초나라를 칠 것을 건의했다. 그러나 광은 이에 반대했다. 이때서야 오자서는 형을 제거하고 자신이 왕이 되려는 광의 마음을 눈치 채고 더 이상 초나라를 공격하자고 할 때가 아니라고 생각했다. 그래서 그는 광에게 검술이 뛰어난 전제(專諸)라는 사람을 추천하고는 자신은 당분간 물러나 농사를 지으며 살았다.

그로부터 5년 뒤에 초나라 평왕이 죽었다. 전에 평왕이 태자에게서 가로챈 여자가 낳은 아들이 왕위를 이었는데, 그가 바로 소왕(昭王)이다. 오나라 요왕은 초나라 왕의 장례를 틈타 초나라를 급습하게 했다. 이때 광은 초나라 공격에 가담하지 않고 다른 두 명의 동생들이 군사를 이끌었다. 그러나 초나라는 오나라의 침입에 강력히 대응해 오히려 오나라 군사의 퇴로를 차단해 버리니, 오나라 군사들은 옴짝달싹 못 하게 되고 말았다. 이렇게 되자 도성에는 군대가 없었고, 이 틈을 이용해 광은 검객인 전제를 시켜 요왕을 기습해서 죽이고 자신이 왕이 되었다. 그가 바로 오나라 왕 합려다.

오나라 왕 합려는 곧 오자서를 불러 외교 업무를 관장하도록 하는 한편 국가의 중요 정책도 오자와와 함께 의논했다. 그해에 초나라에서 백비(伯嚭)라는 사람이 오나라로 망명해 왔는데, 그 까닭은 백비의 아버지와 가족이 초나라 평왕에 의해 몰살당했기 때문이었다. 오자서는 자신처럼 초나라에서 억울하게 탈출한 백비를 합려에게 추천했고 왕은 그에게 대부의 직책을 주었다.

즉위한 지 3년째 되던 해에 합려는 오자서, 백비와 함께 초나라를 공격해 서읍을 함락시켰다. 합려는 이 여세를 몰아 초나라의 수도 영도(呈都)까지 진격하려고 했다. 그러자 장군 손무(孫武,《손자병법》을 쓴 손자를 말함)가 이를 말렸다.

"백성들이 많이 지쳐 있습니다. 지금은 때가 아닙니다. 좀 더 때를 기다리십시오."

합려는 손무의 건의를 받아들여 군대를 돌렸다.

이후 오나라는 계속 초나라를 공격해 크고 작은 성들을 빼앗았다. 그리고 월나라도 공격했다. 합려가 즉위한 지 9년째 되었을 때, 합려는 오자서와 손무에게 물었다.

"전에 그대들은 초나라의 수도 영도를 공격할 때가 아니라고 했는데, 지금은 어떠한가?"

"초나라를 치기에 앞서 초나라에 적대적인 당(唐)나라와 채(蔡)나라를 우리 편으로 확실히 끌어들여 힘을 합해야 가능합니다."

이에 합려는 당나라와 채나라를 끌어들여서 힘을 합하고 모든 군대를 총동원해 초나라를 공격했다. 오나라와 초나라는 한수(漢水)를 사이에 두고 서로 대치했다.

이때 합려의 동생 부개(夫槪)가 왕의 허락없이 군사 5천 명을 이끌고 초나라 군대를 습격해 초나라 군대는 크게 패했다. 승기를 잡은 오나라 군대는 초나라 군대를 추격해 마침내 초나라의 수도 영도를 점령했다.

옛날에 오자서가 초나라에서 지낼 때 친구 중에 신포서(申包胥)라는 사람이 있었다. 오자서는 망명하면서 신포서에게 자신의 굳은 결심을 말했다.

"훗날 내가 반드시 초나라를 쓰러뜨리고 말겠다."

그러자 신포서는 대답했다.

"그럼 나는 반드시 초나라를 지킬 것이다."

오나라가 초나라의 군대를 격파해 수도를 함락시키자, 오자서는 초나라 소왕을 잡으려고 했다. 그러나 소왕은 이미 도망치고 없어서 오자서는 죽은 평왕의 무덤을 파헤쳐 시체에 3백 대의 매질을 했다.

산속으로 피신해 있던 신포서가 이 소식을 듣고 사람을 통해 오자서에게 말했다.

"그대의 복수가 너무 지나치지 않은가? '사람이 많으면 한때 하늘을 이길 수 있으나, 일단 하늘의 뜻이 정해지면 사람도 무찌를 수 있다.'라고 하는데 어쨌든 일찍이 자네도 평왕의 신하였지 않은가? 그대가 시신을 욕되게 했으니 이보다 더 하늘의 뜻에 어긋난 일이 있을 수 있는가?"

그러자 오자서는 말을 전해 준 사람에게 이렇게 부탁했다.

"그대는 나를 대신해서 신포서에게 사과하고 '해는 지고 갈 길은 멀어 도리에 어긋난 짓을 할 수밖에 없었다.'라고 전해 주게."

**구천**
월나라의 왕으로 오나라의 부차에게 패해 수모를 겪었지만 그 뒤 부국강병에 힘써 오나라를 멸망시키고 패자가 되었다.

**범려**
지략이 뛰어난 월나라의 왕 구천의 신하로 오나라를 멸망시키는 데 큰 공을 세웠다.

## 와신상담하는 오왕 부차와 월왕 구천

신포서는 진(秦)나라로 급히 가서 구원을 요청했다. 그러나 진나라에서는 반응이 없었다. 이에 신포서는 궁궐 앞에 서서 밤낮으로 통곡하니 7일 밤, 7일 낮 동안 그 통곡 소리가 끊이지 않았다. 신포서의 이같이 애절한 통곡 소리에 진나라의 애공은 이렇게 말했다.

"초나라에 저런 충신이 있으니, 어떻게 초나라를 망하게 할 수 있겠는가?"

그리고는 전차 5백 대를 보내 초나라를 구원하게 했고 오나라 군대를 패배시켰다. 이때 월나라도 오나라 왕이 초나라에 오랫동안 머무는 것을 이용해 오나라를 공격했다. 이렇게 오나라의 왕 합려가 도망간 초나라 소왕을 잡기 위해 오랫동안 초나라에 머물러 있고 또한 진나라와 월나라가 오나라를 공격하자, 합려의 동생 부개는 이 정세를 이용해 재빨리 오나라로 돌아와 스스로 왕이 되었다. 이 소식을 들은 합려는 급히 군대를 이끌고 오나라로 돌아와 부개를 공격해 내쫓았다. 이 틈을 타 도망간 초나라 소왕은 다시 수도 영도로 돌아왔다.

이듬해에 합려는 태자 부차에게 병사를 거느리고 초나라를 공격하게 해 번(番) 땅을 빼앗았다. 초나라는 또다시 오나라가 공격해 올 것이 두려워 영도를 버리고 약(鄀)이라는 곳으로 수도를 옮겼다. 이때 오나라는 오자서와 손무의 계책으로 서쪽으로는 초나라를 무찌르고 북쪽으로는 제나라와 진(秦)나라를 위협했으며, 남쪽으로는 월나라를 굴복시켰다. 이로써 오나라의 왕 합려는 천하의 패자가 되었다.

합려 19년에 오나라는 월나라를 공격했다. 월나라의 왕 구천(句踐)은 오나라 군대를 맞아 싸웠다. 그때 월나라에서는 죽음을 각오한 병사들을 오나라 군대 진영 앞으로 보내어, 세 줄로 열을 세우고는 큰 소리로 고함을 지르게 한 뒤 스스로 목을 베어 죽게 했다. 오나라 군사들이 이러한 장면을 보고 넋이 나간 사이에 월나라 군대는 오나라 군대를 공격해 크게 이기고 합려의 손가락에 큰 상처를 입혔다. 결국 오나라 군사는 퇴각했다. 합려는 상처가 너무 심해져서 죽게 되었는데 이때 태자 부차에게 이렇게 일렀다.

"월나라 구천이 네 아비를 죽인 일을 너는 잊겠느냐?"

부차는 말했다.

"잊지 않을 것입니다."

그날 저녁 합려가 죽자 부차가 왕위에 올랐다. 그는 백비를 태재(太宰, 왕실의 내외 사무를 관장하는 직책)로 삼고 군사를 훈련시키는 데에 모든 힘을 다 쏟았다. 또한 부차는 편한 잠자리를 마다하고 장작더미 위에서 잠을 자면서 복수심을 잊지 않으려 했다.

이 소식을 들은 월나라의 왕 구천은 오나라가 군대를 일으키기 전에 선수를 쳐서 토벌하려 했다. 이때 범려(范蠡)가 이를 말리며 말했다.

"안 됩니다. 제가 듣기로 무기는 사람을 죽이는 흉기이고, 전쟁은 도리를 거스르는 것으로서 모든 일 중에서 가장 저급한 것입니다. 음모를 꾸며 도리를 거스르고, 흉기 사용을 즐겨 전쟁에 친히 관여 하시려 함은 하늘도 허락하지 않는 것입니다. 전쟁을 해도 이득이 없습니다."

그러나 구천은 듣지 않고 즉시 군사를 일으켰다. 부차는 이 소식을 듣고 정예 병사를 모두 동원해 월나라 군사를 부초산(夫湫山)에서 패퇴시켰다. 구천은 남은 병사 5천 명을 후퇴시켜 회계산을 지키게 했는데, 부차는 이들도 추격해 포위했다.

그제야 구천은 범려에게 말했다.

"그대의 말을 듣지 않아 이 지경에 빠졌소. 어찌하면 좋겠소?"

범려가 대답했다.

"충만함을 지속하려면 하늘의 도리를 본받아야 하고, 넘어지려는 것을 바로 세우려면 사람의 도리를 알아야 하며, 사물의 이치를 이 끌려면 땅의 이치를 본받아야 합니다. 겸손한 자세로 두둑한 예물을 갖추어 오나라의 왕 부차에게 보내십시오. 만약 그가 받아들이지 않으면 왕께서 스스로 볼모가 되어 그를 섬기십시오."

구천이 그렇게 하겠노라 하고 대부 문종(文種)으로 하여금 강화를 청하게 했다.

문종은 부차를 찾아가 무릎걸음을 하고 머리를 조아려 말했다.

"구천이 저를 보내며 '구천은 왕의 신하가 되고, 구천의 처는 왕의 첩이 되기를 청합니다.'라고 말씀드리라고 했습니다."

부차는 이를 받아들이려 했다. 그러나 오자서가 반대하고 나섰다.

"지금이야말로 하늘이 우리 오나라에게 월나라를 주는 기회이니 허락하지 마십시오. 월나라의 왕 구천은 고통을 잘 견뎌 내는 사람입니다. 지금 멸망시키지 않으면 나중에 반드시 후회하시게 됩니다."

대부 문종은 돌아가서 왕 구천에게 그대로 보고했다. 구천은 처자를 다 죽이고, 보물을 불태운 다음 죽음을 무릅쓰고 싸우는 수밖에 없겠다고 생각했다. 그러나 대부 문종이 말리면서 이렇게 말했다.

"오나라에는 오자서만 있는 것이 아니라 백비도 있습니다. 백비는 매우 탐욕스런 사람이라 뇌물로 매수할 수 있을 것입니다. 백비에게 몰래 통해 보도록 하시지요."

이에 구천은 문종을 시켜 은밀히 미녀와 보물을 백비에게 건네주었다. 백비는 곧 문종에게 부차를 만나도록 해 주었고 문종은 머리를 조아려 부차에게 말했다.

"원컨대 대왕께서 구천의 죄를 용서하시고 보물을 받아주시기 바랍니다. 불행히도 용서하지 않으면 구천은 그의 처자식을 모두 죽이고 보물을 불태운 후 5천 명의 병사와 함께 죽을 각오를 하고 싸움에 임할 터인즉, 대왕께서도 피해를 입으실 겁니다."

백비도 옆에서 거들었다.

"월나라가 신하가 되겠다고 하면서 항복하니 용서해 주시는 것이 우리에게도 이익입니다."

이 말을 들은 오나라의 왕 부차는 허락하려고 했으나 오자서가 반대했다.

"지금 월나라를 멸하지 않으면 후에 틀림없이 후회하실 것입니다. 구천은 어진 왕이고, 범려와 문종은 훌륭한 신하입니다. 만약 지금 그들을 월나라로 돌려보낸다면, 그들은 반드시 반란을 일으킬 것입니다."

그러나 부차는 이 말을 듣지 않고 구천의 항복을 받아들여 군대를 철수했다.

부차가 구천을 용서해 주자, 구천은 월나라로 돌아가서 복수를 다짐했다. 그는 자리 옆에 쓸개를 매달아 놓고서, 앉아 있을 때나 누웠을 때나 음식을 먹을 때에도 이 쓰디쓴 쓸개를 핥곤 했다. 그리고 자신에게 항상 다짐했다.

'너는 회계산에서의 치욕을 잊지 않았겠지?'

구천은 손수 밭을 갈고 부인은 길쌈을 했으며, 고기를 먹지 않고 수수한 옷만 입었다. 자세를 낮추어 어진 사람들을 공경하고 다른 곳에서 찾아온 손님들을 정중히 접대했다. 가난한 사람을 돕고 죽은 사람을 애도하며 백성과 수고를 함께 했다.

구천이 범려에게 국정을 맡기려 하자, 범려가 말했다.

"군사에 관한 일이라면 제가 더 나은 편입니다. 그러나 국가를 안정시키고 백성을 따르게 하는 일은 문종이 더 뛰어납니다."

그래서 국정은 문종에게 맡기고 범려는 오나라에 인질로 갔다가 2년 만에 귀국했다.

구천이 회계산에서 돌아온 지 7년째 되던 해에 구천은 군대와 백성을 훈련시켜 오나라에 복수하려고 했다. 그러자 대부 봉동(逢同)은 이를 반대하며 말했다.

"나라가 망했다가 이제야 조금 회복되었습니다. 우리가 군대를 정돈하면 오나라는 반드시 경계할 것입니다. 매나 독수리는 습격할 때에 자신의 몸을 감추는 법입니다. 지금 오나라는 제나라와 진(晉)나라를 치고 있으며, 초나라와 월나라에 큰 원한을 사고 있습니다.

오나라는 위세를 천하에 떨치고 있으나, 실제로는 주나라 왕실에 해를 끼치고 있습니다. 덕은 없고 패자로서의 무력만 있기에 그들은 자만에 빠져 있습니다. 우리는 제나라, 초나라, 진나라와 가깝게 하고 일단은 오나라를 섬기는 것이 좋습니다. 그래서 오나라가 더욱 야욕을 갖고 전쟁을 일으키면 오나라가 지친 틈을 타 우리가 제나라, 초나라, 진나라와 힘을 모아 오나라를 공격하면 승리할 것입니다."

구천은 대부 봉동의 의견을 따랐다.

## 오자서를 볼 면목이 없구나

한편 월나라의 항복을 받은 오나라 왕 부차는 제나라를 치려고 했다. 그러자 오자서가 반대하며 말했다.

"안 됩니다. 지금 월나라를 보십시오. 구천은 한 가지 반찬 이상으로 음식을 먹지 않으며, 백성들과 더불어 생활하는데 이는 언젠가 백성을 써먹을 데가 있기 때문입니다. 구천이 죽지 않으면 반드시 우리나라에 화근이 될 것입니다. 우리에게 월나라는 뱃속의 큰 질병과도 같습니다. 그에 비하면 제나라는 가벼운 피부병 정도밖에 되지 않습니다. 그런데도 왕께서는 지금 제나라에만 신경을 쓰고 계시니 어찌 잘못된 일이 아니겠습니까?"

그러나 부차는 오자서의 건의를 따르지 않고 제나라를 공격해 승리했고, 그 여세를 몰아 노나라와 추(駟)나라까지 위협하고 돌아왔다. 이후 부차는 더욱 오자서의 계책을 소홀하게 생각했다.

그로부터 4년 후 부차가 다시 제나라를 치려고 하자 월나라 왕 구천은 군사를 이끌고 오나라를 돕는 한편 백비에게 보물을 바쳤다. 이에 오자서가 다시 구천을 경계하라고 간언하자 부차는 오자서를 제나라에 사신으로 보내 버렸다. 오자서는 오나라가 망할 것이라고 생각해 아들을 제나라로 데리고 가서 그곳에 맡겼다. 그러자 백비는 부차에게 이를 알리고 오자서를 모함했다. 부차는 이 말을 듣고 사신을 보내 촉루(屬鏤)라는 명검을 오자서에게 보내 자결하라고 명령했다.

오자서는 하늘을 우러러 탄식하면서 말했다.

"나는 이전에 부차의 아버지 합려를 천하의 패자로 만들었고, 또 부차가 왕위에 오르기 전에 다른 공자들과 왕위 계승을 다투고 있을 때 죽음을 무릅쓰고 합려에게 말해 부차를 태자로 삼게 했다. 부차가 왕위에 오르고 나서 처음에 나에게 오나라의 절반을 주려고 했는데도 나는 받지 않았다. 그런데 지금 부차는 간사한 신하의 비방을 듣고 나를 죽이려 하는구나."

그리고 오자서는 자신의 가신들에게 이렇게 말했다.

"내 무덤에 가래나무를 심어 왕의 관을 짤 목재로 쓰게 하라. 그리고 내가 죽으면 반드시 내 눈을 오나라의 동쪽 문에 매달아 놓아라. 월나라 군사가 쳐들어오는 것을 보겠다."

오자서는 스스로 목을 찔러 죽었다. 이 말을 듣고 크게 화가 난 오나라 왕 부차는 오자서의 시체를 가져다가 말가죽 자루에 넣어 강물에 던져 버렸다. 그 후 부차는 백비에게 국정을 총괄하게 했다.

3년 후 월나라의 왕 구천은 범려를 불러 말했다.

"부차가 오자서를 죽였고 부차의 주변에는 아첨꾼 일색인데, 이제 오나라를 공격해도 되겠소?"

범려는 말했다.

"아직도 아닙니다."

당시 오나라는 여러 제후의 나라들 중 으뜸이었다. 그래서 오나라의 왕 부차는 북쪽의 황지에서 여러 제후들과 모여 천하의 패자로 인정받는 의식을 가졌다. 이 의식에 부차는 정예 병사들을 데리고 갔다. 오나라의 수도는 태자가 노약한 병사들을 데리고 지켰다. 이때 월나라의 왕 구천이 다시 범려에게 오나라를 공격해도 될지를 묻자, 범려는 말했다.

"가능합니다. 지금입니다."

이에 수군 2천 명, 훈련받은 병사 4천 명, 친위병 6천 명, 그 밖에 군사 업무를 맡고 있는 군관 천 명을 보내 오나라 군대를 패배시키고 수도를 지키고 있던 태자를 죽였다.

오나라에서는 급박한 상황을 부차에게 보고했고 이 소식을 들은 부차는 천하에 알려질까 두려워 비밀로 하게 했다. 오나라의 수도가 함락되었다는 소식을 제후들이 알게 되면 패자로서의 권위가 서지 않기 때문이었다. 부차는 천하의 패자로 인정받는 의식이 끝나자 즉시 월나라에 사신을 보내 휴전을 제의했다. 구천도 역시 아직은 오나라를 완전히 제압할 수 없음을 알고 오나라와 강화를 맺었다.

그 후 4년이 지나자 월나라는 다시 오나라에 대한 총공세를 폈다. 그동안 월나라는 지속적으로 군비를 강화해 왔으나, 오나라의 병사와 백성들은 모두 지쳐 있었을 뿐만 아니라 많은 병력이 손실된 상태였다. 월나라 군대는 오나라를 강하게 밀어붙여 3년 동안이나 오나라를 포위하고 공격해 마침내 오나라의 왕 부차를 고소산(姑蘇山)에 가두었다.

부차는 마침내 월나라에 항복하기로 하고 구천에게 강화를 요청하며 말했다.

"저 부차가 지난 번 회계산에서는 왕께 죄를 지었습니다. 저는 감히 왕의 명령을 거역하지 못하며 다만 강화를 맺어 돌아가기를 원할 뿐입니다. 바라건대 지난번 회계산에서 제가 왕에게 했던 것처럼 역시 저를 용서해 주시면 고맙겠습니다."

구천은 부차에게 차마 모질게 할 수 없어서 부차의 항복을 받아들이려 했다. 그러나 옆에 있던 범려가 말했다.

"회계산에서의 일은 하늘이 오나라에게 월나라를 주었던 것인데 오나라는 취하지 않았습니다. 이제 하늘이 오나라를 월나라에게 넘겨주는데, 월나라가 어찌해서 하늘의 뜻을 거스른다는 말입니까? 우리는 이날이 오기를 22년이나 기다려 왔습니다. 하늘이 주는 것을 받지 않는다면 오히려 하늘의 벌을 받습니다. 왕께서는 회계산에서의 그 수모를 잊지는 않으셨겠지요?"

구천이 말했다.

"내가 그대의 말을 따르고 싶으나, 차마 내 입으로 명령을 내릴 수는 없겠소."

이에 범려는 북을 쳐 병사를 진격시키니, 부차는 마침내 자결했다. 그는 죽으면서 헝겊으로 자신의 얼굴을 가리고는 말했다.

"오자서를 볼 면목이 없구나."

구천은 부차의 장례를 치러 주었다. 그리고 간신 태재 백비는 죽였다.


## 존귀한 벼슬을 오래 유지하는 것은 불길한 것

구천은 오나라를 평정한 후, 군대를 이끌고 북상해 회하(淮河)를 건너 제나라, 진(晉)나라의 제후들과 모여 천하의 패자로 인정받는 의식을 하고 주나라 왕실에 공물을 바쳤다. 월나라 왕 구천은 여러 제후들의 축하를 받으면서 주나라 왕실로부터 천하의 패자로 인정받았다.

범려는 구천을 도와 회계산에서의 치욕을 갚으며 오나라를 멸망시켰다. 이로써 구천은 천하의 패자가 되었고 범려는 상장군이 되었다. 그러나 월나라에 돌아온 범려는 자신의 명성이 너무 커진 것을 감당하기 어렵다고 여겼다. 게다가 구천은 어려울 때는 같이 할 수 있어도 편안할 때는 함께하기 어려운 사람이라 생각해서 구천에게 사직서를 제출했다.

"군주께서 괴로워하실 때 신하는 고생을 아끼지 말아야 하고, 군주가 모욕을 당하면 신하는 죽어야 한다고 합니다. 전에 왕께서 회계산에서 모욕을 당하셨는데 제가 죽지 않았던 것은 복수하기 위해서였습니다. 드디어 그 치욕을 갚으셨으니, 저는 회계산에서 모욕을 당할 때 죽지 못한 죄를 이제 받겠습니다."

구천은 이 글을 보고 말했다.

"나는 월나라를 둘로 나누어 그대에게 주려 하오. 돌아오지 않으면 그대를 벌하겠소."

그러나 범려는 돌아가지 않고 가벼운 보물을 챙겨 식구들과 함께 배를 타고 제나라로 들어갔다. 구천은 회계산 일대에 표지판을 세워 이곳을 범려의 땅으로 주었다.

한편 제나라로 들어간 범려는 대부 문종에게 편지를 썼다.

"날아다니는 새가 다 잡히면 좋은 활은 거두어지고, 토끼 사냥이 끝나면 사냥개는 삶아지는 신세가 되는 법이오. 월나라의 왕 구천은 목이 길고 입은 새처럼 뾰족하니, 어려움은 함께할 수 있어도 즐거움은 같이할 인물이 못 되오. 그런데도 어찌 그대는 월나라를 떠나지 않는 것이오?"

문종이 그 글을 읽고는 병을 핑계 삼아 궁궐에 들어가지 않으니, 어떤 사람이 대부 문종이 반란을 꾀한다고 꾸며서 고해 바쳤다. 그 말을 들은 구천은 크게 노해 대부 문종에게 칼을 내리며 이렇게 말했다.

"그대는 과인에게 오나라를 토벌하는 일곱 가지 비결이 있다고 일러 주었소. 나는 그중에 세 가지만을 사용해 오나라를 물리쳤소. 나머지 네 가지 비책은 그대에게 있으니 그대는 앞서 가신 왕들에게 가서 그것을 시험해 보기 바라오."

대부 문종은 결국 그 칼로 자결했다.

한편 제나라로 간 범려는 자신의 성과 이름을 바꾸고 농사를 지으면서 살았다. 그곳에서 그는 오래지 않아 수십만 금(金)의 재산을 가진 갑부가 되었다. 제나라 사람들이 범려의 현명함을 보고 재상으로 추천했다. 범려는 탄식하며 말했다.

"재상의 벼슬은 벼슬살이로는 최고의 경지다. 존귀한 이름을 오래 유지하는 것은 불길한 일이다."

범려는 재상의 직위를 거절하고 자신의 재산을 갈라 친구와 마을 사람들에게 나누어 준 뒤, 귀중한 보물들만 챙겨서 몰래 제나라를 빠져나갔다. 그 후 그는 도(陶)나라에 들어가 다시 자신의 능력과 수완을 발휘해 수만 금의 재산을 모아 가난한 친족과 이웃들에게 자선을 베풀었다. 그의 자손들도 대대로 부귀를 누리며 잘 살았다.

〈오태백세가(吳太伯世家), 월왕구천세가(越王句踐世家), 오자서열전(伍子胥列傳)〉

제5부 패권을 다투는 전국 시대

　　춘추 시대에는 주나라 왕실의 세력이 약했지만 그래도 그 권위는 인정받았
고, 제후들끼리도 서로 질서를 유지하며 공존했다. 이를 존왕양이(尊王攘夷)라고 한
다. 즉 주나라 왕실을 받들면서 서로 힘을 합쳐 사방의 이민족인 오랑캐를 몰아낸
다는 뜻이다. 그러나 기원전 5세기 말엽의 전국 시대로 접어들면 각국의 제후들은
주나라 왕실을 인정하지 않고 독자적으로 왕이라 칭하면서 다른 제후국들을 차지
하려고 다투었다. 즉 먹느냐, 먹히느냐의 시대가 된 것이다. 전국 시대의 강국들을
전국 칠웅(戰國七雄)이라 하는데, 연(燕)나라·제나라·한(韓)나라·위(魏)나라·조(趙)나
라·초나라·진(秦)나라를 말한다. 이 중에서도 가장 세력이 강력했던 나라는 서쪽
북방의 진나라였다.

　　진나라는 상앙(商鞅)이라는 특출한 인재를 등용해 전면적인 개혁 조치를 시행함
으로써 부국강병의 길을 열어 나갔다. 이때 다른 여섯 나라가 진나라에 대응하기
위해 펼친 전략이 바로 합종론(合從論)이다. 합종론은 진나라 동쪽의 여섯 나라가 종
(縱, 세로)으로 합해 강대국인 진나라에 대항하자는 주장으로 대표자는 소진(蘇秦)이
다. 소진은 자신의 합종책을 다른 여섯 나라가 채택하도록 하는 데에 성공해 여섯
나라의 재상이 되어 합종 동맹을 책임지는 역할을 맡았다. 그러나 합종책은 오래가
지 않아 깨어지고 말았다. 여섯 나라의 이해관계가 서로 달랐기 때문이다.

　　합종론에 맞서 나온 것이 장의(張儀)의 연횡론(連橫論)으로 모든 제후국들이 횡(橫,
가로)으로 진나라와 개별적인 화친을 맺어 평화를 유지하자는 주장이다. 연횡론은
한때 힘을 얻어 진나라의 세력 확장에 큰 도움을 주었으나 장의가 진나라 재상에서

물러나자 흐지부지되었다. 이후 여섯 나라는 저마다의 생존을 위해 싸웠지만 결국 진나라가 전국을 통일한다.

　전국 시대 역시 나름의 비책과 특기를 가지고 패자가 되려는 각국의 군주들을 찾아다녔던 사람들이 있었는데, 이들을 유세객 또는 식객이라고 했다. 이들은 군주에게 직접 접근하지 못하면 왕족이나 재상 등 권세가의 집에 머물면서 군주에게 추천되기를 바라며 정치적 야망을 꿈꾸던 사람들이었다. 제나라의 맹상군(孟嘗君), 조나라의 평원군(平原君), 위나라의 신릉군(信陵君), 초나라의 춘신군(春申君) 등은 당시 전국 사공자라고 불렸는데, 이들은 왕족으로서 권력자의 위치에 서서 대략 3천 명도 넘는 식객을 거느렸다고 한다. 이 식객들은 갖가지 술수와 지략을 가지고 이들 사공자를 도왔다.

　사마천은 이들 중 여러 분야에서 뛰어난 능력을 가졌던 사람들을 열전에 수록해 전하고 있다.

# 전국 시대 국가들

# 1. 진나라의 개혁을 주도한 상앙

## 진나라의 재상으로 등용되는 상앙

상앙은 위(衛)나라 왕의 첩에게서 태어났는데 이름이 앙이고 성은 공손(公孫)이다. 상앙은 젊은 시절부터 형명지학(刑名之學, 이름과 실질을 다루는 학문, 즉 법가 사상)을 좋아했으며, 위(魏)나라 재상 공숙좌(公叔座)의 식객으로 있었다. 공숙좌는 상앙의 능력을 알고 있었으므로 왕에게 그를 추천하려 했었다. 그러던 중 공숙좌가 병으로 눕게 되자 위(魏)나라의 혜왕(惠王)이 문병을 왔다.

"그대의 병이 만일 회복될 수 없다면 장차 나라의 일은 누구에게 맡기는 것이 좋겠소?"

"저의 식객 중에 상앙이라는 사람이 있는데, 젊긴 하지만 재능이 매우 뛰어납니다."

혜왕은 아무 말도 하지 않았다. 잠시 후 혜왕이 돌아가려 하자 공숙좌는 주위 사람들을 물리치고 왕에게 말했다.

"만일 상앙을 쓰지 않으시려면 죽여 없애야지 결코 다른 나라로 보내서는 안 됩니다."

혜왕은 알았노라고 하면서 떠났다. 혜왕이 가자 공숙좌는 급히 상앙을 불러 사과했다.

"오늘 왕께서 나에게 재상감을 추천하라 하시기에 나는 그대를 추천했소. 그러나 왕께서 아무 말씀도 없으신 것으로 보아 들어주실 것 같지 않소. 미안한 말이지만 오해는 하지 마시오. 우선 군주께 충성을 다해야 한다는 생각에서 '그대를 채용하지 않으시려면 죽여야 한다.'라고 말씀드렸더니 고개를 끄덕이셨소. 그대는 잡히기 전에 빨리 피하시오."

그러나 상앙은 웃으면서 이렇게 말했다.

"걱정하지 않으셔도 됩니다. 왕께서는 저를 채용하라는 상공의 의견을 거절하셨습니다. 따라서 저를 죽이라는 의견도 받아들이지 않으실 것입니다. 무엇 때문에 저를 죽이겠습니까?"

상앙의 말대로 위나라 혜왕은 공숙좌의 집에서 나오며 신하들에게 이렇게 말했다.

"공숙좌의 병이 심각하구나! 새파란 젊은이에게 재상을 맡기라 하다니, 제정신이 아니야."

이때 진(秦)나라의 효공은 옛날 목공 때의 전성기를 회복하고자 전국에 포고문을 내려 인재를 구했다. 상앙은 이 소문을 듣고 진나라로 갔다. 거기서 그는 효공의 신임을 받고 있던 경감(景監)을 찾아갔다. 상앙은 경감의 추천으로 효공을 만났다.

상앙은 여러 번 효공을 만나서 이야기를 나누었다. 처음에는 주로 왕도의 바른 정치를 말했는데 효공은 큰 관심을 보이지 않았다. 그러다가 천하의 패권을 장악할 수 있는 쪽으로 이야기를 바꾸자 매우 기뻐하며 상앙을 등용했다.

그러나 상앙이 부국강병을 위해 법을 바꾸려고 하자, 효공은 사람들이 쓸데없이 법을 바꾼다고 비난할까봐 걱정이 되었다. 그러자 상앙은 왕을 이렇게 설득했다.

"주저하면서 행동하면 공명이 따르지 않고, 확신 없이 일을 하면 성공이 없습니다. 또 다른 사람들보다 뛰어난 행동을 하는 사람은 원래 세상 사람들의 비난을 받기 마련이며, 남들이 모르는 지혜를 가진 사람은 반드시 사람들에게 오만하다는 비판을 받기 마련입니다.

어리석은 사람은 이미 이루어진 일도 모르지만 지혜로운 사람은 일이 시작되기 전에 압니다. 일을 시작할 때는 백성들과 더불어 상의할 수 없으나 일이 성공하면 같이 즐길 수 있습니다. 그렇기 때문에 성인은 나라를 강하게 하기 위해 옛 법만을 따르지 않았으며, 백성을 이롭게 할 수 있다면 옛 제도에 집착하지 않았던 것입니다."

효공이 이 말에 공감을 표하자, 한 대신이 반대하며 말했다.

"그렇지 않습니다. 성인은 백성들의 풍속을 고치지 않고 교화하며 지혜로운 사람은 법을 고치지 않고 다스립니다. 백성들의 풍속에 따라서 교화하면 수고로움이 없이도 공을 이룰 수 있고, 지금의 법으로 다스리면 관리는 관례에 익숙하며 백성들은 안심할 것입니다."

그러자 상앙이 말했다.

"속된 의견입니다. 보통 사람들은 관습에만 의지하고 학자들은 배운 것에만 집착합니다. 이 두 부류의 사람들은 관직에 앉아 법을 지킬 수는 있어도 그 이상의 일을 해낼 수 없습니다. 지혜로운 사람은 법을 만들고 어리석은 사람은 법에 제지당하며, 현명한 사람은 새로운 제도를 만들고 평범한 사람은 옛 제도에 구속됩니다."

다른 사람이 반론을 폈다.

"백 배의 이익이 없으면 법을 바꾸는 것이 아니며, 열 배의 편리함이 없으면 도구를 바꾸지 않습니다. 옛 법을 따르면 과오가 없을 것이며, 옛 제도를 따르면 잘못이 없을 것입니다."

상앙이 다시 반박하며 말했다.

"세상을 다스리는 방법은 한 가지만 있는 것이 아닙니다. 나라에 이롭다면 옛 법을 고집할 필요는 없습니다. 은나라의 탕왕이나 주나라의 무왕 같은 성인도 법을 바꾸지 않았습니까? 또 하나라의 걸왕이나 은나라의 주왕 같은 폭군은 옛 법을 바꾸지 않았지만 멸망했습니다. 그러므로 옛 법을 반대한다고 비난받을 일이 아니고 옛 제도를 따른다고 칭찬받을 것도 없습니다."

이에 효공은 상앙의 의견을 따르기로 하고 상앙에게 책임을 맡겨 법을 고치고 개혁하도록 했다. 그 내용은 이런 것들이었다.

백성들을 열 집, 다섯 집 단위로 조직해 서로 감시하고 죄를 적발하게 해서 연좌제를 적용시킨다. 범죄자를 고발하지 않는 사람은 허리를 자르는 형벌에 처하며, 고발하는 사람에게는 적의 머리를 벤 사람과 같은 상을 주고, 나쁜 짓을 한 사람에게는 적에게 항복한 사람과 같은 벌을 내린다.

또 성년 남자가 분가하지 않고 부모와 같은 집에 살면 세금을 두 배로 걷는다. 군공이 있는 사람은 각각 그 공의 크고 작음에 따라 벼슬을 달리 받고, 사소한 일로 다투는 사람은 그 정도에 따라 형벌을 받는다. 농사를 짓거나 베를 짜는 것을 본업으로 하면서 곡식 수확을 많이 하고 비단을 많이 짜는 사람은 부역과 세금을 면제받는다.

상공업에 종사하는데 게을러서 가난한 사람은 체포해 관청의 노비로 삼는다. 군주의 친척이라도 군공이 없으면 심사를 거쳐 족보에 이름을 올릴 수 없다. 신분과 지위의 서열을 분명하게 하며 토지와 집, 노비의 수, 의복의 종류와 형식은 서열에 따라 등급을 정한다. 군공이 있는 사람은 영예를 누리지만, 군공이 없는 사람은 부자라고 하더라도 영예를 누릴 수 없다.

그런데 이러한 개혁 조치를 만들어 놓고 아직 발표는 하지 않았다. 백성들이 불신해서 따르지 않을까 염려되었기 때문이다. 그래서 상앙은 궁리 끝에 3장(丈, 어른의 키에 해당되는 길이의 단위) 길이의 나무를 시장의 남문에 세우고는 "이 나무를 북문으로 옮기는 사람에게는 금 열 냥을 상으로 주겠다."라고 했다. 백성들은 무슨 뚱딴지같은 소리인가 싶어 아무도 옮기지 않았다. 옮기는 사람들이 없자 이번에는 "50냥의 금을 주겠다."라고 했다. 어떤 한 사람이 나무를 옮기자 즉시 50냥의 금을 주었다. 이로써 백성들을 속이지 않는다는 것을 밝힌 후에 새로운 법령을 발표했다.

새로운 법이 시행된 지 1년 만에 백성들 중에는 이 법령의 부당함을 호소하는 사람이 천 명 정도나 되었고, 이들은 수도까지 올라와 부당함을 호소했다. 그런데 이때 태자가 법을 위반했다. 상앙은 "법이 지켜지지 않는 것은 위에서부터 위반하기 때문이다."라고 하면서 법에 따라 태자를 처벌하려고 했다. 그러나 태자는 군주의 뒤를 이을 사람이라 형벌을 줄 수는 없으므로, 태자의 교육을 맡은 공자 건(虔)을 처벌했다.

그 다음 날부터 진나라의 백성들은 모두 새로운 법령을 준수하게 되었다. 법령이 시행된 지 10년이 되자 진나라 백성들은 이 법에 매우 만족하게 되었다. 길에 떨어진 물건을 줍지 않았고, 산에는 도적이 없었으며, 집집마다 풍족하고, 사람들마다 여유가 있었다. 백성들은 국가를 위한 전쟁에는 용감했고, 사사로운 싸움에는 조심하며 겁을 먹었다. 그래서 도시와 시골이 모두 잘 다스려졌다. 예전에는 새로운 법령의 부당함을 떠들던 사람들도 이제는 장점을 말했다. 그러나 상앙은 장점을 말하는 사람 또한 법을 어지럽힌다고 하면서 이들을 변방 지역으로 이주시켰다. 그 이후로 백성들은 감히 새 법에 대해 좋으니 나쁘니 말하지 못했다.

왕은 상앙을 재상으로 등용했다. 상앙은 군사를 이끌고 위(魏)나라의 수도를 공격해 항복시키고 3년 후에는 함양(咸陽)에 궁궐을 짓고, 수도를 옹(雍)에서 함양으로 옮겼다. 그리고 백성들에게 명령을 내려 같은 집안에서 아버지와 아들, 그리고 형제가 함께 사는 것을 금지했다. 작은 마을과 촌락을 합쳐 현(縣)으로 하고 현령을 두었다. 농지를 정리해 둑길이나 경계를 터 버리고 경작하게 해 조세를 공평하게 했다. 또한 도량형을 통일했다.

이를 실시한 지 4년 만에 공자 건이 법령을 위반하자, 이번에는 코를 베어내는 의형(劓刑)을 내려 집 밖으로 나갈 수조차 없는 신세로 만들었다.

이렇게 5년이 지나자 진나라는 더욱 부강해졌다. 주나라 왕실에서 진나라 효공에게 제사 지낸 고기를 내려 주니 여러 제후들이 이를 축하했다. 그때 제나라는 위나라를 침입해 마릉(馬陵)에서 위나라 군사를 대패시켰다. 상앙이 효공에게 말했다.

"우리와 위나라는 사람의 배나 심장에 난 병과도 같이 함께 공존할 수 없는 사이입니다. 위나라가 진나라를 누르지 못하면 진나라가 위나라를 누를 것입니다. 위나라는 지난해에 제나라에게 대패를 당해 제후들이 등을 돌리고 있으니 지금이야말로 위나라를 정복할 기회입니다."

효공은 상앙에게 위나라를 정벌하게 했다. 위나라에서는 공자 앙
(卬)이 장군이 되어 진나라에 맞섰다. 양쪽 군대가 서로 대치했는데,
상앙은 위나라 장군 앙에게 편지를 보냈다.

"우리는 옛날에 친구 사이가 아니었습니까? 그러나 지금은 적이
되었으니 참으로 난감하기 그지없습니다. 우리 서로 만나 화약(和約)
을 맺고 전쟁을 중지하는 것이 어떻겠습니까?"

위나라의 장군 앙은 그 제의에 동의해 서로 화약을 맺고는 술을
마셨다. 그러나 상앙은 미리 숨겨놓은 병사들에게 공자 앙을 덮쳐
사로잡게 한 후 위나라 군을 격파했다. 위나라는 제나라와 진나라에
연달아 패함으로써 재정이 바닥나고 영토는 크게 줄어들었다. 위나
라 혜왕은 할 수 없이 황하 서쪽의 땅을 떼어 진나라에 바치고 화평
조약을 맺었다. 그리고 수도를 대량(大梁)으로 옮겼다. 위나라 혜왕
은 크게 탄식하며 말했다.

"아! 공숙좌가 상앙을 추천했을 때 왜 그의 의견을 따르지 않았던고."


덕에 의지하면 흥하고, 힘에 의존하면 망한다


상앙이 위나라를 격파하고 돌아오자, 진나라의 효공은 상앙에게
상(商) 지방 등 열다섯 개 읍을 봉토로 주었다. 상앙의 본래 이름은

공손앙이고 위나라 출신이라 위앙(衛鞅)으로 불렸는데, 상 땅을 봉토로 받고부터는 상 땅의 제후라 해서 상군(商君)이라고 불렸다.

상앙이 진나라의 재상이 된 지 10년이 되었는데, 왕의 일족이나 외척들 사이에서 상앙을 원망하는 소리가 높았다. 그때 상앙은 조량(趙良)이라는 선비를 만나게 되었다. 상앙이 조량에게 말했다.

"선생의 이름을 많이 들었소이다. 서로 마음을 터놓고 지낼 수 있었으면 좋겠소."

조량이 대답했다.

"저는 굳이 원치 않습니다. 공자의 말씀 중에 '현명하고 백성을 사랑하며 재능 있는 사람을 추천하면 영화로워질 수 있고, 현명하지 못하거나 어리석은 사람을 불러 모아 왕노릇하는 사람은 몰락하게 된다.'라는 말이 있습니다. 저는 현명하지 못해서 감히 분부에 따를 수 없습니다. 또한 '있어서는 안 될 지위에 있는 것을 탐위(貪位)라 하고, 받아서는 안 될 명예를 가진 것을 탐명(貪名)이라고 한다.'라는 말을 들었습니다. 제가 당신의 뜻을 받아들인다면 탐위와 탐명을 하는 사람이 될까 두렵습니다. 그래서 감히 가까이 지내자는 분부를 따를 수가 없습니다."

상앙이 말했다.

"내가 진나라를 다스리는 방법이 잘못되었다고 생각하시오?"

조량이 대답했다.

"반성하면서 다른 사람의 말에 귀를 기울이는 것을 총(聰, 총명함)이라 하고, 마음의 눈으로 보는 것을 명(明, 밝음)이라 하며, 자기 자신을 이기는 것을 강(强, 굳셈)이라 합니다. 순임금의 말씀 중에 '스스로 낮추면 더욱더 높아진다.'라는 말이 있습니다. 순임금의 가르침을 실행하셔야지 저의 의견 따위야 무슨 상관이겠습니까?"

상앙이 말했다.

"원래 진나라는 오랑캐의 풍습에 젖어서 아버지와 아들이 구별도 없이 한 집에서 살고 있었으나, 지금 내가 그런 풍습을 고쳐서 남녀의 구별을 있게 하고 위엄 있는 궁궐도 만들었소. 선생이 보기에 나와 옛 목공 때의 재상 백리해 중 누가 더 정치를 잘한다고 보시오?"

조량이 대답했다.

"천 마리의 양 가죽도 한 마리의 여우 가죽만 못하고, 아첨꾼 천 명의 말도 정직한 사람의 한 마디 말보다 못합니다. 옛날에 주나라 무왕은 신하들이 바르고 옳은 소리를 할 수 있어 크게 일어났고, 은나라 폭군 주왕은 신하들이 감히 간언하지 못했기에 망했습니다. 만일 무왕이 틀렸다고 생각하지 않는다면 제가 하루 종일 정직한 말씀을 드려도 죽이지 않겠습니까?"

상앙이 이에 대꾸했다.

"이런 말이 있소이다. '겉치레의 말은 허황되고, 내심에서 나오는 말은 진실되며, 쓴 말은 약이고 달콤한 말은 독이다.' 선생이 진정으로 용기 있게 하루 종일 바른 말을 해 준다면 나에게 약이 될 터인데, 왜 마다하겠소?"

조량이 말했다.

"옛날 목공 때의 백리해는 가난했지만 현명한 사람이었습니다. 목공께서 백리해의 현명함을 듣고 만나 보고 싶어 했습니다. 그러나 백리해는 가려고 해도 여비가 없어서 나그네에게 몸을 팔아 싸구려 옷을 입고 소를 치면서 따라갔습니다. 1년이 지나서야 목공은 이를 알고 백리해를 소 치는 신분에서 끌어올려 모든 벼슬아치의 윗자리에 오르게 했지만, 진나라에서는 감히 불만을 품은 사람이 없었습니다.

백리해가 진나라의 재상이 된 지 6, 7년이 지나서 동으로는 정나라를 쳤고, 진(晉)나라의 군주를 세 번씩이나 교체시켰으며, 초나라를 위기에서 구해준 적도 있습니다. 백리해가 어진 정치를 베푸니 오랑캐까지 복종해 따랐습니다. 백리해는 재상을 지내면서 아무리 피곤해도 수레에 앉지 않았고, 더워도 수레 덮개를 씌우지 않았습니다. 백리해가 행차할 때는 수행하는 수레를 거느리지 않고 무장한 호위병도 없었습니다. 백리해의 공로는 문서 창고에 기록되어 보존되어 있으며, 백리해의 덕행은 후세까지 전해지고 있습니다.

백리해가 죽자 진나라의 모든 사람들은 눈물을 흘렸고, 아이들조차 노래를 하지 않았으며, 방아를 찧는 사람들도 흥얼거리지 않았습니다. 이것이 백리해의 정치요 덕입니다.

그런데 상군께서는 왕과의 만남부터가 명예롭지 못했습니다. 왕이 부르신 것이 아니라 왕의 총애를 받던 경감에게 소개를 부탁하지 않았습니까? 재상을 지내면서도 백성을 위한 일은 하지 않고 궁궐이나 크게 지을 뿐이었으니 그것을 공적이라고 할 수는 없지요. 또태자의 스승에게 형벌을 가하고 서슬이 퍼런 법으로 백성을 죽이고다치게 했으니, 이는 결국 원망과 화를 쌓은 것입니다.

상군의 명령이 왕의 명령보다도 무거워, 왕께서 부르기보다는 상군께서 불러야 더 빨리 옵니다. 지금 상군께서 많은 법을 바꾸면서이것을 '교화'라고 하시는데 그렇지 않습니다. 법을 바꾼 목적은 다만 상군의 권위를 내세우려는 목적이겠지요. 상군께서는 마치 왕처럼 자신을 과인이라 칭하고, 많은 왕족들을 핍박하고 있습니다.

《시경(詩經)》에 이런 구절이 있습니다.

'쥐에게도 예의가 있는데, 사람으로서 예의가 없구나. 사람으로서예의가 없는데, 어째서 일찍 죽지 않는가?'

이 시를 보면 상군께서 축복을 받으며 오래 살 것 같지는 않습니다. 태자의 스승인 공자 건은 8년 전 코를 베이는 형벌로 지금까지도 두문불출하고 있습니다.

《시경》에는 또 이런 구절이 있지요.

'인심을 얻는 사람은 일어나고, 인심을 잃는 사람은 망한다.'

**상앙**
전국 시대 진나라의 정치가로 철저한 법치주의를 통해 중앙 집권 체제
를 확립시켜 진나라가 패권을 차지하는 데 공헌을 했다.

지금 말한 몇 가지 일들은 인심을 얻는 일이 아니었습니다. 상군께서 외출하실 때에는 병사들을 태운 수십 대의 수레를 뒤따르게 하고 옆에는 무장한 호위병들을 데리고 다닙니다. 그렇지 않으면 결코 외출하지 않습니다.

《서경(書經)》의 이런 말을 기억하십니까?

'덕에 의지하는 사람은 흥하고, 힘에 의존하는 사람은 망한다.'

상군께서는 지금 아침 이슬처럼 위태로운 처지에 놓여 있습니다. 지금이라도 무사히 장수하고 싶으시면 하사받은 열다섯 개 읍을 왕에게 되돌려 드리고, 시골에 가서 화초나 가꾸면서 지내시는 것이 좋겠지요. 그러면서 세상에 드러나지 않은 인재를 왕에게 추천하십시오. 또한 노인을 봉양하고, 고아를 돌보며, 부모와 형을 공경하고, 공로 있는 사람에게 알맞은 지위를 주며 덕이 있는 사람을 존중하도록 왕에게 건의하십시오. 이렇게 하시면 조금 마음이 편해지실 겁니다.

그런데 상군께서는 아직도 부를 탐하고 국정을 독점하면서 백성들의 원성을 듣고 계십니다.

만일 왕이 세상을 떠났을 때, 그때는 상군을 체포하려는 사람들이 어찌 한둘뿐이겠습니까? 상군의 파멸은 발끝을 세워 기다리는 것처럼 순식간의 일이 될 겁니다."

그러나 상앙은 조량의 쓰디쓴 충고를 듣지 않았다. 이로부터 5개월 후 효공이 죽고 태자가 즉위했다. 그러자 상앙에게 모진 벌을 받앴던 공자 건의 무리들이 상앙에게 모반했다는 혐의를 씌워 고발했다. 상앙에게 체포령이 떨어지고 상앙은 급히 도망쳤다. 변방의 함곡관(函谷關)에 이르러 여관에 들어가려고 했으나 여관 주인은 손님이 상앙인 줄도 모르고 이렇게 말했다.

"상앙의 법에 따르면 여행 증명서가 없는 사람을 재워 주면 벌을 받게 됩니다."

상앙은 한숨을 쉬며 말했다.

"아! 내가 만든 법에 걸려 내가 죽게 되다니……."

상앙은 그곳을 떠나 위(魏)나라로 갔다. 위나라 사람들은 상앙이 전에 장군 앙을 속이고 위나라 군대를 격파시킨 것을 원망하고 있었으므로 받아주지 않았다. 상앙이 다른 나라로 피신하려 하자, 위나라 사람들은 상앙을 진나라로 돌려보내야 한다고 했다.

"상앙은 진나라의 반역자다. 지금 진나라가 저토록 강한데, 그 반역자를 돌려보내지 않고 도망치도록 놔둔다면 우리가 당할 것이다."

상앙은 할 수 없이 진나라로 가서 자신의 봉토인 상읍에서 식솔들을 데리고 정나라로 갔다. 그러나 추격하던 진나라의 군대가 상앙을 정나라에서 잡아 죽였다. 진나라 혜왕은 죽은 상앙에게 거열형(車裂刑, 사람의 사지와 머리를 다섯 수레에 묶고, 다섯 필의 말을 달리게 해 찢어 죽이는 형벌)을 내렸다. 상앙의 일족도 몰살당했다. 〈상군열전(商君列傳)〉

# 2. 합종론의 소진과 연횡론의 장의

닭의 부리가 될지언정, 소의 꼬리는 되지 말라

소진은 동주의 낙양 출신이다. 소진은 제나라로 가서 귀곡(鬼谷) 선생 밑에서 공부한 후 여러 나라를 다니며 유세했지만, 알아주는 사람이 없었다. 가진 돈도 한 푼 없이 집에 오자 형제, 형수, 누이, 아내, 첩 할 것 없이 모두가 소진을 비웃으며 말했다.

"주나라 풍속에 따르면 사람은 모름지기 농사를 짓거나 아니면 수공업이나 장사를 해서 10분의 2를 이익으로 해서 삽니다. 그런데 당신은 근본을 버리고 입이나 혀를 놀리면서 살려고 하니 곤궁을 겪는 것이 당연하지 않습니까?"

소진은 부끄럽기도 하고 상심도 되어 문을 잠그고 나오지도 않고 굳게 다짐했다.

"무릇 선비가 많은 책을 읽는다고 해서 무슨 소용이 있겠는가? 쓸모 있는 책을 읽어야지."

그리고 그는 병법과 독심술에 관한 책을 꺼내 1년 동안 몰두했다.

마침내 집을 나온 소진은 먼저 주나라 현왕(顯王)을 찾아갔다. 그러나 왕의 측근들은 평소부터 소진을 알고 있었기에 모두가 그를 경멸

하고 상대해 주지 않았다. 소진은 서쪽으로 발길을 돌려 진(秦)나라로 갔다. 간신히 진나라의 혜왕을 만나게 되자 소진은 이렇게 말했다.

"진나라는 사방이 요새로 둘러싸여 있으니 마치 자연이 만들어 준 좋은 창고와도 같습니다. 저의 병법을 진나라를 위해 쓰게 해 주십시오. 대왕은 가히 천하를 합해서 제왕이라 일컬으며 다스릴 수 있을 것입니다."

그러자 혜왕이 말했다.

"새도 깃털이 자라지 않으면 날지 못하는 법이오. 아직 나라 안의 정치도 제대로 안정되지 않았는데, 천하의 제왕이라니 당치도 않은 말씀이오."

그때는 마침 진나라에서 상앙을 처형한 직후였다. 유세를 하며 다니는 선비를 미워하는 분위기인지라 혜왕은 소진을 등용하지 않았다.

소진은 진나라를 떠나 조나라로 갔는데 거기서도 환영받지 못했다. 이번에는 연나라로 갔다. 연나라에서 머문 지 1년 만에 그는 연나라 왕 문후(文侯)를 접견할 수 있었다. 소진은 연나라 왕에게 합종의 전략을 주장했다. 합종이란 가장 강력한 진나라를 막기 위해서 진나라를 제외한 여섯 나라가 서로 힘을 합해야 한다는 것이다. 소진은 이렇게 말했다.

"연나라는 멀리 떨어져 있는 진나라와 가까이할 것이 아니라, 먼저 가까이에 있는 이웃 조나라와 친해져야 합니다. 천 리나 떨어져 있는 진나라가 연나라를 공격하는 것이 쉽겠습니까, 아니면 백 리밖에 떨어져 있지 않은 조나라가 연나라를 치는 것이 더 쉽겠습니까? 그러므로 연나라의 걱정은 천 리 밖의 진나라가 아니라 백 리 안의 조나라입니다. 조나라와 합종하십시오. 천하와 하나가 되면 연나라는 우환이 없게 될 것입니다."

연나라 왕은 소진의 말에 동의하고 소진에게 마차와 황금, 비단을 주며 조나라와 동맹을 맺도록 했다. 지난 번에 소진은 조나라에서 환영받지 못했는데, 그때의 재상 봉양군(奉陽君)은 죽었고 왕인 숙후(肅侯)를 직접 만날 수 있었다.

소진은 조나라 왕을 뵙고 이렇게 말하며 합종에 참여하게 했다.

"지금 천하의 형세를 살펴보면 한, 위, 제, 초, 연, 조 여섯 나라의 영토는 진나라의 다섯 배나 되고 여섯 나라의 병사는 진나라의 열 배가 됩니다. 여섯 나라가 힘을 합쳐 서쪽의 진나라를 공격한다면 반드시 격파할 수 있습니다. 그러나 지금 대왕께서는 진나라를 섬기며 진나라의 신하라고 말하고 있습니다. 다른 사람에게 신하라고 하는 것과 다른 사람이 자신을 신하라고 부르는 것이 어찌 같겠습니까?"

조나라 왕은 합종론에 기꺼이 동의하면서 소진에게 많은 수레와 황금, 비단 등을 주면서 여러 제후들을 설득해 합종을 성사시키도록 했다.

다음으로 소진은 한나라로 가서 선왕(宣王)을 설득했다.

"천하의 강한 활과 좋은 칼은 모두 한나라에서 생산되며 수십만 명의 무장 병력은 용감하기로 유명합니다. 이처럼 용감한 군사력을 갖춘 현명한 대왕께서 진나라에 굴복하신다면 이야말로 천하의 웃음거리입니다. 이보다 더 심한 모욕이 어디 있습니까?

생각해 보십시오. 한나라가 진나라에게 굴복한다면 진나라는 계속해서 대왕에게 영토를 요구할 것입니다. 달라는 대로 계속 주다 보면 대왕의 영토는 없어질 것입니다. 대왕의 토지는 한도가 있지만 진나라의 탐욕은 한도가 없습니다. 속담에 '차라리 닭의 부리가 될지언정, 소의 꼬리는 되지 말라.'라고 하지 않았습니까? 지금 대왕께서 진나라를 섬기시려 한다면 그것이야말로 소의 꼬리가 되는 것이 아니고 무엇이겠습니까?"

그러자 한나라 왕도 합종에 참여하기로 약속했다.

소진은 이번에는 위(魏)나라 양왕(襄王)을 찾아갔다.

"위나라는 천하의 강국이고, 대왕은 천하의 현명한 임금이십니다. 그런데 지금 대왕께서 진나라에 투항해 스스로 진나라의 속국이시라고 한다면, 이는 치욕입니다. 신하들 중에서 진나라에 복종하자는 사람들은 모두 간신이지 충신이 아닙니다.

《주서(周書, 주나라의 역사책)》에 '처음에 싹을 자르지 않아 덩굴이 기다랗게 얽히는 것을 어떻게 하겠는가? 작을 때 베지 않으면 장차 도끼를 사용해야 한다.'라는 말이 있습니다. 미리 깊이 생각하지 않다가 나중에 큰 화가 생기면 어떻게 하시겠습니까? 대왕께서 저의 의견을 받아들이셔서 여섯 나라가 합종해 전심전력으로 뜻을 통일하면 진나라는 결코 침입해 오지 못할 것입니다. 그래서 조나라 왕께서는 저의 어리석은 계책을 위나라에 전하고 대왕의 뜻을 받아오라고 하셨습니다."

위나라 왕 역시 소진의 의견에 따랐다. 이어서 제나라 선왕(宣王)을 찾아가 합종을 성사시킨 소진은 마지막으로 서남쪽의 초나라 위왕(威王)에게로 갔다.

"무릇 진나라는 호랑이나 이리와 같은 나라로 천하를 집어삼킬 야심을 품고 있습니다. 진나라는 천하의 원수입니다. 연횡을 주장하는 사람들은 모두 자기 나라의 토지를 나누어 진나라에 바치려고 하는데, 이것은 원수를 존경하고 적을 공경하도록 하는 것입니다.

대개 신하된 사람으로서 포악한 호랑이나 늑대와 같은 진나라와 교섭을 벌여 다른 나라를 침략하게 하는 사람은 자신의 국가가 갑자기 진나라의 침입을 받았을 때에는 오히려 자기 나라의 재앙을 돌아보지 않을 것입니다. 그러므로 합종하게 되면 모든 나라가 초나라를 섬길 것이고, 연횡하면 초나라는 진나라를 섬겨야 할 것입니다. 이두 가지 책략은 그 계책의 등급이 확연히 다릅니다. 이 둘 중 대왕께서는 과연 어느 쪽에 서시겠습니까?"

이에 초나라 왕도 소진의 의견을 따르기로 했다.

이렇게 해서 여섯 나라는 합종을 이루고 힘을 합하게 되었다. 소진은 합종의 책임자가 되었으며, 아울러 여섯 나라의 재상을 겸임했다.

소진은 조나라 왕에게 경과를 보고하러 가는 도중 자기 고향인 낙양을 지나게 되었다. 각국에서 받은 선물을 실은 수레와 수행원들의 행렬이 국왕의 행차와 다를 바 없었다. 소진의 형제와 처, 형수는 곁눈으로 볼 뿐 감히 고개를 들어 쳐다보지 못했고, 고개를 숙인 채 식사하는 시중을 들었다.

소진은 웃으며 형수에게 말했다.

"전에는 형수께서 오만하시더니 지금은 어찌 공손하십니까?"

형수는 몸을 굽혀 얼굴을 땅에 대고 사죄하며 말했다.

"시동생의 지위가 존귀하고 재물이 매우 많은 것을 보았기 때문입니다."

소진은 길게 탄식하며 말했다.

"나는 똑같은 사람인데 친척도 가난할 때는 나를 경시했으나 부귀해지자 나를 경외하니, 하물며 일반 사람들이야 오죽하랴! 만일 그때 내가 고향에 밭을 두 이랑만이라도 가지고 있었다면 지금 여섯 나라의 재상이 될 수 있었을까?"

소진은 많은 돈을 풀어 일족과 친구들에게 나누어 주었다. 일찍이 소진이 연나라로 갈 때, 다른 사람에게 백 전(錢)을 빌려 여비로 썼는데 소진은 그것을 백 금으로 갚았다. 그리고 은혜를 입었던 모든 사람들에게 보답했다.

여섯 나라와의 합종 맹약을 성사시킨 소진은 조나라로 돌아왔다. 조나라 숙후는 그에게 무안군(武安君)의 칭호를 내렸다. 소진은 곧 진나라에도 여섯 나라가 합종 맹약을 맺었음을 알렸다. 이후 진나라의 군대는 감히 함곡관 밖으로 나오지 못했다. 그런 상태는 15년이나 유지되었다.


## 나는 충신으로 죄를 지었소이다

그 후 진나라는 마침내 제나라와 위나라를 꼬드겨 조나라를 함께 공격하게 했다. 제나라와 위나라가 조나라를 공격하자, 조나라 왕은 소진에게 합종의 맹약이 깨진 것을 크게 나무랐다. 겁이 난 소진은 연나라에 가서 합종을 깬 제나라를 응징하자고 청했으나 거절당했다. 이로써 여섯 나라의 합종 맹약은 완전히 깨져 버렸다.

한편 진나라는 연나라를 자기편으로 끌어들이기 위해 연나라 태자에게 공주를 시집보냈다. 바로 그해에 연나라 왕이 죽자 태자가 즉위했다. 그 틈을 타서 제나라가 연나라를 공격해 연나라의 열 개 성을 점령하고 말았다. 새로 즉위한 연나라 이왕(易王)은 소진을 불러 따졌다.

"전에 나의 선왕께서 선생에게 자금을 주어 조나라 왕을 가서 만나도록 해 여섯 나라의 합종이 이루어졌소. 지금 제나라가 조나라를 치고 이어서 또 우리나라를 공격하니, 우리는 천하의 웃음거리가 되었소. 선생은 우리가 빼앗긴 땅을 되찾아 줄 수 있겠소?"

소진은 매우 부끄러워하며 말했다.

"제가 제나라에 가서 꼭 되찾아 오겠습니다."

소진은 제나라 왕을 만나 고개를 숙여 축하하고는 고개를 들어 조의를 표했다. 제나라 왕이 왜 동시에 축하와 조의를 하는지 묻자 소진이 말했다.

"굶주린 사람이 굶주리면서도 오훼(烏喙)라는 독초를 먹지 않는 까닭은 그것으로 배를 채울 수는 있지만 굶어 죽는 것과 똑같이 몸에 해롭기 때문입니다. 지금 연나라는 약소하지만, 연나라 왕은 진나라 왕의 사위입니다. 대왕께서 연나라의 성 열 개를 탐내서 취했으나, 그로 인해 강대한 진나라와 원수가 되고 말았습니다. 만일 약소한 연나라가 선봉이 되고 강대한 진나라가 연나라를 뒤에서 따르며 엄호해 천하의 정예 병사들을 불러들이게 한다면 그것은 아마도 오훼를 먹는 것과 다름이 없을 것입니다."

제나라 왕이 소진의 말을 듣고 걱정하자 소진은 계속해서 제나라 왕에게 말했다.

"'성공하는 사람은 화를 바꾸어 복으로 삼으며, 실패할 기회를 이용해 성공을 얻는다.'라는 말이 있습니다. 그러므로 빼앗은 열 개의 성을 지금 즉시 돌려주셔야 합니다. 그러면 이유없이 성을 되찾은 연나라는 기뻐할 것입니다. 진나라의 왕은 자신 때문에 연나라의 성 열 개를 돌려받았다고 생각해서 좋아할 것입니다. 이것은 이른바 원수를 버리고 바위처럼 튼튼한 친구를 얻는 것입니다. 그렇게 하신다면 연나라와 진나라 모두 대왕께 고개를 숙이게 되고, 대왕께서는 천하를 호령하는 위업을 이루실 수 있습니다."

결국 제나라 왕은 소진의 말에 따라 연나라로부터 빼앗은 성 열 개를 도로 돌려주었다.

그때 제나라에서는 소진이 여러 나라를 다니며 음모를 꾸미고 말을 뒤집고 있다는 비난이 끊이지 않았다. 소진은 제나라에서 누명을 쓸 것이 두려워 연나라로 돌아왔다. 그런데 연나라 왕은 소진을 그리 달갑게 여기지 않아서 예전에 가졌던 관직도 되돌려 주지 않았다.

소진은 연나라 왕을 만나 말했다.

"저는 지금 대왕을 위해 제나라에게 빼앗긴 성 열 개를 돌려받고 돌아왔습니다. 그러니 대왕께서는 저를 더욱 친근히 대해 주셔야 할 것입니다. 그러나 오히려 가졌던 관직조차 회복시켜 주시지 않는 것은 누군가 저를 모함했기 때문이겠지요. 저는 대왕께 충성을 다한 충신이면서도 죄를 지었습니다."

연나라 왕이 의아해하며 되받아 물었다.

"충신이면서 죄를 지었다는 것이 무슨 말이오?"

소진이 대답했다.

"옛날에 어떤 관리가 멀리 떠나게 되었는데, 그의 아내가 다른 남자와 정을 통하며 즐겼습니다. 남편이 돌아올 때가 되자 간통한 남자는 두려웠지요. 그런데 관리의 아내가 걱정하지 말라고 하며 남편이 돌아오면 남편이 마실 술에 독약을 타서 죽이겠다고 했습니다.

사흘 후에 남편이 돌아왔습니다. 아내는 첩에게 독주를 들고 남편에게 권하도록 했습니다. 첩은 술에 독이 있음을 말하고 싶었으나 말을 하게 되면 부인이 내쫓게 될까 두려웠고, 말을 않자니 주인을 죽이게 될까 두려웠습니다. 그래서 거짓으로 쓰러지면서 술을 엎질러 버리고 말았습니다. 주인은 크게 화를 내며 첩에게 50대나 채찍질을 내렸습니다. 그러므로 첩은 한 번 술을 엎질러 위로는 주인을 살게 하고 아래로는 부인까지 살게 했으나 채찍질에서 벗어나지 못했으니, 이 첩은 어찌 충신이면서도 죄가 없는 것입니까? 비유하건대 저도 마찬가지입니다."

연나라 왕은 고개를 끄덕이며 소진에게 옛날의 관직을 다시 돌려주고 소진을 더욱 정중히 대우했다. 그런데 연나라 왕의 모친은 소진과 정을 통하고 있었다. 연나라 왕은 이를 알고도 소진을 더 잘 대해 주었는데 소진은 피살될까 두려워 연나라 왕에게 간청했다.

"제가 연나라에만 있으면 연나라의 세력 확장에 별 도움이 되지 않는 것 같습니다. 제나라에 가서 연나라를 위해 몰래 일하겠습니다."

연나라 왕은 이를 허락했다. 소진은 연나라에서 죄를 지어 쫓겨나는 것처럼 소문을 내고 제나라로 들어갔고 제나라에서는 소진을 반기며 최상의 빈객으로 대우했다. 소진은 제나라에서 대대적인 궁궐 건축 사업 등을 벌여 제나라의 재정을 어렵게 만드는 공작을 벌였다. 그러다가 얼마 후 소진은 한 자객의 칼에 맞아 죽었다.


## 여러 사람의 입은 무쇠도 녹인다


장의는 위(魏)나라 사람으로 일찍이 소진과 함께 제나라에서 귀곡 선생에게서 공부를 배웠다. 장의도 소진처럼 공부를 마치자 제후들을 찾아다니며 유세했다. 한번은 초나라 재상의 집에서 술을 마시게 되었는데, 공교롭게도 그때 재상이 비싼 옥구슬을 잃어버렸다. 재상 집의 사람들은 모두 가난한 장의를 의심해서 장의를 붙들어 수백 번의 매질을 가했다. 그래도 장의가 훔쳤다는 말을 하지 않자 그냥 풀어 주었다.

남편의 처참한 모습을 본 장의의 아내가 이렇게 말했다.

"아! 당신이 유세하러 다니시지만 않았어도 어찌 이런 수모를 겪었겠습니까?"

그러자 장의는 아내에게 말했다.

"내 혀가 붙어 있는지 보아주시오."

"붙어 있네요."

"그러면 됐소."

이 무렵 소진은 합종론으로 조나라 왕을 설득하는 데에 성공해 재상으로 등용되었다. 이때 소진은 진나라가 다른 나라들의 합종을 깨 버릴까 두려워 적당한 인물을 찾고자 했다. 그래서 일부러 장의에게 모욕을 주고 장의를 진나라에 가게 만들고는 장의가 진나라의 혜왕을 만나도록 은밀히 도왔다. 혜왕은 장의를 신임해 그를 재상으로 등용했고, 그 후 장의는 왕을 설득해 촉(蜀)나라를 평정하고 그 땅을 진나라에 복속시켰다. 그 이후 진나라의 세력은 매우 강성해졌고 장의의 활약으로 위(魏)나라의 영토 일부를 떼어 받았다.

장의가 재상이 된 지 6년째 되던 해, 그는 일부러 진나라의 재상을 사직하고 위나라에 가서 재상이 되었다. 그가 위나라의 재상이 된 까닭은 진나라를 위해 일을 하기 위해서였다. 장의는 먼저 위나라로 하여금 진나라를 섬기게 함으로써 다른 나라들도 위나라를 본받게 하려고 했다. 그러나 위나라 왕이 장의의 의견을 따르지 않자, 장의는 남몰래 이를 진나라에 알려 위나라를 치게 해 위나라는 결국 진나라에 크게 패했다.

이듬해에 진나라는 위나라를 치기 위해 먼저 한나라를 공격해 8만 명의 한나라 병사들을 몰살시켰다. 이로 인해 여러 나라가 크게 진나라를 두려워했다. 이때 장의는 다시 위나라 왕을 설득했다.

"요즘 제후들이 진나라에 맞서기 위해 합종을 맺고 있습니다. 이들은 형제처럼 되기를 약속하고 백마의 피로 맹세했습니다. 그러나 같은 부모에게서 나온 형제도 서로 재물을 차지하려고 다투는데, 하물며 거짓과 속임수를 밥 먹듯이 하는 소진의 계략을 믿으려고 하니, 성공할 리가 있겠습니까?

합종을 말하는 사람들은 큰소리를 치지만 믿을 만한 말은 적습니다. 제후 한 명을 설득하면 벼슬을 얻기 때문에 천하의 유세객들이 팔을 걷어붙이고 눈을 부릅뜨며 이를 갈면서 합종의 이익을 떠벌리며 남의 임금을 설득하려고 하는 것입니다. 군주들은 유세객들의 교묘한 언변에 걸려들어 그들을 현명하다고 하니 이것이 바로 현혹되는 것이 아닙니까?

새의 깃털도 많으면 배를 가라앉히고, 가벼운 사람도 떼 지어 타면 수레의 축이 부러지며, 여러 사람의 입은 무쇠도 녹게 만들고, 여러 사람의 비방은 사람을 파멸시킬 수 있다고 들었습니다. 아무쪼록 대왕께서는 신중히 생각해서 결정하시기 바랍니다. 그래서 저는 잠시 위나라를 떠나 있겠습니다."

결국 위나라 왕은 합종을 포기하고 장의를 통해 진나라에 화평을 청했다. 장의는 돌아가서 다시 진나라의 재상이 되었다.

# 양 떼를 몰아 호랑이를 공격할 수는 없다

그 무렵 진나라가 제나라를 치려고 하자, 제나라와 초나라가 합종을 맺었다. 이때 장의는 초나라로 가서 회왕(懷王)을 만났다.

"대왕께서 진실로 저를 믿어 주신다면 먼저 제나라와의 합종 맹약을 끊으십시오. 그러면 신은 대왕께 6백 리의 땅을 바치고, 초나라와 진나라가 서로 결혼을 해 오래도록 형제의 나라가 되도록 하겠습니다."

초나라 회왕은 전쟁을 하지 않고도 6백 리의 땅을 얻게 되었다고 생각하며 기뻐했다. 곧 장의의 말대로 제나라와 단교했으나 장의는 진나라로 돌아가자 초나라 사신에게 6백 리의 땅이 아니라 자기가 가지고 있는 땅 6리를 주겠다며 조롱했다. 초나라 왕은 몹시 화를 내며 진나라를 공격했지만 크게 패하고, 오히려 두 개의 성을 진나라에 바치고서야 전쟁을 끝낼 수 있었다.

그 다음 해 장의는 사신으로 다시 초나라를 찾았다. 초나라 회왕은 장의가 오면 곧 죽이려고 그를 감옥에 가두었지만, 진나라가 무서워 장의를 죽이지 못하고 오히려 전처럼 잘 대우했다. 이때 장의는 합종론자인 소진이 죽었다는 소문을 듣고 이렇게 초나라 왕을 설득했다.

"진나라의 영토는 천하의 반을 차지하고 있으며, 그 군대는 다른 여섯 나라의 전체 군대와 맞먹습니다. 또 험준한 산과 황하로 둘러싸여 사방이 견고하게 막혀 있습니다. 호랑이처럼 용맹한 군사가 백만 명, 전차가 천 대, 기마가 만 필이고, 군량은 산더미처럼 쌓여 있습니다.

그러므로 합종론을 주장하는 사람들은 양 떼를 몰아 호랑이를 공격하자는 것입니다. 지금 대왕께서는 호랑이의 편이 되지 않고 양떼의 편이 되셨습니다. 이는 잘못 생각하신 겁니다. 지금 천하의 강국인 진나라와 초나라가 서로 싸운다면 두 나라는 양립할 수 없습니다. 합종론을 주장하는 사람들은 약소국들을 모아 경솔하게도 강한나라와 전쟁을 벌이게 하니, 나라는 가난한데 전쟁을 일으킨다면 망할 수밖에 없습니다.

진나라와 초나라는 국경을 맞대고 있는 가까운 나라입니다. 대왕께서 저를 믿고 제 의견을 들어주신다면 저는 진나라의 태자를 인질로 보내겠으니, 초나라도 태자를 진나라에 인질로 보내시기 바랍니다. 또 진나라의 왕녀를 대왕의 곁에서 시중들게 바치고 만 호(戶)의읍도 바치겠습니다. 이렇게 되면 두 나라는 오래도록 형제의 나라가 되어 평화롭게 잘 살 수 있을 것입니다."

초나라 왕은 장의의 의견을 따르려고 했다. 그러자 굴원(屈原)이 이에 반대하며 말했다.

"전에 대왕께서 장의에게 속으셨기에 장의가 오면 그를 삶아 죽일 것으로 생각했습니다. 지금은 차마 죽일 수 없다고 하더라도 다시 장의의 간사한 말을 따라서는 안 됩니다."

그렇지만 초나라 회왕은 굴원의 말을 듣지 않고 진나라와 친교를
맺었다.

장의는 초나라를 떠나 이번에는 한나라로 가서 한나라 왕을 설득
했다.

"한나라 영토는 사방 5백 리에 불과하고, 군대는 취사병까지 다해
야 30만 명이며, 실제로 전쟁 시에는 20만 명밖에는 동원할 수 없습니
다. 그러나 진나라는 군사가 백만 명이고, 전차가 천 대, 기마가
만 필이 넘으며 병사들은 호랑이처럼 용맹스럽습니다. 진나라와 한
나라 병사를 비교하면 마치 장사와 어린애와도 같습니다. 천 근의
철근을 새알 위에 떨어뜨리면 어떻게 되겠습니까?

지금 진나라의 가장 급한 일은 초나라를 약화시키는 것입니다. 초
나라를 약화시킬 수 있는 나라로는 한나라가 가장 적합합니다. 이는
한나라가 초나라보다 강하기 때문이 아니라 지리적인 위치가 그러
하기 때문입니다. 대왕께서 서쪽으로 진나라를 섬기고 초나라를 쳐
서 그 땅을 얻고 화를 바꾸어 복으로 만드시면 이보다 더 좋은 계책
이 어디 있겠습니까?"

결국 한나라 왕은 장의의 말을 따랐다. 장의가 진나라로 돌아가
보고하니 혜왕은 다섯 고을을 주고 무신군(武信君)이라는 칭호를 내
렸다.

진나라의 혜왕은 장의를 제나라로 보내 설득하게 했다. 제나라 왕을 만난 장의는 말했다.

"천하의 강국들 중에 제나라를 능가할 나라는 없습니다. 백성들은 풍요롭고 즐겁게 살고 있습니다. 그러나 대왕을 위해 계책을 수립하는 사람들은 모두 눈앞의 이익에만 어두워 합종론을 내세우며, 합종이 모든 것을 해결한다고 떠듭니다.

지금 초나라, 한나라, 위나라, 조나라가 진나라를 섬기고 있습니다. 대왕께서 진나라를 섬기지 않는다면 진나라는 한나라와 위나라를 몰아 제나라의 남쪽을 칠 것이며, 조나라 군대를 총동원해 서쪽을 칠 것입니다. 어느 날 이렇게 갑자기 공격을 받게 된다면 진나라를 섬기려 해도 불가능해질 것입니다. 대왕은 깊이 생각하십시오."

이에 제나라 왕은 장의의 의견에 따르겠다고 약속했다.

장의가 다음으로 간 나라는 조나라였다.

"대왕께서 합종론에 따르신 것은 소진을 믿었기 때문일 것입니다. 소진은 제후들을 현혹해 옳은 것을 그르다 하고 그른 것을 옳다고 했습니다. 소진은 마침내 제나라를 배반하려다 죽임을 당했으니 소진은 결국 실패한 것입니다. 그러므로 천하를 하나로 결속할 수 없음은 명백합니다. 지금 초나라는 진나라와 형제의 나라가 되었고, 한나라와 위나라는 진나라의 신하라고 자처하며, 제나라는 땅을 바쳐 화친을 청했습니다. 조나라는 오른팔이 잘려나간 상태입니다. 오른팔을 잘리고도 남과 싸우길 바라며, 동지를 잃고 고립되어 있으면서도 위태롭지 않기를 바란다면 그것이 가능한 일이겠습니까?

이제 진나라가 제나라와 한나라 및 위나라 군대를 동원해 조나라를 친다면, 조나라는 이 네 나라의 연합 부대를 막을 자신이 있습니까? 네 나라는 조나라를 친 후 조나라 땅을 넷으로 분할할 것입니다. 제가 대왕을 위해서 말씀드리건대, 대왕께서는 진나라의 임금과 만나 대화를 통해 수습하고 무력에 의한 정벌이 없도록 요청하시는 것이 최상이 계책이라고 생각합니다. 잘 생각해서 결정하십시오."

조나라 왕이 장의의 말에 동의하자, 장의는 곧 조나라를 떠났다.


## 연횡은 완성되었지만

북쪽으로 간 장의는 연나라 소왕(昭王)을 설득했다.

"대왕께서는 조나라와 가장 가깝게 지내십니다. 그러나 조나라 왕이 포악하고 인정이 없다는 것은 대왕께서도 아실 겁니다. 이미 조나라는 연나라를 공격해서 두 번이나 수도를 포위하고 협박해, 대왕께서는 열 개의 성을 바치고 사죄까지 한 적이 있습니다. 그런데도 조나라와 가까이 하시겠습니까?

조나라 왕은 이미 조금의 땅을 떼어 바치면서 진나라를 섬기기로 했습니다. 이제 대왕께서 진나라를 섬기지 않는다면 진나라는 군대를 파견해 조나라를 독려하면서 연나라를 공격하게 할 것입니다. 그러면 연나라는 또 땅을 빼앗길 것입니다. 대왕께서는 심사숙고하십시오."

연나라 왕 또한 장의의 말에 동감하며 진나라를 섬기겠다고 약속했다.

장의는 이렇게 진나라에 대한 합종의 전략을 무너뜨리고 연횡을 완성했다. 장의는 왕에게 보고하기 위해 진나라로 향했다. 그때 진나라에서는 혜왕이 죽고 무왕이 즉위했다. 진나라의 무왕은 태자 때부터 장의를 좋게 보지 않았는데, 무왕이 즉위하자 장의에게 눌려지내던 많은 신하들이 장의를 비방했다.

"장의는 신의가 없고, 여기저기에 나라를 팔고 다니며 자신의 이익만을 추구하고 있습니다. 대왕께서 다시 장의를 등용하신다면 천하의 웃음거리가 될 것입니다."

장의와 무왕의 사이가 좋지 않다는 소문이 돌자 연횡을 약속했던 나라들이 다시 합종으로 돌아섰다. 제나라도 장의를 책망하고 나섰다. 이에 장의는 죽게 될 것이 두려워 무왕에게 이렇게 말했다.

"신에게 하나의 계책이 있습니다."

"말해 보시오."

"우리 진나라는 동쪽에서 큰 변란이 일어나야 왕께서 많은 영토를 얻을 수 있습니다. 지금 제나라 왕은 저를 원수처럼 생각하고 있습니다. 제나라는 제가 가는 곳이라면 어디든지 군대를 끌고 쳐들어올 것입니다. 그래서 제가 위나라로 가면, 제나라는 반드시 군대를 일으켜 위나라를 치러 갈 것입니다. 제나라와 위나라가 서로 싸우면서 병력을 빼돌릴 수 없을 때, 그 틈을 노려 대왕께서 한 나라를 쳐서 영토를 넓히고 또 주나라 왕실에 압력을 가하면 주나라 왕실의 천자는 틀림없이 대왕에게 천하를 호령할 수 있는 권위를 내리실 것입니다."

그 말이 옳다고 여긴 무왕은 장의에게 전차 30대를 주어 위나라로 가도록 했다. 그러자 과연 제나라 군대가 위나라로 진격했다. 장의는 두려워하는 위나라 왕에게 이렇게 말했다.

"염려하지 마십시오. 제가 곧 전쟁을 끝내고 제나라를 돌아가게 하겠습니다."

그리고 장의는 곧 그의 부하 풍희(馮喜)를 제나라로 보냈다. 풍희는 제나라 왕을 찾아 장의가 일러 준 대로 말했다.

"장의는 위나라로 가기 전에 진나라의 왕과 은밀히 이런 약속을 했습니다. '진나라로서는 동쪽에서 전란이 일어났을 때가 가장 좋은 기회다. 제나라 왕이 장의를 미워하니 장의가 위나라로 가면 제나라가 위나라와 싸울 터이고, 그래서 두 나라가 병력을 빼돌릴 수 없는 상태가 되면 그 틈을 이용해 진나라는 주나라의 왕실을 위협해 천하를 호령하는 권위를 빼앗는다. 그렇게 되면 진나라가 천하를 통

일할 수 있을 것이다.'

지금까지의 과정을 보면 모두 장의의 뜻대로 이루어져 왔습니다. 대왕께서는 장의를 미워한 나머지 안으로는 나라를 피폐하게 만들고 밖으로는 이웃 나라를 쳐서 적이 되고 있습니다. 대왕은 지금 장의의 계책에 놀아나고 계시는 겁니다."

제나라 왕은 "그 말이 맞는 말이오."라고 하면서 공격을 중지하고 물러갔다.

그 후 장의는 위나라의 재상이 되었고, 그 다음 해에 거기서 죽었다. 〈소진열전(蘇秦列傳), 장의열전(張儀列傳)〉

# 3. 천하의 재주꾼을 다 모은 제나라 맹상군

## 아무리 쓸모없는 사람이라도 쓸데가 있다

맹상군의 아버지 전영(田嬰)은 제나라 위왕(威王)의 막내아들로 제나라의 재상이 되었다가 뒤에 설(薛) 땅의 제후로 봉해졌다. 전영에게는 아들이 40여 명 있었는데 그중 천한 첩이 낳은 아들이 문(文)이다. 문이 흉한 날인 5월 5일에 태어났기 때문에 전영은 버리라고 했지만 그 어미가 버리지 않고 몰래 키웠는데 어려서부터 문은 매우 똑똑했다.

어느 날 문이 아버지께 말했다.

"아버님께서는 제나라 재상이 되셔서 여러 왕들을 모셨습니다. 그동안 제나라 땅은 별로 넓어지지 않았는데, 아버님은 천만 금의 재산을 가지셨습니다. 그런데도 아버님 문하에서는 어진 선비를 한 명도 볼 수가 없습니다.

지금 아버님의 후궁들은 아름다운 비단옷을 끌고 다니지만, 선비들은 짧은 바지 하나도 제대로 걸치지 못하고 있습니다. 아버님의 하인들과 첩들은 쌀밥과 고기를 실컷 먹고도 남아돌지만, 선비들은 쌀겨나 지게미조차 배불리 먹지 못하고 있습니다. 아버님의 재물은 남아돌지만 아버님은 더욱 많이 재물을 쌓아 두려고만 할 뿐 나라의 힘이 날로 쇠약해지는 것은 잊고 계십니다."

아들의 말을 듣고서 전영은 문의 재능이 뛰어나다는 것을 깨닫고 그에게 집안일을 돌보게 하고 빈객을 접대하는 일을 맡겼다. 그로부터 빈객들은 날로 불어났고, 문의 이름은 제후들에게도 알려졌다. 마침내 다른 제후들이 문을 후계자로 삼으라고 권하게 되었고 전영은 이를 따랐다. 아버지가 죽자 문이 설의 제후가 되니, 이 사람이 바로 맹상군이다.

맹상군은 여러 사람들을 환대했다. 제후와 선비들뿐만 아니라 심지어는 죄를 짓고 도망친 사람들까지 후하게 대접하니 천하의 선비가 모여들었고, 식객들만도 수천 명이 되었다. 맹상군은 어떤 식객들에게도 귀천의 구분 없이 대접했다. 한번은 어느 식객을 접대하면서 저녁을 함께 먹었다. 불빛이 어두워 음식이 잘 보이지 않았는데, 그 식객은 맹상군과 밥이 똑같지 않다고 여겨 식사를 하지 않고 나가려고 했다. 이에 맹상군이 일어나 자신의 밥을 들고 식객에게 보여 주었는데 똑같았다. 식객은 부끄러워 스스로 목을 찔러 죽었다. 이로부터 더욱 많은 선비들이 맹상군에게 몰려들었다.

맹상군이 훌륭한 인재라고 소문이 나자 진(秦)나라의 소양왕이 맹상군을 만나자고 요청했다. 맹상군이 진나라로 가려고 하자, 소대(蘇代)라는 사람이 "지금의 진나라는 호랑이나 이리 같은 나라입니다. 주군께서 가신다면 다시 돌아오지 못하실 것입니다."라고 간언해서 맹상군은 가지 않았다.

그 후 진나라의 소양왕이 맹상군을 재상으로 삼으려고 거듭 초청하자, 맹상군은 소양왕을 찾아갔다. 이때 진나라의 한 신하가 소양왕에게 말했다.

"맹상군은 어질고 훌륭한 선비지만 제나라의 왕족입니다. 만일 맹상군을 재상으로 삼는다면 반드시 제나라를 먼저 생각하고 진나라는 나중에 생각할 것이니, 그렇게 되면 진나라는 위태롭게 될 것입니다."

소양왕은 그 말을 듣자 맹상군을 재상으로 앉히려던 마음을 고쳐먹고 그냥 맹상군을 제나라로 보냈다가는 진나라가 위험할 것 같아 오히려 맹상군을 가두고 죽이고자 했다. 위기에 빠진 맹상군은 소양왕이 아끼는 첩에게 사람을 보내 힘을 써 달라고 부탁했다. 그러자 그 첩은 이렇게 말했다.

"맹상군이 갖고 온 흰여우 가죽 옷을 나에게 준다면 힘써 보지요."

하지만 맹상군이 가지고 온 흰여우 가죽 옷은 값이 천 금이나 되고 천하에 둘도 없이 단 한 벌만 있는 옷으로, 이미 소양왕에게 선물로 바쳤던 것이다. 맹상군은 큰 걱정에 빠졌다. 그런데 그때 맹상군이 동행한 식객 중 개 흉내를 내서 도둑질을 하던 사람이 말했다.

"제가 흰여우 가죽 옷을 훔쳐 오겠습니다."

그는 밤중에 개의 흉내를 내면서 진나라의 궁중 창고에 들어가 전에 맹상군이 바친 흰여우 가죽 옷을 감쪽같이 훔쳐와 소양왕의 애첩에게 바쳤다. 흰여우 가죽 옷을 받은 애첩이 소양왕에게 맹상군을 풀어 달라고 간청하자, 소양왕이 맹상군을 풀어 주었다.

맹상군은 바로 말을 타고 도망가서 한밤중에 진나라의 관문인 함곡관에 도착했다. 그때 소양왕은 맹상군을 풀어준 일을 후회해 사람을 시켜 뒤쫓게 했다. 맹상군이 함곡관에 도착했을 때에 성문은 아직 열리지 않았고 맹상군은 추격하는 진나라의 병사들이 두려웠다. 진나라에서는 닭이 울어야 성문을 열도록 되어 있었는데 맹상군의 식객 가운데 닭 울음소리를 잘 내는 사람이 있었다. 그가 목을 빼며 힘차게 닭 울음소리를 내자 다른 닭들도 따라 울었고, 곧 성문도 열렸다. 맹상군 일행은 이렇게 함곡관을 빠져나와 진나라의 병사들을 따돌릴 수 있었다.

처음에 도둑 출신과 닭의 울음소리를 잘 내는 빈객이 진나라로 향하는 맹상군의 행렬에 동행하자 다른 빈객들은 크게 수치스럽게 여겼다. 그런데 이들의 활약으로 위기에서 구출되자 이들을 빈객으로 뽑은 맹상군의 지혜에 다른 빈객들은 탄복했다.

맹상군이 진나라를 빠져나와 조나라를 지나자 조나라의 평원군이 그를 빈객으로 대접했다. 그런데 맹상군의 명성을 들은 조나라 사람들이 "맹상군은 키도 크고 장대할 것이라고 생각했는데, 알고 보니 왜소하고 소장부처럼 보인다."라고 하며 맹상군을 우습게 보자, 맹상군이 크게 화를 냈다. 이에 맹상군과 동행한 빈객들이 수레에서 내려 칼을 빼고는 수백 명을 죽이고 마을 하나를 전멸시키고 돌아갔다.

맹상군이 제나라로 돌아오자, 제나라 민왕(潛王)은 맹상군을 진나라로 보낸 자신의 부덕함을 탓했다. 그래서 민왕은 맹상군을 재상으로 임명했다.

재상이 된 맹상군은 아버지로부터 물려받은 재산까지 합해 더욱 많은 땅을 소유하게 되었다. 맹상군은 자기 땅의 세금을 걷는 일을 위자(魏子)라는 부하에게 맡겼다. 그런데 위자는 세 차례나 영지에 갔다 왔으면서도 한 번도 세금을 맹상군에게 바치지 않았다. 맹상군이 궁금해하며 묻자 위자는 이렇게 대답했다.

"어떤 현명한 분이 계시기에 받은 세금을 모두 빌려 주었습니다."

맹상군은 몹시 화가 나서 위자를 쫓아내 버렸다. 몇 년이 지났을 때 누군가가 제나라 민왕에게 맹상군이 반역을 꾸미고 있다고 비방했다. 민왕은 맹상군을 의심했다. 그때 마침 전갑(田甲)이라는 사람이 반란을 일으켜 민왕을 위협했다. 왕의 의심을 받은 맹상군은 곧 피신했는데, 그때 어떤 선비가 "절대로 맹상군은 반란을 일으킬 분이 아니니, 내가 죽음으로써 그것을 맹세하겠다."라고 하며 왕궁 앞에서 스스로 목숨을 끊어 맹상군의 결백을 주장했다. 민왕은 이에 놀라 맹상군의 행적을 다시 조사하게 하니, 과연 맹상군은 반란과 전혀 관계가 없는 것으로 드러났다. 민왕은 다시 맹상군을 불렀으나 맹상군은 병을 핑계로 벼슬을 내놓았다. 맹상군은 자신을 위해 목숨을 바친 사람이 누구인지 궁금해 알아보았더니, 전에 위자라는 부하로부터 돈을 빌려 쓴 사람이었다.

그 뒤 제나라 민왕이 송나라를 멸망시키고 더욱 교만해져 맹상군을 제거하려 하자 두려워진 맹상군은 위(魏)나라로 피신했다. 위나라 소왕(昭王)은 맹상군을 맞아들여 재상으로 삼았다. 맹상군이 진나라, 조나라 그리고 연나라 등과 연합해 제나라를 공격하니, 민왕은 패해 달아났고 거(莒)라는 마을에서 머물다가 죽었다.

제나라에서는 민왕의 아들 양왕(襄王)이 즉위했는데, 맹상군은 중립을 지켜 어느 나라에서도 벼슬을 하지 않았다. 제나라 양왕도 맹상군을 두렵게 여겨 그와 화친하고 극진히 대우했다. 그 후 맹상군이 죽자 여러 아들들이 서로 설 땅의 제후 자리를 다투었고 그 틈을 타서 제나라와 위나라가 함께 설 땅을 침략해 멸망시켰다.


## 풍환의 도움을 받는 맹상군

맹상군이 여러 인사들을 두루 빈객으로 맞아들일 때에 짚신을 신은 가난한 빈객 풍환(馮驩)이 찾아왔다. 맹상군이 물었다.

"먼 길을 마다 않고 찾아오셨는데, 무엇을 가르쳐 주시렵니까?"

풍환이 말했다.

"인재를 좋아하신다기에 가난한 몸을 맡기고자 왔습니다."

맹상군은 풍환을 객사에 머무르게 했다. 그로부터 1년이 지나도록 풍환은 아무 일도 하지 않았다. 맹상군은 그때 제나라 재상이자 만호나 되는 설 땅의 제후이기도 했다. 그러나 토지에서 나오는 수입만으로는 3천 명이나 되는 식객을 유지할 수가 없어서 그는 설 땅의 사람들에게 돈을 빌려 주고 그 이자를 받고 있었다. 그런데 1년이 넘도록 돈을 갚는 사람이 없었고, 이자도 거의 들어오지 않았다. 식객들을 대접하기가 어려울 정도로 사정이 나빠지자 맹상군이 사람들에게 물었다.

"누가 설 땅에 가서 빚을 받아올 수 있을까?"

숙소 관리인이 말했다.

"풍환이 어떠십니까? 나이가 많고 이렇다 할 만한 재주는 없으나, 풍채가 뛰어나고 말을 잘합니다."

맹상군이 풍환을 불러 그 일을 부탁하자, 풍환은 설 땅으로 떠났다. 풍환은 설 땅에 도착하자, 맹상군에게 돈을 빌려 쓴 사람들을 불러 모아 이자 10만 전을 거두었다. 그리고 그 돈으로 살진 소를 사고 술을 마련해 맹상군에게 빚진 사람들 모두에게 차용 증서를 가지고 모이라고 했다.

드디어 모이는 날이 되자 풍환은 소를 잡고 술판을 크게 벌였다.

술자리가 한창 무르익어 가자, 풍환은 이자를 갚을 수 있는 사람에게는 갚을 날을 약속받고, 이자를 갚을 수 없는 사람에게는 차용 증서를 받아 불태워 버렸다. 그리고 풍환은 이렇게 말했다.

"맹상군께서 애초에 돈을 빌려 준 까닭은 가난한 백성들이 그 돈을 밑천으로 삼아 생업에 힘쓰게 하기 위함이었습니다. 이자를 붙인 것은 식객들을 접대할 비용을 보충하려고 한 것입니다. 이제 여유 있는 사람에게는 이자 갚을 날을 약속받고, 가난한 사람에게는 차용 증서를 불태워 버리도록 했습니다. 그러니 여러분은 마음껏 음식을 들기 바랍니다. 여러분들에게 맹상군과 같은 훌륭한 분이 계시니 어찌 그의 뜻을 저버릴 수 있겠습니까?"

모인 사람들이 모두 일어나 두 번 절하며 맹상군을 칭송하고 고마워했다. 맹상군은 이 소식을 듣고 노해 풍환을 불러들였다.

"설 땅 사람들에게 돈을 빌려준 것은 3천 명이나 되는 식객들을 대접하는 데에 드는 비용을 마련하기 위함이었소. 그런데 선생은 받은 돈으로는 고기와 술을 사고, 돈을 갚지 못한 사람들의 차용 증서를 불태워 버렸다니, 도대체 어찌된 일이오?"

풍환이 말했다.

"고기와 술을 마련하지 않으면 사람들이 다 모이지 않습니다. 그러면 돈을 갚을 수 있는 사람과 그렇지 못한 사람을 구별할 수도 없습니다. 그리고 여유 있는 사람에게는 기한을 정해 주면 되는데, 돈을 갚을 수 없는 사람에게 10년 동안 그 차용 증서를 가지고 빚 독촉을 해봐야 이자만 늘어날 것이고 결국 그들은 도망치고 말 것입니다. 급하게 독촉해도 받을 수 없다면 사람들에게 주군이 돈만 밝힌다는 생각을 갖게 할 뿐입니다. 그렇다면 차라리 쓸데없는 차용 증서를 불태워 버려서 설 땅의 사람들이 주군을 더욱 존경하고 주군의 이름이 널리 빛날 수 있도록 하려는 것이 저의 생각이었습니다."

맹상군은 손뼉을 치며 풍환을 칭찬했다.

그 무렵 진나라와 초나라는 제나라 왕에게 "맹상군의 명성이 왕보다도 높고 또한 맹상군은 제나라의 권력을 제멋대로 휘두른다."라고 비방했다. 제나라 왕은 이 말에 현혹되어 맹상군을 쫓아 버렸다. 빈객들은 맹상군이 파면되는 것을 보자 모두들 떠나가 버렸다. 풍환이 맹상군에게 말했다.

"저에게 진나라에 타고 갈 수레를 빌려 주십시오. 반드시 주군께서 제나라에서 다시 중용되실 수 있도록 하겠습니다."

맹상군이 수레와 돈을 준비해 풍환을 보냈다. 풍환이 서쪽의 진나라로 가서 왕을 설득했다.

"지금 진나라와 제나라는 자웅을 다투는 강대국입니다. 그렇기 때문에 천하의 유세객들도 진나라의 편과 제나라의 편으로 나뉘어 있습니다. 결국 최후의 승자는 두 나라 중 하나일 것입니다."

"그렇다면 진나라가 최후의 승자가 될 수 있는 길은 무엇이오?"

"제나라가 맹상군을 파면시킨 일을 알고 계십니까?"

"들었소."

"제나라를 강국으로 만든 사람은 맹상군입니다. 그런데 제나라 왕은 다른 나라의 비방을 듣고 맹상군을 파면시켰으니, 이제 맹상군의 마음은 제나라를 등지고 말 것입니다. 맹상군을 진나라로 데려오면 그는 제나라의 약점을 모두 알고 있으니 제나라 땅을 얻을 터인데, 그러면 진나라가 어찌 최후의 승자가 되지 않을 수가 있겠습니까? 그러하오니 지체하지 마시고 급히 사자를 보내 맹상군을 모셔 오십시오. 만일 제나라 왕이 자신의 잘못을 깨닫고 다시 맹상군을 중용한다면 진나라와 제나라가 자웅을 가리기는 꽤나 어려운 일이 될 것입니다."

이 말에 진나라의 왕은 즉시 수레 열 대와 많은 황금을 보내어 맹상군을 모셔 오도록 했다.

한편 진나라의 왕에게 작별 인사를 한 풍환은 진나라의 사자들이 맹상군에게 도착하기 전에 제나라에 도착해 왕을 만나 설득했다.

"천하의 두 강대국 진나라와 제나라가 자웅을 겨루는 이때 제가 들은 바로는 진나라에서 맹상군을 모시기 위해 수레 열 대에 많은 황금까지 준비해 오고 있다고 합니다. 맹상군이 진나라에 가서 재상이 된다면 천하는 진나라의 것이 되고 말 것입니다. 그러니 왕께서는 진나라의 사자가 도착하기 전에 먼저 맹상군을 다시 등용하시고 그의 봉토를 더욱 넓혀주시어 지난날을 사과하시는 것이 좋을 것입니다. 그러면 맹상군은 진나라로 가기보다는 제나라를 위해서 더욱 힘쓸 것입니다."

제나라 왕은 이 말에 동의하고는 사람을 시켜 진나라에서 맹상군을 모시러 오는지 확인해 보게 했다. 과연 진나라 사자들의 수레가 제나라 국경으로 들어오고 있었다. 제나라 왕은 바로 맹상군을 불러 재상의 지위를 회복시켰고 천 호의 봉토도 더 주었다. 진나라의 사자는 맹상군이 다시 제나라 재상이 되었다는 말을 듣고 수레를 되돌려 돌아갔다.

맹상군이 파면되자 모든 식객들이 그를 떠나가 버렸는데 제나라 왕이 맹상군을 다시 재상으로 기용하자, 풍환은 빈객들을 맞이하려고 했다. 빈객들이 도착하기 전에 맹상군은 크게 탄식하며 말했다.

"내가 항상 빈객을 소중히 여기고 큰 실수없이 대접해 식객이 3천 명이나 되었다는 것은 선생께서도 잘 알고 있소. 그런데 그들은 내가 파면되자 하루아침에 모두 떠나 버렸소. 다행히도 선생 덕택에 다시 지위를 얻었는데 그들이 무슨 면목으로 나를 찾아오겠소? 만약 나를 다시 보는 사람이 있다면 반드시 그 얼굴에 침을 뱉고 그를 크게 욕보이고 말겠소."

이 말을 듣자 풍환이 수레에서 내려와 정중히 절을 했다. 맹상군도 수레에서 내려와 답례하면서 "선생이 식객들을 대신해서 사과하는 것입니까?"라고 말했다.

이에 풍환이 말했다.

"사과드리려는 것이 아닙니다. 주군께서 말을 실수하셨기 때문입니다. 무릇 물건에는 반드시 그렇게 되는 결과가 있고, 일에는 당연히 그렇게 되는 도리가 있습니다. 이 말의 뜻을 아시는지요?"

맹상군이 "나는 어리석어 선생이 말하는 바를 알지 못하겠소이다."라고 하자 풍환은 이렇게 말했다.

"살아 있는 것이 반드시 죽는 것은 사물의 필연적 이치이며, 부유하고 귀하면 선비가 많이 모이고 가난하고 천하면 친구가 적은 것은 일의 당연한 모습입니다. 주군께서는 아침에 시장에 모이는 사람들을 보지 못하셨습니까? 날이 밝으면 어깨를 비비고 다투며 문으로 들어가지만, 날이 저문 뒤에 시장을 지나는 사람들은 어깨를 늘어뜨리고 돌아보지도 않습니다. 이것은 아침을 좋아하고 저녁을 미워하는 것이 아니라 기대하는 물건이 그 안에는 없기 때문입니다. 주군께서 지위를 잃으니 빈객들이 다 떠나갔는데, 이것을 가지고 선비들을 원망하면서 일부러 빈객들의 길을 끊을 필요는 없습니다. 예전처럼 빈객들을 대우하십시오."

맹상군이 두 번 절하며 "삼가 그 말을 따르겠소이다. 선생의 말을 듣고 어찌 감히 내가 따르지 않겠소?"라고 말했다.

〈맹상군열전(孟嘗君列傳)〉

# 4. 초나라를 위기에서 구한 춘신군

## 탁월한 언변으로 진나라의 침입을 막다

춘신군은 초나라 사람으로 이름은 헐(歇), 성은 황씨(黃氏)였는데 초나라 경양왕(頃襄王)을 섬겼다. 경양왕은 춘신군이 해박한 지식을 갖춘 데다가 언변이 매우 논리적이었으므로 진나라에 사신으로 파견했다. 그런데 춘신군이 진나라에 가기 전에, 이미 진나라의 소양왕은 장군 백기(白起)로 하여금 한나라와 위(魏)나라를 공격하게 해 굴복시켰다. 그리고 이어서 한나라와 위나라를 이끌고 초나라를 치려고 했다. 춘신군이 진나라에 도착했을 때는 아직 군사가 출정하지 않았고 춘신군은 진나라 소양왕의 계책을 들었다.

전에 춘신군은 초나라 회왕이 진나라의 꾐에 빠져 진나라에 들어갔다가 죽는 것을 본 적이 있었다. 지금의 초나라 경양왕은 죽은 회왕의 아들로, 진나라가 자신을 가볍게 여겨 한 번 군사를 일으키기만 하면 망할 것 같아 두려움에 떨고 있었다.

이에 춘신군은 진나라의 소양왕을 설득하기 위해 다음과 같은 글을 올렸다.

"천하에서 가장 강한 두 나라는 바로 진나라와 초나라입니다. 지금 저는 대왕께서 초나라를 공격하려 하신다고 들었습니다. 이는 마치 두 마리의 호랑이가 서로 싸우는 것과 같습니다. 그렇다면 두 마리의 호랑이가 싸우는 틈을 노려 힘이 약한 개가 이익을 볼 것입니다.

대왕께서는 진나라의 영토를 넓게 확장하셨으니 그 공적이 실로 큽니다. 만약 대왕께서 더 이상 다른 나라들을 공격해 빼앗으려는 야심을 갖지 않고 인의의 마음을 함양하시어 뒷날의 후환을 방지하신다면, 대왕의 명성은 더욱 천하에 떨치게 될 것입니다. 그러나 대왕께서 만약 강한 무력만을 믿고 천하를 복종시키려고 한다면 후환이 있을 것입니다.

《시경》에 '처음이 없는 사람은 없으나 끝을 잘 맺는 사람은 드물다.'라고 했고, 《역경(易經)》에는 '여우가 물을 건너다 끝내는 꼬리를 적신다.'라는 말이 있습니다. 이는 시작은 쉽지만 결과가 어렵다는 뜻입니다.

옛날 오나라는 제나라를 공격하는 것이 좋다는 것만 알아서 월나라를 믿고 침공했다가 오히려 월나라 왕에게 사로잡힌 일이 있습니다. 지금 대왕께서 초나라가 망하지 않는 것만 신경 쓰시는데, 초나라가 망하면 한나라와 위나라가 강대해진다는 것은 잊고 계십니다. 저는 대왕께서 그 점을 유념하시기를 간절히 바라는 바입니다.

《시경》에 '병사를 잘 다스리는 사람은 근거지를 벗어나 멀리 원정을 가지 않는다.'라고 했습니다. 이 말로 미루어 보면 우리 초나라는 진나라의 편이고, 이웃의 한나라와 위나라가 오히려 진나라의 적입니다. 또 《시경》에는 '이리저리 날뛰는 토끼도 개를 만나면 잡히고 만다.'라는 말이 있는데, 지금 대왕께서 한나라와 위나라를 믿으시는 것은 다만 이 두 나라가 대왕께 잘하는 것만 보시는 것으로, 이는 마치 오나라가 월나라를 믿는 것과 똑같습니다.

제가 듣건대 '적은 용서할 것이 못 되며, 시기는 놓칠 것이 아니다.'라고 했습니다. 한나라와 위나라가 말을 공손히 하며 진나라의 근심을 덜어줄 것처럼 하는 것은 실상 진나라를 속이려 하는 것이 아닌가 생각됩니다. 왜냐하면 진나라는 한나라와 위나라에 오랫동안 은덕을 베풀지 않았고, 오히려 대대로 원한을 사고 있기 때문입니다. 한나라와 위나라의 사람들은 계속해서 진나라에 의해 죽임을 당해 왔습니다. 그들의 국토는 황폐하게 되었고 사직은 파괴되었으며 종묘도 파손되었습니다. 그들은 배가 갈려서 창자가 파헤쳐졌고 목이 잘리고 얼굴이 뭉개졌으며, 머리와 몸통이 분리되어 몸은 풀밭에 흩어지고 머리통은 나동그라진 채 서로 국경에서 바라보고 있습니다.

또한 부모와 자식, 늙은이와 젊은이들은 한 무리의 포로가 되어서 손과 목이 묶여 줄줄이 연결된 채 길 위에서 끊이지 않고 있습니다. 죽은 사람의 영혼은 홀로 슬퍼할 뿐, 제사를 지내줄 유족마저 없습니다. 백성들은 제대로 된 삶을 살지 못하고 가족들과 뿔뿔이 흩어

진 채 여기저기 떠돌다가 노예나 첩이 된 사람이 부지기수입니다. 그러므로 한나라와 위나라가 멸망되지 않는 한 장차 진나라의 후환이 될 것입니다. 그런데 지금 대왕께서는 그들에 의지해서 초나라를 공격하려 하신다니, 이 어찌 잘못된 것이 아니겠습니까?

또 말씀드리거니와 대왕께서 초나라를 공격하시려면 어떻게 출병하실 것입니까? 대왕께서는 한나라와 위나라에게 길을 빌려야 하실 것이 아닙니까? 그렇게 된다면 출병시킨 그날부터 대왕께서는 다시 되돌아오지 못할까를 걱정하셔야 할 겁니다. 또 만일 대왕께서 한나라와 위나라의 길을 빌리지 않고 출병하신다면, 그 길은 모두 큰 하천이거나 산림과 계곡이어서 지형도 험할 뿐더러 쓸모없는 땅일 것입니다. 이런 곳은 점령해 봤자 실제적인 이득이 하나도 없습니다.

하물며 대왕께서 초나라를 공격하게 되면 한나라와 위나라 말고도 제나라와 조나라 역시 대왕께 대항할 것입니다. 진나라와 초나라가 오랜 기간 동안 마주 싸우게 되면 그동안에 위나라와 제나라가 모두 남진하면서 여러 지역을 차지할 터인데, 이곳은 모두 사방으로 통하는 평원으로 비옥하고 풍요로운 땅입니다. 그러므로 대왕께서 초나라를 공격하는 것은 중원 지대에서 한나라와 위나라를 살찌게 하고 제나라를 강하게 만드는 결과만 낳을 뿐입니다. 넓은 국토와 많은 백성, 강력한 군대를 갖추고 계신 대왕께서 군사를 일으키시어 초나라와 원수가 되고, 한나라와 위나라가 제나라에게 천자의 자리를 바치게 하는 것을 어찌 잘못된 계책이라고 하지 않겠습니까?

제가 감히 대왕을 위해 생각해 보자면, 진나라가 초나라와 친선을 도모하는 것보다 좋은 것이 없습니다. 진나라와 초나라가 하나로 힘을 합쳐 한나라를 상대하게 되면 한나라는 꼼짝없이 손을 쓸 수가 없게 될 것입니다. 결국 대왕께서는 손쉽게 한나라를 장악할 수 있을 것이고, 그러면 위나라도 겁을 먹어 대왕의 제후 나라로 떨어지지 않겠습니까?

그렇게 되면 진나라는 제나라와 국경을 마주하게 될 터인데, 제나라 서쪽의 광대한 토지는 손쓰지 않고서도 차지할 수 있을 것입니다. 또한 연나라와 조나라는 제나라와 초나라의 도움을 얻지 못하게 되고, 제나라와 초나라는 연나라와 조나라의 도움을 얻지 못할 것입니다. 마침내는 연나라와 조나라를 공포에 떨게 하고, 이어서 제나라와 초나라를 동요시키면 이 네 나라는 공격하지 않고서도 복종시킬 수 있을 것입니다."

진나라의 소양왕은 춘신군의 글에 공감해 곧 백기 장군의 출병을 제지시키고 또한 한나라와 위나라에서 군사를 동원하는 것을 그만두게 했다. 그리고 초나라에는 사신과 예물을 보내어 동맹국이 될 것을 약속했다.

## 뛰어난 지혜로 인질로 있던 태자를 귀국시키다

춘신군이 진나라의 약속을 받고 초나라로 돌아오자, 초나라는 춘신군과 태자 완(完)을 진나라에 볼모로 보냈다. 춘신군과 태자 완이 진나라에서 인질 생활을 한 지 몇 해가 지났을 무렵, 초나라 경양왕은 병을 얻었다. 그러나 태자 완은 인질인지라 진나라의 허락 없이는 귀국할 수가 없었다.

춘신군은 태자 완이 진나라의 재상 응후(應候)와 친하다는 것을 알고 이를 이용하려고 했다. 곧 춘신군은 진나라의 재상 응후를 찾아가 말했다.

"지금 초나라 왕이 병이 났는데 아마도 회복하기가 어려울 것 같습니다. 그러니 진나라는 초나라 태자를 돌려보내는 것이 좋을 것입니다. 태자가 왕위를 잇게 되면 태자는 반드시 진나라를 소중히 섬길 것이며, 재상의 은혜를 잊지 않을 것입니다. 이렇게 되면 두 나라의 동맹 관계는 더욱 깊어지고, 진나라는 크게 덕을 베푸는 것이 됩니다. 만약 태자가 돌아가지 못해 결국 왕위를 잇지 못한다면 태자는 한낱 지위도 벼슬도 없는 일개 평민에 불과할 뿐입니다.

초나라가 새로운 태자를 세워 그에게 왕위를 잇게 한다면 새로운 태자는 진나라를 섬기지 않을 것이 뻔합니다. 동맹국을 잃고 수레만 대의 나라와 화친하지 않는 것은 좋은 계책이 아닙니다. 제상께서는 이 일을 심사숙고해 주시기 바랍니다."

이에 진나라의 재상 응후는 이 일을 왕에게 아뢰었다. 그러자 진나라의 왕은 이렇게 말했다.

"태자보다도 태자의 스승을 먼저 보내서 초나라 왕의 병세를 살핀 연후에 다시 생각해 보도록 합시다."

이 말을 듣게 된 춘신군은 태자에게 이렇게 조언했다.

"진나라에서는 태자님을 인질로 묶어 둠으로써 무언가 이익을 얻으려 하는 것 같은데, 태자께서는 실제로 진나라에 줄 것이 없습니다. 잘못 생각하고 있는 것이지요. 지금 우리 초나라 왕의 동생인 양문군(陽文君)에게는 두 명의 아들이 있습니다. 왕께서 만일 숨을 거두신다면 그들이 왕위를 이을 가능성이 큽니다. 태자께서 왕위를 계승하시려면 어떻게 해서든 이곳을 빠져나가야 합니다. 뒷감당은 제가 할 테니 다른 사신 일행과 함께 탈출하십시오."

이에 태자는 마부로 변장을 해서 초나라 사신들과 함께 진나라의 수도를 빠져나갔다. 태자가 진나라의 병사들이 쫓아갈 수 없을 만큼 멀리 달아나자, 춘신군은 직접 소양왕을 찾아갔다.

"초나라 태자는 이미 진나라의 수도를 빠져나갔습니다. 제가 그렇게 하도록 했습니다. 저는 이제 죽어 마땅하오니 청컨대 저에게 죽음을 내려 주십시오."

크게 노한 진나라의 소양왕은 춘신군이 자결하려는 것을 그냥 두려고 했는데 재상 응후가 말했다.

"춘신군은 신하된 사람으로서 목숨을 바쳐 그의 군주를 섬겼습니다. 탈출한 태자가 초나라의 왕위를 계승한다면 태자는 틀림없이 춘신군을 재상으로 등용할 것입니다. 잘잘못을 따지지 마시고 춘신군을 돌려보내어 초나라와 친선을 유지하는 것이 가장 좋습니다."

이에 소양왕은 춘신군도 초나라로 돌려보냈다. 춘신군이 초나라에 돌아온 지 3개월이 지났을 때 초나라 경양왕이 죽고 태자 완이 왕위를 계승했으니, 그가 곧 초나라 고열왕(考烈王)이다. 고열왕은 춘신군을 재상으로 등용했다.

이 당시 제나라에는 맹상군이 있었고, 조나라에는 평원군이 있었으며, 위나라에는 신릉군이 있었다. 이들은 앞 다투어 선비들을 공손히 접대하고 빈객들을 받아들여 그들의 힘을 빌려 나라의 정치를 돕는 한편, 자신들의 권력을 굳히려 하고 있었다.

춘신군이 초나라 재상이 된 지 4년째 되던 해에, 진나라는 조나라의 장평(長平)에서 40만 명의 조나라 군사를 무찔렀다. 그리고 다음 해에는 조나라 수도인 한단(邯鄲)을 포위했다. 조나라에서는 그 위급함을 초나라에 알려 구원을 요청했다. 초나라에서는 춘신군을 보내 조나라를 돕도록 했다. 그러나 진나라의 군사들이 이미 철수했으므로 춘신군도 곧 되돌아왔다.

춘신군이 재상이 된 지 8년째 되던 해 초나라는 북쪽으로 노나라를 공격해 멸망시켰으며, 이때부터 초나라의 세력은 다시 강성해졌다.

춘신군이 재상이 된 지 14년째 되던 해 진나라에서는 장양왕이 즉위했고, 그는 여불위(呂不韋)를 재상으로 삼아 영토를 넓혀 나갔다.

춘신군이 재상이 된 지 22년째 되던 해 각 제후국들은 진나라의 공격을 두려워해서 서로 연합해 진나라를 공격하기로 하고 합종책을 쓰게 되었다. 초나라 왕은 합종의 맹주가 되었으며, 춘신군이 그에 관련된 일을 주관했다. 연합한 각 제후국들이 진나라의 수도 근처인 함곡관에 도착했을 때, 그들은 진나라 군사의 공격을 받아 그만 대패하고 말았다. 초나라 고열왕은 이 일에 대한 책임을 춘신군에게 물었으며, 이로 인해 고열왕과 춘신군의 사이는 점차 멀어졌다.


## 결단을 못 내려 화를 입다


고열왕에게는 자식이 없었다. 춘신군은 이것이 걱정되어 아이를 낳을 만한 여자를 물색해 왕에게 차례로 바쳤는데 끝내 자식을 낳지 못했다. 이때 조나라 사람 이원(李園)이 자신의 여동생을 초나라 왕에게 바치려고 했으나, 왕이 아이를 낳을 수 없다는 이야기를 듣자 난감했다. 그래서 이원은 먼저 춘신군을 섬기는 것이 좋다고 생각하고는 자신의 누이를 춘신군에게 바쳤다. 이원의 누이는 춘신군의 사랑을 받아 아이를 갖게 되었다. 이원은 자신의 누이가 임신한 것을 알고서 곧 누이와 계략을 모의했다. 이원의 누이동생이 한가한 틈을 타 춘신군에게 이렇게 말했다.

"초나라 왕은 공자님을 너무나도 소중히 여기고 계십니다. 지금 공자님은 초나라 재상을 맡으신 지 20년이나 되었습니다. 그러나 왕께서는 아들이 없습니다. 만약 왕위가 왕의 형제들에게 넘어간다면 공자님께서 계속 왕의 총애를 받으실 수 있겠습니까? 공자님의 지위는 높고 권력을 장악한 지 오래되었으므로 왕의 형제들의 눈에 거슬리는 일도 많았을 것입니다. 형제들이 만약 왕위에 오르게 되면 재앙은 장차 공자님에게 미칠 것인데, 어떻게 재상과 제후의 지위를 보존하실 수가 있겠습니까?

지금 제가 공자님의 아이를 가진 것은 공자님만 알 뿐 아무도 모르는 일입니다. 제가 공자님의 사랑을 받은 지는 얼마 되지 않았습니다. 만약 공자님께서 저를 초나라 왕에게 바치신다면 틀림없이 초나라 왕은 저를 총애해 첩으로 삼으실 것입니다. 그리고 제가 천행으로 사내아이를 낳게 되면, 곧 공자님의 아들이 국왕이 되는 것입니다. 그렇게 되면 공자님은 초나라를 몽땅 손아귀에 넣게 되는 것입니다. 앞으로 공자님에게 뜻하지 않는 화가 미칠지도 모를 것을 생각하면 이렇게 하는 것이 좋지 않겠습니까?"

춘신군은 이 말을 그럴듯하게 생각해서 곧 이원의 누이를 자신의 집에서 내보내 관사에 머무르게 한 후 초나라 왕에게 추천했다. 초나라 왕은 왕궁으로 이원의 누이를 불러들여 사랑을 나누었고 그녀는 사내아이를 낳게 되었다. 그 아들은 곧 태자에 봉해졌으며, 이원의 누이는 왕후가 되었다. 초나라 왕에게 인정받은 이원도 곧 정치에 관여하게 되었다.

이원은 춘신군이 비밀을 누설하거나 그 일로 더욱더 교만해질까 두려워 비밀리에 결사대를 양성해 춘신군을 죽여 그의 입을 막고자 했다. 나라 안의 사람들 중에는 이런 비밀을 아는 사람이 많았다.

춘신군이 재상이 된 지 25년째 되던 해 고열왕이 병이 났다. 춘신군의 빈객들 중 주영(朱英)이라는 사람이 말했다.

"세상에는 바라지도 않은 행운이 올 수도 있고 바라지도 않은 불행이 올 수도 있습니다. 지금 당신은 생각지도 못한 화와 복이 일어날 수도 있는 세상에 살고 계시고 언제 돌아가실지 모르는 임금을 섬기고 계신데, 어떤 경우에서든 화를 막아낼 수 있는 인재를 구해두시는 것이 좋을 것입니다."

춘신군은 의아해하며 이렇게 물었다.

"바라지도 않았는데 찾아오는 행운은 어떤 것이오?"

주영은 말했다.

"당신이 초나라 재상을 맡은 지 20여 년이 지났는데, 비록 명목상은 재상이지만 실제로는 초나라 왕이나 다름없습니다. 지금 초나라 왕은 병들어 있어 머지않아 돌아가실 것입니다. 그러면 당신은 어린 왕을 보좌하게 되어 왕을 대신해서 국정을 관리하게 되십니다. 옛날 은나라 때의 재상 이윤이나, 주나라 무왕의 동생 주공 단과도 같이 말입니다. 국왕이 장성하면 정권을 왕에게 넘겨주든지, 아니면 스스로 왕이 되어 초나라를 다스리면 됩니다. 이것이 곧 바라지도 않았던 행운이 찾아온다고 하는 것입니다."

춘신군은 다시 물었다.

"그러면 바라지도 않은 화가 찾아온다는 것은 또 무슨 말이오?"

주영이 말했다.

"이원은 당신이 계시기 때문에 권력을 잡을 수 없으니까 당신을 원수로 알고 벌써 오래 전부터 결사대를 양성하고 있습니다. 초나라 왕이 돌아가시면, 이원은 반드시 먼저 궁궐에 진입해 권력을 잡고서 당신을 죽여 입을 막으려 할 것입니다. 이것이 다름 아닌 바라지도 않았던 화가 찾아온다는 것입니다."

춘신군이 끝으로 물었다.

"바라지도 않았는데 찾아온 인재는 누구요?"

주영이 말했다.

"저를 낭중(郎中, 왕의 경호원)으로 임명해 주십시오. 왕이 세상을 뜨면 이원이 반드시 먼저 궁궐로 진입할 것입니다. 그때 제가 이원을 죽이겠습니다. 이것이 곧 바라지도 않았는데 찾아온 인재라는 것입니다."

주영의 이런 말을 듣고 춘신군이 말했다.

"그만두시오. 이원은 단지 연약하고 무능한 사람일 뿐이오. 또 나는 이원과 매우 친한 사이인데, 어찌 그런 일이 일어난단 말인가?"

주영은 자신의 의견이 받아들여지지 않게 되자, 도리어 화를 입을까 두려워 도망쳤다. 십여 일 후 고열왕이 죽었다. 이원은 과연 먼저 궁중에 진입해 결사대를 궁문에 매복시켰다가 춘신군이 들어서자마자 찔러 죽이고, 머리를 잘라 성문 밖에 버렸다. 그 다음에 바로 관리들을 파견해 춘신군 일가를 몰살시켰다. 이원의 누이가 춘신군의 사랑을 받아 낳은 아들이 왕위에 오르니, 이 사람이 초나라 유왕(幽王)이다.

이때가 진시황(秦始皇)이 제위에 오른 지 9년째 되던 해였다. 그리고 진나라에서는 노애(嫪毐)가 반란을 일으켰다가 발각되어 삼족(三族, 친족과 외족과 처족)이 몰살당했고, 여불위도 벼슬에서 쫓겨났다.

〈춘신군열전(春申君列傳)〉

**평원군**
조나라의 재상으로 전국 시대 사공자의 한 명이다.
진나라에 크게 패한 조나라를 구하는 데 큰 공헌을
했으며 문하의 빈객이 수천 명에 달했다.

**장평 전투**
진나라의 공격으로 40만 명의 조나라 군사들이 생매장된 전국 시대 최대의 전투다.

# 5. 첩을 죽이고 선비를 모은 조나라 평원군

## 장평 전투에서 진나라에 크게 패하다

평원군 조승(趙勝)은 조나라 공자들 중의 한 명으로, 현명하고 빈객을 좋아해 수천 명의 빈객들이 그의 밑으로 모여들었다. 평원군은 조나라 혜문왕(惠文王)과 효성왕(孝成王) 2대에 걸쳐 세 번이나 재상이 되었다.

평원군이 사는 누각은 민가를 내려다볼 수 있는 높은 곳에 있었다. 어느 날 민가에 사는 한 절름발이가 절뚝거리며 물을 긷고 있었는데, 평원군의 애첩이 누각에서 그것을 보고는 큰 소리로 웃었다. 다음 날 그 절름발이가 평원군의 집 앞에 와서 이렇게 말했다.

"저는 당신이 선비를 좋아한다고 들었습니다. 선비들이 천 리를 멀다 하지 않고 찾아오는 까닭은 당신이 첩보다는 선비를 소중히 여긴다고 생각하기 때문입니다. 저는 불행히도 다리를 절고 등이 굽었습니다. 당신의 첩은 그런 저를 보고 비웃었습니다. 청하건대 저를 비웃은 사람의 목을 베어주십시오."

평원군이 웃으며 그러겠다고 대답했다. 절름발이가 돌아가자 평원군은 큰 소리로 웃으면서 말했다.

"저런 웃기는 사람이 있나. 한 번 웃었다고 해서 내 애첩을 죽이라고 하다니……."

평원군은 첩을 죽이지 않았다. 그 뒤 1년 남짓한 시기에 빈객과 부리는 사람들이 하나 둘씩 떠나가더니 절반 이상이 평원군을 떠나 버리고 말았다. 평원군은 이를 이상히 여겨 물었다.

"내가 빈객들을 예우함에 큰 실수가 없는데, 어찌해 이렇게들 떠나는 거요?"

거느리고 있는 사람 하나가 나와서 말했다.

"주군께서 절름발이를 비웃은 사람을 죽이지 않았기 때문입니다. 선비들은 주군을 여색을 좋아하고 선비를 하찮게 여기는 인물로 생각해 떠나는 것입니다."

그래서 평원군은 절름발이를 비웃은 애첩의 목을 베고, 직접 절름발이의 집 앞에까지 가서 그 목을 내보이며 사과했다. 그러자 다시 빈객들이 모여들었다.

이 무렵 제나라에는 맹상군, 위나라에는 신릉군, 초나라에는 춘신군이 있어서 서로 다투어 선비들을 정성껏 예우하고 있었다.

평원군이 조나라 재상으로 있을 때 진나라의 장수 백기가 한나라를 공격했다. 한나라 왕은 영토의 일부를 진나라에 떼어 주면서 강화를 맺었다. 그러자 한나라 상당(上黨) 지방의 군수 풍정(馮亭)은 진나라에 귀순하지 않고 조나라에 귀순하고자 했다. 풍정은 '조나라에서 자신들을 받아들인다면 진나라는 조나라를 공격할 것이고, 그렇게 되면 조나라는 한나라와 동맹을 맺게 되어 함께 진나라에 대항할 수 있을 것이다.'라고 생각한 것이다.

그래서 풍정은 사람을 보내 조나라에 귀순하려는 뜻을 전달했다. 조나라 효성왕은 풍정의 제의를 받자 이 문제를 자신의 두 동생인 평양군(平陽君), 평원군과 상의했다. 이때 평양군은 풍정의 제의를 받아들이면 이득보다 손실이 더 클 것이라고 말했으나 평원군은 영토를 얻는 이익을 중시해 풍정의 제안을 받아들이자고 했다. 그러자 과연 진나라는 풍정의 예상대로 조나라를 공격했고, 조나라에서는 장군 염파(廉頗)를 보내 진나라 군대에 맞서게 했다. 그런데 염파가 방어 전법으로 나가자 진나라는 초조해져 이간책을 써서 조괄(趙括)로 장군을 바꾸게 만들었다. 조괄은 성급하게 나가 싸우다가 진나라의 백기에게 대패해 결국 40만 명의 조나라 군사들이 장평에서 생매장당하고 말았다. 이것이 유명한 장평 전투다.


## 자기 스스로를 추천한 모수와 주머니 속의 송곳

이후 진나라는 그 여세를 몰아 조나라의 수도 한단을 포위했다. 위기에 빠진 조나라는 평원군을 초나라에 보내 도움을 청하고 서로 합종하도록 했다. 평원군은 빈객들 중에서 학식이 뛰어나고 무예와 용맹을 두루 갖춘 스무 명을 선발해 초나라에 함께 가려고 했다. 열아홉 명까지는 쉽사리 뽑았는데 남은 한 명을 구하지 못하고 있었다. 이때 식객 중 모수(毛遂)라는 사람이 자신이 가겠다고 스스로 요청했다. 평원군이 물었다.

"선생은 내 빈객으로 있은 지 몇 년이나 되었소?"

"3년 되었습니다."

"현명한 선비는 마치 주머니 속의 송곳과도 같아서 금방 세상에 알려지는 법인데, 선생은 나의 빈객으로 있은 지 3년이나 되었지만 주위 사람들로부터 선생을 칭찬하는 말을 들은 적이 없소이다. 이것은 선생에게 이렇다 할 만한 재능이 없기 때문이 아니겠소? 이번 일에는 선생이 같이 가기 힘들 것 같으니 그냥 남아 있으십시오."

"저는 오늘에야 비로소 주머니에 넣어 주시라고 청하는 것입니다. 만일 저를 좀 더 일찍이 주머니 속에 있게 했더라면 송곳의 자루까지 밖으로 나왔을 것입니다."

결국 평원군은 모수를 동행시키기로 결정했다. 다른 열아홉 명의 빈객들은 속으로 모수를 업신여기고 비웃었다. 그러나 초나라에 가는 동안 모수가 다른 빈객들과 논쟁을 벌였는데, 모두가 모수의 유창한 논리에 탄복했다.

드디어 평원군이 초나라에 가서 왕을 만나 합종에 대해 토론하며 초나라 왕을 설득시키려고 했다. 그러나 반나절이 지나도록 결론을 내리지 못하고 있었다. 이를 지켜보던 열아홉 명의 빈객들이 모수에게 나서도록 권유했다.

그러자 아래 있던 모수가 손에 칼을 쥔 채 계단을 뛰어 올라가 외쳤다.

"합종하는 것이 이로운가 손해인가 하는 것은 단 두 마디로 족한데, 반나절이 지나도록 결정을 내리지 못하는 것은 무엇 때문입니까?"

초나라 왕이 놀라 물었다.

"저 사람은 누구요?"

"저의 식객입니다."

평원군의 대답을 듣자, 초나라 왕이 큰 소리로 꾸짖었다.

"썩 내려가지 못할까. 나는 그대의 주인과 논의하는 중인데, 이게 무슨 짓인가?"

그러나 모수는 칼자루에 손을 얹은 채 앞으로 나아가 말했다.

"왕께서는 이곳에 초나라 병사들이 많은 것을 믿고 저를 꾸짖으시는데 병사들이 많아봤자 무슨 소용이 있겠습니까? 지금 왕의 목숨은 열 걸음 안에 있는 저에게 달려 있습니다. 또한 저의 주인이 앞에 있는데 저를 함부로 꾸짖을 수 있습니까?

옛날 은나라 탕왕은 겨우 70리의 땅으로도 천하를 다스리는 왕이 되셨고, 주나라 문왕은 백 리의 땅으로 모든 제후들을 복종시켰습니다. 그것이 군대가 많아서였습니까? 그렇지 않습니다. 그분들은 비록 가진 영토는 작았지만 위엄이 있었습니다.

지금 초나라 땅은 사방이 5천 리이고, 창을 잡는 병사가 백만 명이나 됩니다. 이는 천하의 패자가 될 수 있는 조건입니다. 천하에 초나라의 강대함에 맞설 나라는 없습니다. 그런데 진나라의 장군 백기와 같은 형편없는 장수가 수만 명의 병사들을 이끌고 와서 초나라와 한 번 싸우고는 영토 일부를 빼앗고, 두 번 싸워 초나라 선왕의 무덤을 불사르고, 세 번 싸워서는 초나라 왕의 조상을 욕보였습니다. 이것이야말로 초나라 자자손손 씻지 못할 치욕입니다. 심지어 우리 조나라조차도 이를 부끄럽게 여기고 있는 일인데 왕께서는 이를 부끄러워할 줄 모르십니다. 합종은 초나라를 위한 일이지 결코 조나라를 위한 일이 아닙니다."

이에 초나라 왕이 말했다.

"옳은 말이오. 참으로 선생의 말씀이 맞소. 합종을 하겠소이다."

"그러면 합종으로 결정이 난 것입니까?"

"그렇소. 결정되었소."

모수는 초나라 왕의 신하들에게 이렇게 말했다.

"합종의 의식을 거행하기 위해 입술에 묻힐 닭과 개와 말의 피를 가져오시오."

모수는 구리 쟁반을 받쳐 들고 무릎을 꿇은 채 초나라 왕에게 올리면서 말했다.

"왕께서 먼저 피를 마셔 합종을 약속하십시오. 다음은 저의 주인이시고, 그 다음은 저입니다."

마침내 초나라와의 합종 약속이 이루어졌다. 모수는 왼손에 구리 쟁반을 들고 오른손으로 열아홉 명을 불렀다.

"그대들은 계단 아래에서 이 피를 마시도록 하시오. 그대들은 무능해 남의 힘으로 일을 이루려는 사람들이오."

평원군은 초나라와의 합종을 성공적으로 맺고 돌아왔다. 조나라에 도착하자 그는 이렇게 말했다.

"나는 이제부터 감히 선비들을 안다고 하면서 고르지 않겠다. 내가 지금까지 많게는 천 명에서 적게는 백 명의 선비들을 골라 보았다. 아직까지 그들 중의 큰 인재를 놓쳐본 적은 없다고 생각했는데, 이번에 하마터면 모수 선생을 놓칠 뻔했다. 어떤 값진 보물도 이번에 모수 선생이 우리 조나라의 위엄을 높여준 것만큼은 하지 못했을 것이다. 모수 선생의 세 치 혀는 백만 명의 군사보다도 강했다. 나는 이제 다시는 인재를 고르지 않겠다."

그리고 모수를 상객(上客, 으뜸 빈객)으로 삼았다.

이 무렵 초나라에서는 춘신군을 장수로 삼아 군대를 이끌고 달려가 조나라를 구원하게 했고, 위나라의 신릉군도 조나라를 구하러 오고 있었다. 그러나 초나라와 위나라의 군대가 도착하기 전에 이미 진나라는 조나라의 수도 한단을 포위하니 사정이 매우 급박해져 조나라는 항복할 지경에 이르렀다. 평원군은 크게 걱정이 되었다.

이때 관청 소유의 여관인 전사(傳舍)를 관리하는 사람의 아들 이동(李同)이 평원군에게 말했다.

"재상께서는 나라가 망하는 것이 걱정되지 않습니까?"

"나라가 망하면 나도 포로가 될 텐데 어찌 걱정이 아니 되겠는가?"

"지금 한단의 백성들은 사람의 뼈를 태우고 자식을 서로 바꾸어 먹고 있는 처지입니다. 그런데 재상의 후궁들은 백여 명을 헤아리고, 노비들도 비단옷을 입고 쌀밥과 고기반찬을 남길 정도로 먹고 있습니다. 만약 진나라가 조나라를 무너뜨린다면 재상께서는 어찌 이런 것들을 누릴 수 있겠습니까? 반대로 조나라가 안전하다면 재상께서는 어찌 이런 것이 없음을 근심하겠습니까? 이제 재상께서 집에 있는 것을 다 나누어 군졸들에게 베풀어 주신다면 군졸들은 진실로 감격할 것입니다."

이에 평원군은 그 말을 따라 행해 죽음을 각오한 군사 3천 명을 얻게 되었다. 이동이 그 3천 명을 이끌고 진나라 진영으로 달려가니 진나라의 군사들은 30리나 물러났다. 때마침 초나라와 위나라의 구원군이 도착하니 진나라의 군사는 물러나고 한단은 다시 평온을 되찾게 되었다.

평원군은 조나라 수도 한단을 보존하게 한 공로로 더 많은 영토를 하사받을 수 있었으나 기꺼이 사양했다. 그 후 평원군은 조나라 효성왕 15년에 죽었다.

〈평원군 · 우경열전(平原君虞卿列傳), 백기 · 왕전열전(白起王翦列傳)〉

# 6. 선비를 가장 잘 대우했던 위나라 신릉군

## 성문지기 노인을 맞아들이다

위나라 공자 무기(無忌)는 위나라 소왕의 아들이자 안희왕(安釐王)의 이복 동생이다. 소왕이 죽고 안희왕이 즉위하면서 공자는 신릉군으로 봉해졌다.

신릉군은 어질고 선비를 존중했으며 누구에게나 예의 바르게 행동했고 부귀하다고 해서 교만하게 구는 일이 없었다. 이 때문에 사방에서 많은 선비들이 그에게 몰려와, 식객이 3천 명이나 되었다. 이처럼 신릉군의 명성이 널리 퍼지자 제후들은 감히 위나라를 침략하지 못했다.

하루는 신릉군이 안희왕과 바둑을 두고 있었다. 그때 갑자기 봉화가 오르고 곧이어 조나라가 침략해 온다는 보고가 들어왔다. 왕은 즉시 두던 바둑을 그만두고 조정 대신들을 소집하려 했다. 그러자 신릉군이 왕을 말렸다.

"지금 조나라 왕은 사냥하러 왔습니다. 별일 없을 겁니다."

그러고는 바둑을 계속 두었다. 그러나 왕은 불안해 바둑을 둘 마음이 없었다. 그런데 조금 있으니까 전령이 급히 달려와 봉화가 잘

못 올려진 것이고, 조나라 왕은 다만 국경 근처에서 사냥을 하고 있을 뿐이라고 보고했다. 왕은 크게 놀라며 물었다.

"아니 어떻게 여기 앉아서 그것을 알았는가?"

"저의 식객 중에 조나라 왕의 사생활까지 잘 알고 있는 사람이 있습니다. 그는 조나라 왕이 하고 있는 일을 바로바로 저에게 알려줍니다. 그래서 알았습니다."

그 뒤로 안희왕은 오히려 신릉군을 두려워해 신릉군에게 국정을 맡기려 하지 않았다.

그 무렵 신릉군은 숨어서 사는 후영(侯嬴)이라는 선비가 있다는 말을 들었다. 후영은 너무 가난해 나이가 70세인데도 도성의 문지기 노릇을 하고 있었다. 신릉군이 후영을 초대하려고 많은 선물을 보냈으나 후영은 선물을 거절하며 말했다.

"제가 몸을 닦고 행실을 깨끗이 한 지가 수십 년입니다. 비록 가난하게는 살고 있지만 어떻게 재물을 받겠습니까?"

그러자 신릉군은 자신의 집에서 큰 잔치를 벌여 여러 손님들을 초청하고 수레를 타고 자신의 옆 자리를 비워둔 채 후영을 맞이하러 갔다. 신릉군의 수레를 본 후영은 누더기 옷을 걷어 올리며 대뜸 상석에 앉으면서 고맙다는 말 한마디도 하지 않았다. 하지만 신릉군은 후영을 더욱 겸손히 예우했다. 한참을 가는데 후영이 말했다.

"제 친구가 여기 시장 거리에서 푸줏간을 하고 있는데, 잠깐 들러서 그를 만나볼까 합니다."

그러자 신릉군은 즉시 수레를 푸줏간 앞에 세웠다. 후영은 수레에서 내려 친구인 주해(朱亥)를 만났다. 그는 오랫동안 친구와 이야기를 나누면서 가끔씩은 신릉군을 힐긋힐긋 바라보았다. 그래도 신릉군은 계속 온화한 얼굴로 후영을 기다리고 있었다. 시장 안의 사람들이 모두 지체 높은 신릉군이 수레에서 보잘것없는 후영을 기다리고 있는 것을 이상하게 생각하며 구경했다. 신릉군의 수행원들도 속으로 후영의 버릇없음을 욕했다. 그러나 신릉군의 얼굴빛은 전혀 변함이 없었다. 이를 본 후영은 비로소 친구와 작별했다.

집에 도착하자 신릉군은 후영을 자신의 옆 자리에 앉게 하고는 손님들에게 그를 일일이 소개했다. 그러다가 술자리가 무르익자 신릉군은 후영의 앞에 가서 그의 장수를 위해 축배를 들었다. 그제야 후영이 말문을 열었다.

"오늘 저는 공자님께 제가 할 만큼 많은 일을 했습니다. 저는 한낱 성문을 지키는 문지기에 지나지 않습니다. 그러나 공자님은 손수 수레를 끌고 와서 많은 사람들이 보는 앞에서 미천한 저를 깍듯이 대우하셨습니다. 저는 일부러 공자님의 수레를 시장 거리에 오랫동안 서 있도록 했습니다. 그런데 사람들이 구경할 때도 공자님은 더욱 공손한 자세로 기다리고 계셨습니다. 그러니 사람들은 모두 저를 소인이라 욕하고 공자님의 겸양과 덕망을 크게 칭송했습니다."

마침내 후영은 신릉군의 빈객이 되었다. 어느 날 후영이 신릉군에게 말했다.

"제가 전에 잠시 들렀던 푸줏간의 친구 주해는 현명하고 의리가 있는 사람입니다. 세상 사람들이 알아주지 않아 푸줏간 일이나 하며 숨어 살고 있습니다."

그 뒤 신릉군은 푸줏간의 주해를 여러 번 찾아가 인사를 했지만 주해는 아는 척도 하지 않았다. 신릉군은 아쉬웠지만 그 까닭을 모른 채 그냥 넘어갔다.

안희왕 20년에 진나라 소양왕은 장평에서 조나라의 40만 대군을 격파한 후 조나라 수도 한단까지 포위했다. 신릉군의 누이동생은 조나라 평원군의 부인이었는데, 평원군은 위나라 왕과 신릉군에게 여러 번 편지를 보내 구원을 요청했다. 안희왕은 장군 진비(晉鄙)에게 10만 명의 군사를 주며 조나라를 돕도록 했다. 그러자 진나라 왕은 사신을 보내어 이런 말을 전했다.

"나는 최단 시일 내에 조나라를 항복시킬 것이다. 누구든지 조나라를 구하려는 사람이 있다면 조나라를 함락시킨 뒤 반드시 그 사람을 먼저 공격할 것이다."

그 말에 겁이 난 안희왕은 사람을 보내 진비에게 진격을 멈추게 했다. 명목상으로는 조나라를 구한다고 하면서 실제로는 진나라와 싸우지 않고 한 발 물러나 지켜보자는 것이었다. 위나라의 구원병이 싸우지 않고 구경만 하자 평원군은 사자를 보내 신릉군을 이렇게 원망했다.

"내가 그대와 혼인 관계를 맺은 까닭은 그대가 의리 있는 사람이라 다른 사람의 어려움을 보면 도움을 줄 것이라고 여겼기 때문이오. 이제 한단이 함락되기 직전인데도 구원병을 움직이도록 하지 않으니, 이것이 과연 의리 있는 행동이라고 할 수 있겠소? 그대는 나를 가벼이 여겨 진나라에 항복하도록 내버려 두고 있는데, 그대의 누이가 불쌍하지도 않소?"

신릉군은 근심이 되어 여러 차례 안희왕에게 조나라를 구원해 줄 것을 요청하고 또 빈객들을 보내어 왕을 설득했으나, 왕은 끝내 신릉군의 요청을 들어주지 않았다. 신릉군은 왕의 허락을 받는 것이 어렵다고 판단했지만 자신만 살아남고 조나라가 망하는 것을 그냥 내버려 둘 수는 없다고 생각했다. 신릉군은 자신이라도 조나라와 함께 죽을 각오로 진나라와 싸우려 했다. 그는 빈객들을 불러들이고 수레 백여 대를 준비하게 해 출발했다.

가는 길에 신릉군은 후영에게 들러 자신의 생각을 말했다. 신릉군은 당연히 후영도 함께 갈 거라고 믿었는데, 후영은 이렇게 말하는 것이었다.

"아무쪼록 열심히 싸우십시오. 그러나 저는 따라갈 수가 없습니다."

## 병부를 훔쳐 조나라를 돕다

신릉군은 후영과 헤어져 한참을 갔다. 가면서 생각할수록 후영에게 서운한 마음이 가시지 않았다. '내가 후영을 대접함에는 소홀함이 없었는데, 나를 이렇게 성의 없이 송별하다니……'

신릉군은 가던 수레를 돌려 다시 후영에게로 갔다. 후영은 신릉군을 보자 웃으면서 말했다.

"공자님이 돌아오실 줄 알고 있었습니다. 공자님이 선비들을 좋아하신다는 것은 천하가 다 아는 일입니다. 그런데 아무런 대책도 없이 조나라를 도우려 하시다니 이는 마치 굶주린 호랑이에게 고기를 던지는 것과 무엇이 다르겠습니까? 그 많은 공자님의 빈객들은 다 어디에 쓰시겠습니까? 공자님은 저를 후히 대접해 주셨는데, 저는 공자님이 가시는 길에 마중도 하지 않았으니 이로 인해 저를 원망해 다시 오실 줄 알았던 것입니다."

신릉군이 후영에게 두 번 절을 하며 어떤 대책이 있는지 물었다. 후영이 사람들을 물러가게 한 후 은밀히 이렇게 말했다.

"진비 장군의 군대를 접수하셔야 합니다. 그러기 위해서는 진비에게 병부(兵符, 고대 중국에서 군사상 사용되던 신표로, 금이나 옥으로 만든 호랑이를 반으로 나누어 왕과 전쟁에 나가는 장군이 하나씩 갖고 뒤에 왕명을 확인하는 데 씀)를 보여 주어야 하겠지요.

병부는 항상 왕의 침실에 있다고 들었습니다. 왕이 가장 총애하는 첩은 여희(如姬)라는 여자입니다. 여희는 왕의 침실을 자유롭게 드나들 수 있으니, 여희가 힘을 쓴다면 그 병부를 쉽게 훔칠 수 있을 것입니다. 전에 여희는 자신의 아버지가 피살되자 아버지의 원수를 갚기 위해 3년 동안이나 백방으로 노력하고 심지어 왕에게도 부탁했지만 결국 실패하지 않았습니까?

마지막으로 여희가 공자님께 울며 간청하자 공자께서는 식객을 시켜 그 원수의 목을 베게 해 여희에게 주었습니다. 여희는 공자님을 위해서라면 목숨을 바쳐도 아깝지 않다고 했습니다. 이제 공자님께서 여희에게 도움을 청하신다면 여희는 꼭 들어줄 것입니다.

병부를 얻게 되면 곧바로 진비로부터 군사를 빼앗아 조나라를 구원하고 진나라를 물리치십시오. 그렇게 하면 공자님의 공적은 역사에 남을 것입니다."

신릉군이 바로 여희에게 부탁을 하자 과연 여희는 그 병부를 훔쳐다 주었다. 병부를 얻은 신릉군은 서둘러 출발하려고 했다. 그러자 후영은 이렇게 말했다.

"제 말씀을 명심하십시오. 전쟁 중에 장군에게는 왕의 명령이라도 따르지 않을 수 있는 권한이 있습니다. 비록 공자님이 병부를 가지셨다 하더라도 진비가 공자님께 군사를 내주지 않고, 다시 왕에게 병부가 진짜인지 가짜인지를 확인하고자 한다면 사태는 매우 심각해집니다. 그러니 공자님은 푸줏간의 제 친구 주해를 데리고 가십시오. 주해는 힘이 센 장사입니다. 진비가 군말 없이 군사를 넘겨주면 다행이지만, 그렇지 않다면 진비를 죽이십시오."

신릉군이 눈물을 글썽이자 이를 본 후영이 말했다.

"공자님은 죽는 것이 두렵습니까? 어찌해서 우십니까?"

"진비는 용맹스런 장군으로 아마도 병부를 보여 주어도 내 말을 듣지 않을 것이오. 내가 그를 죽여야 하는데 그런 까닭으로 우는 것이지, 내가 어찌 죽음을 두려워하겠소?"

그리고 신릉군은 주해를 찾아가 도움을 청했다. 주해는 쾌히 승낙하면서 말했다.

"저는 시장에서 칼을 가지고 짐승을 죽이는 백정입니다. 공자께서 전에 저를 몇 번이나 찾아주셨는데도 제가 모른 척한 것은 그런 하찮은 예절이 별로 중요하지 않다고 여겼기 때문입니다. 지금 공자께서 어려움에 빠져 계시니 지금이야말로 제가 목숨을 바칠 때입니다."

신릉군은 주해를 데리고 가면서 후영과 작별을 하게 되었다. 이때 후영이 말했다.

"저도 마땅히 동행해야 하지만 늙은 몸이라 갈 수가 없습니다. 대신 저는 일정을 계산해 공자께서 진비의 군대에 도착하시는 날 북쪽을 향해 자결함으로써 공자께 보답하겠습니다."

마침내 신릉군 일행은 진비 장군이 머물고 있는 곳으로 갔다. 신릉군은 병부를 보이며 왕의 명령이라 속이고 자신이 직접 군사를 지휘하겠노라 했다. 진비는 병부가 확실한 것을 보고도 여전히 의심했다. 진비가 신릉군에게 지휘권을 넘기지 않으려 하면서 물었다.

"지금 제가 10만 명의 대군을 거느리고 적과 마주하고 있는데, 공자께서는 단신으로 오셔서 지휘권을 넘겨달라고 하시니 어찌된 일입니까?"

이때 곁에 있던 주해가 옷소매에 감추어 두었던 40근이나 되는 철퇴를 꺼내 진비를 내리쳐 죽였다. 이로써 신릉군이 진비의 군대를 통솔할 수 있게 되자 신릉군은 군사들에게 명령을 내렸다.

"아비와 자식이 함께 왔다면 아비가 돌아가고, 형과 아우가 함께 왔다면 형이 돌아가고, 형제가 없는 외아들인 사람은 돌아가 부모님을 봉양하라."

신릉군은 남은 병사 8만 명을 이끌고 진나라의 군사들을 공격했다. 위나라 군대의 공격을 받은 진나라의 군사들은 결국 조나라에 대한 포위를 풀고 철수했다. 수도 함락의 위기에서 벗어난 조나라 왕과 평원군은 직접 국경에까지 와서 신릉군을 환영했다. 평원군은 몸소 신릉군의 화살통을 메고 길을 안내했으며, 조나라의 왕은 신릉군에게 극찬을 아끼지 않으며 감사의 마음을 표했다. 신릉군과 작별했던 후영은 이미 자신이 말한 것처럼 북쪽을 향해 스스로 목을 찔러 죽었다.

한편 위나라 안희왕은 신릉군이 병부를 훔치고 진비를 죽였다는 말을 듣고 크게 노했다. 신릉군도 물론 왕이 그럴 것이라는 것을 알고 있었다. 그래서 신릉군은 부하 장수들을 위나라로 돌아가게 하고, 자신은 그냥 조나라에 머물렀다. 조나라 왕은 신릉군의 은혜에 보답하기 위해 다섯 개의 성을 신릉군에게 하사하려고 했다. 신릉군도 스스로 자신이 그것을 받을 만하다고 생각하고 있었다. 이때 식객 한 명이 신릉군에게 이렇게 말했다.

"사람이 살면서 잊어버려야 할 것과 잊지 말아야 할 것이 있습니다. 남이 자신에게 베푼 은혜는 잊어서는 안 되겠지만, 자신이 남에게 베푼 은덕은 잊어야 합니다. 왕의 명령이라고 속이고 진비의 군사를 빼앗아 조나라를 구한 것은 조나라의 입장에서 보면 공자의 공이시지만, 위나라의 입장에서 보면 공자는 충신이 아닙니다. 공자께서 스스로 공이 있다고 교만한 빛을 보이시는 것은 바람직하지 않습니다."

그 말을 들은 신릉군은 즉시 자책하며 부끄러워 어쩔 줄을 몰라 했다. 조나라에서는 신릉군을 위해 성대한 연회를 베풀었다. 왕은 손수 길을 말끔히 하도록 한 후 신릉군을 영접했다. 신릉군은 앞서 식객이 한 말을 명심해 더욱 조심스럽고 겸손하게 처신했다. 자신은 위나라를 배반한 죄인이며, 또 조나라에도 별로 공을 세운 바가 없노라고 말했다. 조나라의 왕은 날이 저물도록 술을 마시면서도 신릉군이 사양했기 때문에 차마 다섯 개의 성을 하사하겠다는 말을 하지 못했다. 겨우 조나라의 왕은 신릉군에게 성 하나를 받겠다는 동의를 얻어냈다.

## 다시 위나라로 돌아간 신릉군

조나라에 머물던 때 신릉군은 두 명의 현명한 선비가 은거하고 있다는 말을 들었다. 한 명은 모공(毛公)으로 노름꾼들 무리에 파묻혀 살았고, 또 한 사람은 설공(薛公)으로 술을 파는 사람 집에 숨어 살았다. 신릉군은 이 두 사람을 만나고자 했으나 그들은 스스로 몸을 숨기고 만나려 하지 않았다. 할 수 없이 신릉군은 몰래 이들이 사는 곳을 찾아가 두 사람과 대화를 나누어 보았다. 알려진 대로 두 사람은 뛰어난 인물이었고, 신릉군은 그들과 즐겁게 사귀게 되었다. 그 소문을 들은 평원군은 자신의 부인에게 신릉군을 비웃으며 말했다.

"나는 신릉군이 천하에 둘도 없는 현명한 분이라고 들었소. 그런데 들리는 소문으로는 노름꾼이나 술장수와 사귄다고 하니 실망이 크구려."

그 말을 들은 평원군의 부인이 신릉군을 만나 남편의 말을 전했다. 그러자 신릉군은 이렇게 말했다.

"나는 평원군을 어질고 큰 인물로 생각하고 위나라 왕을 저버리고 조나라를 구했다. 그런데 평원군은 호걸만을 사귈 뿐 참된 선비를 찾지 않고 있구나. 나는 위나라에 있을 때부터 모공과 설공이 어진 사람들이라고 들었던 터라, 그들을 만나지 못할까 걱정했었다. 또한 그들을 만나 사귀더라도 두 사람이 나를 좋아하지 않을까 두려워했다. 평원군이 이것을 부끄럽게 생각하고 있다니 더불어 사귈 위인이 못되는 것 같구나."

이렇게 말하고 신릉군은 떠나려 했다. 부인이 이 이야기를 남편인 평원군에게 자세히 말했다. 그러자 평원군이 급히 달려와 관을 벗어 신릉군에게 사과했다. 이 소문이 퍼지자 평원군의 빈객 중 많은 사람이 평원군을 떠나 신릉군에게로 왔고, 천하의 선비들도 줄을 이어 신릉군을 찾았다.

신릉군이 조나라에 머문 지도 10년이나 되었다. 진나라는 신릉군이 조나라에 있다는 소식을 듣고 밤낮으로 군사를 일으켜 위나라를 공격했다. 위나라 왕은 근심이 되어 사신을 보내 신릉군에게 다시 돌아올 것을 청했다. 신릉군은 위나라 왕이 노여워하고 있다는 것을 두려워해 문하의 빈객들에게 경고하기를 "위나라 사신이라면 어느 누구도 나에게 안내하지 말라. 이를 어기면 죽음을 내릴 것이다."라고 했다. 빈객들도 위나라를 저버리고 조나라에 온 사람들이라 감히 신릉군에게 위나라로 되돌아갈 것을 권하지 못했다. 이때 모공과 설공 두 사람이 신릉군을 찾아와 말했다.

"공자가 조나라에서 소중한 분으로 대접받고 계시는 까닭은 오직 위나라가 있기 때문입니다. 지금 진나라가 위나라를 공격해 위급한데도 공자는 걱정도 하시지 않고 있는데, 만약 진나라가 위나라 수도를 함락시키고 선왕의 종묘를 허물어뜨리게 내버려 둔다면 공자께서는 장차 무슨 면목으로 이 세상에 살아 있을 수 있겠습니까?"

이 말을 들은 신릉군은 안색이 변하더니 급히 수레를 준비시키고는 서둘러 위나라를 구하기 위해 길을 떠났다.

위나라 왕은 신릉군을 보고 얼싸안고 울면서 상장군으로 임명했다. 신릉군은 여러 제후들에게도 이를 알리고 도움을 청했다. 이 소식을 듣고 여러 제후들이 군사를 파견해 위나라를 원조했다. 신릉군이 다섯 나라의 군사를 이끌고 진나라의 군사를 물리치니, 진나라의 장군 몽오(蒙驁)는 퇴각하지 않을 수 없었다. 승세를 몰아 신릉군은 진나라의 군사를 추격해 함곡관 안으로 쫓아 버렸다. 이로써 신릉군의 위세는 천하에 드높아졌고, 제후의 식객들은 그에게 병법을 올렸다. 세상에서는 이 병법 책을 일컬어 신릉군의 이름을 따서 《위공자병법》이라고 불렀다.

신릉군으로 인해 위나라 공격에 실패했다고 생각한 진나라에서는 어떻게든 신릉군을 제거하려고 했다. 그래서 엄청난 금을 써 가며 예전에 진비의 식객이었던 사람들을 찾아 그들로 하여금 위나라 왕에게 신릉군을 비방하도록 부추겼다.

"신릉군은 도망가 조나라에서 10년이나 살다가 왔는데도 지금은 장군이 되었고, 제후의 장군들까지도 모두 그에게 속해 있습니다. 제후들은 신릉군이 있는 것만 알 뿐 위나라 왕이 있는 것은 알지 못합니다. 신릉군 또한 이 기회에 왕이 되려는 생각을 공공연히 내비치고 있으며, 제후들도 신릉군의 위세를 두려워해 그를 왕으로 세우려 하고 있습니다."

또한 진나라에서는 첩자들을 시켜 거짓으로 "신릉군이 아직도 위나라 왕이 안 되었는가."라든지 아니면 "신릉군이 위나라 왕이 되신 걸 경하드리옵니다."라는 인사를 하게 했다. 위나라 왕도 밤낮으로 그와 같은 비방을 듣게 되자 이를 믿지 않을 수 없었고, 결국 신릉군의 장군 자리를 다른 사람에게 맡도록 했다.

신릉군 역시 그와 같은 비방으로 장군의 자리에서 물러나게 되자 병을 핑계 삼아 조정에 나가지 않았고, 빈객들과 더불어 밤새도록 술과 여자로 세월을 보냈다. 그렇게 4년을 보낸 신릉군은 결국 술병으로 죽었다. 그해에 위나라 안희왕 역시 죽었다.

진나라는 신릉군이 죽었다는 소식을 듣고 장군 몽오를 시켜 위나라를 공격하게 해 20여 개의 성을 빼앗고 차츰차츰 위나라를 먹어들어가다가 18년 만에 위나라 왕을 사로잡으며 위나라 수도인 대량(大梁)도 함락시켰다. 〈위공자열전(魏公子列傳)〉

史記

제6부
진시황의 중국 통일

기원전 3세기부터 진나라는 법가 사상에 입각한 개혁과 장의의 연횡론에 바탕을 둔 외교 정책에 힘입어 차츰 다른 여섯 나라를 제압해 갔다. 이때 상인 여불위는 안국군(安國君)의 둘째 아들인 자초(子楚)를 태자로 삼도록 하는 데에 기여했는데 그로 인해 자초의 아들 정(政)이 그 뒤를 이어 왕이 될 수 있었다. 기원전 246년 정이 왕위에 오르고 나서 25년 뒤인 기원전 221년 드디어 중국은 전국 시대의 분열을 마감하고 통일하게 되었는데, 그가 바로 진시황이다.

진시황 때 등용된 이사(李斯)는 진시황이 통치하던 기원전 246년부터 기원전 208년까지 38년간 진시황을 도와 여러 가지 정책을 추진했다. 이사는 성악설을 주장한 순자(荀子)로부터 공부를 배웠고, 여기서 배운 학문을 정치에 반영했다. 이사의 정책을 채택한 진시황은 체제에 비판적인 사상, 특히 유가 사상을 혹독히 탄압했다. 유학 서적들을 불태우고 유학자들을 생매장한 이른바 분서갱유(焚書坑儒)는 진시황이 유학자들을 탄압한 상징적 사건이었고, 이것은 뒷날 유학자들로부터 진시황의 정치가 패도 정치로 비판받는 이유가 되었다.

그러나 진시황은 중국 역사에서 최초의 통일 국가를 이룩했다는 의미 있는 업적을 남겼다. 더불어 군현제의 실시, 교통망의 확충과 통일, 화폐와 도량형 및 문자의 통일 등도 함께 이루어 냈다. 이로써 중국은 하나의 통일된 국가로 발전할 수 있는 중요한 기틀을 마련하게 되었다.

전국을 통일한 진시황은 거대한 제국의 기초를 건설하기 위해 무리한 정책을 시행했다. 그 결과 농민들에게는 과중한 부담과 희생이 요구되었다. 특히 흉노족(匈奴

族)을 막기 위해 만리장성을 쌓았는데, 이 노역으로 농민들이 엄청난 고통에 시달렸다. 농민들의 불만은 진시황이 죽고 나자 반란으로 표출되었는데, 그 대표적인 것이 기원전 209년에 있었던 진승(陳勝)과 오광(吳廣)의 난이었다.

진승과 오광이 이끄는 반란군은 서쪽으로 진나라를 향해 진격하는 도중 농민들로부터 열렬한 환영을 받으며 큰 세력을 형성했지만 체계적인 조직과 전략을 갖지 못해 뒤에는 부하들로부터 피살되고 말았다. 그러나 진승과 오광의 죽음으로 농민들의 저항 자체가 끝난 것은 아니었다. 이 시기에 진나라의 타도와 새 왕조 건설을 내걸고 수많은 사람들이 나섰는데 시간이 가면서 항우와 유방이라는 양대 세력으로 나뉘게 된다. 훗날 이 두 사람은 중국의 통일을 놓고 한판을 겨루게 된다.

# 1. 진시황을 만든 여불위

## 재산을 털어 자초를 사다

여불위는 상인으로 여러 지역을 오가면서 장사를 해서 천 금의 재산을 모았다. 진나라 소양왕의 태자가 죽자, 둘째 아들인 안국군이 태자가 되었다. 안국군에게는 아들이 20여 명 있었지만, 안국군이 특별히 총애하는 화양부인(華陽夫人)에게는 아들이 없었다.

그때 진나라에서 조나라로 인질을 보내게 되자, 안국군의 둘째 아들인 자초를 보냈다. 자초의 친어머니 하희(夏姬)는 안국군의 총애를 받지 못했다. 또한 진나라가 조나라를 자주 공격했기 때문에 자초는 조나라에서 그다지 예우를 받지 못했다. 게다가 자초는 돈도 거의 없어 늘 궁핍한 생활을 했으며 그로 인해 실의에 빠져 있었다.

그즈음 여불위가 장사하는 일로 조나라 수도 한단에 가게 되었다. 거기서 여불위는 우연히 자초를 만났고 자초를 불쌍하다고 생각하는데 불현듯 예감이 번뜩 스쳤다.

'자초, 이 자는 필시 진귀한 재화다. 사둘 만하다.'

이렇게 생각되자 여불위는 자초에게 말했다.

"지금 진나라의 왕은 나이가 많으십니다. 공의 부친이신 안국군은 왕의 뒤를 이을 태자십니다. 제가 듣기로 안국군께서는 화양부인을 총애하신다고 하는데 화양부인에게는 아들이 없습니다. 하지만 누가 안국군을 이어 왕위를 이어받을 것인가 하는 것은 화양부인의 뜻에 따라 크게 좌우될 것입니다.

지금 공의 형제는 20여 명이나 되는데, 공은 서자인 데다가 둘째라서 그다지 큰 사랑을 받지 못하고 계십니다. 게다가 외국에서 오랫동안 인질 노릇을 하는 처지입니다. 만일 왕이 세상을 뜨고 안국군이 왕이 된다면, 그 뒤를 계승할 태자를 결정할 때 공은 다른 형제들보다 매우 불리할 수밖에 없습니다."

"맞는 말이오. 어떻게 하는 것이 좋겠소?"

"공께서는 가난한 데다가 객지에 나와 계시니 부모님께 무엇을 선물해 드리거나 찾아오는 손님들과 사귈 만한 힘이 없으십니다. 저도 가진 것이 많지는 않지만 이제부터 천 금을 가지고 가서 안국군과 화양부인을 섬겨 공을 후사로 삼도록 하겠습니다."

자초가 머리를 숙여 절하며 말했다.

"계획대로 일이 잘 된다면 나라를 그대와 나누어 갖겠소."

여불위는 자초에게 5백 금을 주어 교제비로 쓰게 하고 나머지 5백 금으로는 조나라의 진귀한 물건들을 사서 진나라로 갖고 갔다. 여불위는 가지고 간 물건들을 화양부인의 언니를 통해 화양부인에게 모두 바쳤다. 그러면서 이렇게 말했다.

"자초는 어질고 지혜로우며 많은 제후의 빈객들과 두루 사귀고 있습니다. 또 항상 화양부인을 하늘처럼 여기며 밤낮으로 태자와 부인을 흠모해 눈물을 흘립니다."

화양부인이 크게 기뻐했다는 말을 들은 여불위는 이어 그 언니를 만나 부인을 설득하게 했다.

"제가 듣건대 아름다운 얼굴로써 남을 섬기는 사람은 아름다운 얼굴이 시들어지면 사랑도 식는다고 합니다. 지금 부인께서는 안국군을 섬기며 태자의 사랑을 한 몸에 받고 있지만 불행히도 아들이 없습니다. 이럴 때 일찌감치 여러 아들 가운데 현명하고 효성스러운 분을 골라 태자의 후계로 정하고 그를 양자로 삼으셔야 합니다.

그렇게 하시면 남편이 살아 있을 때는 존중받으며 귀한 자리에 있고, 남편이 죽은 뒤에는 양자가 왕이 되므로 세력을 잃지 않을 것입니다. 이것을 두고 '한 마디 말로써 영원토록 이로움을 얻는다.'라고 합니다. 영화를 누릴 때 터전을 닦아 놓지 않는다면 아름다운 얼굴이 시들고 사랑이 식은 뒤에는 비록 한마디 말을 하려고 해도 어떻게 하실 수 있겠습니까?

지금 자초는 현명해서 둘째 아들이기 때문에 후계자가 될 수 없다는 것을 알고 있으며, 자신을 낳아 준 어머니 또한 안국군에게 사랑을 받지 못하므로 스스로 부인에게 의지하려 들 것입니다. 부인께서 자초를 후사로 뽑으신다면 일생 동안 진나라에서 존경받을 것입니다."

화양부인은 그 말이 옳다고 생각하고 안국군이 한가한 틈을 타서 조용히 말했다.

"조나라에 볼모로 있는 자초는 매우 현명해 그곳을 오가는 사람들이 모두 칭찬합니다."

그러고는 눈물을 떨구며 말했다.

"소첩의 처지는 다행히 후궁보다는 낫지만 불행히도 아들이 없습니다. 부디 자초를 후사로 세워 소첩의 몸을 맡길 수 있도록 해 주십시오."

안국군은 이를 허락해 옥에 증표를 새겨 부인에게 주고 자초를 후사로 삼겠다는 약속을 했다. 안국군과 부인은 자초에게 많은 물품을 보내고, 여불위에게 자초를 잘 보살피도록 부탁했다. 이 일로 자초는 제후국 사이에 그 이름이 크게 알려졌다.


자신의 여자를 자초에게 넘기다


조나라의 수도 한단은 옛날부터 미인의 고을로 알려진 도시였다. 여불위는 그곳 한단에서 여러 여자들 중 미모가 뛰어나고 춤을 잘 추는 여자를 얻어 함께 살고 있었다. 여불위는 그녀가 자신의 아이를 가지고 있는 것도 알고 있었다.

그런데 하루는 자초가 여불위의 집을 찾아가 함께 술을 마시다가 춤추는 그녀를 보고는 한눈에 반해 버렸다. 자초는 술잔을 들어 건배하면서 그 여자를 자신에게 달라고 했다. 여불위는 속으로 화가 치밀었지만, 진귀한 재물을 낚기 위해 자신의 재산을 모두 털어 넣었음을 생각하고는 그 여자를 바쳤다. 그녀는 자기가 아이를 가진 몸임을 숨기고 자초에게 몸을 바쳐 정이라는 아들을 낳았다. 자초는 그 여자를 자신의 부인으로 삼았다.

진나라 소양왕 50년에 진나라는 왕의(王齮)에게 한단을 포위하게 했다. 사태가 급박해지자 조나라에서는 자초를 죽이려고 했다. 자초는 여불위와 모의해 금 6백 근으로 감시하는 관리를 매수해 진나라 진영으로 탈출했고 마침내 귀국할 수 있게 되었다. 조나라에서는 자초의 부인과 아들을 죽이려고 했지만, 부인은 조나라 부호의 딸인지라 몸을 숨긴 끝에 간신히 살아남을 수 있었다.

진나라 소양왕이 죽고 태자 안국군이 왕이 되었는데 그가 효문왕이다. 효문왕은 화양부인을 왕후로 하고 자초를 태자로 삼았다. 자초가 진나라의 태자가 되자 조나라에서도 자초의 부인과 아들 정을 정중히 진나라로 돌려보내 주었다.

효문왕이 즉위한 지 1년 만에 죽자, 태자 자초가 왕으로 즉위했는데 이가 곧 장양왕이다. 장양왕은 양어머니 화양부인을 화양태후라 하고, 생모 하희를 하태후라 하며 존중했다. 또한 여불위를 승상(丞

相, 국무총리에 해당되는 관직)으로 삼고 문신후(文信侯)에 봉했으며, 하남(河南)의 낙양에 10만 호를 식읍으로 하사했다.

장양왕이 즉위한 지 3년 만에 죽자, 태자 정이 왕위에 올랐다. 정은 여불위를 존중해 상국(相國, 승상보다 명예로서 한 단계 위인 자리)으로 삼고 아버지와 다름없다고 해서 중부(仲父)라고 불렀다. 진나라의 왕이 아직 어렸으므로 과부가 된 태후는 때때로 사람들의 눈을 피해 여불위와 사사로이 정을 통했다. 여불위의 집에는 하인이 만 명이나 되었다.

당시 위나라에는 신릉군, 초나라에는 춘신군, 조나라에는 평원군, 제나라에는 맹상군이 있어 모두가 뜻있는 선비를 존중하고 빈객을 좋아해 서로 인재를 초빙하려고 경쟁하고 있었다. 여불위는 진나라가 강대함에도 불구하고 다른 나라만 못한 것을 부끄럽게 여겨 그도 또한 많은 인사들을 불러들여 후히 대접하니 식객이 3천 명에 달했다.

이때 각국의 제후들 밑에는 담론에 능한 논객들이 많았으며, 순자의 일파에서는 책을 내어 세상에 그 학설을 널리 유포하고 있었다. 여불위도 자신의 식객들에게 배운 것을 저술하게 해서 그것을 모아 천지만물과 예와 지금의 일을 모두 망라하는 책을 만들게 하니, 그 책의 글자 수만 해도 무려 20여만 자가 되었다. 이 책을 《여씨춘추(呂氏春秋)》라고 불렀는데 여불위는 이 책 위에 천 금을 얹은 뒤 선비나 빈객들에게 '일자천금(一字千金)'이라고 호언했다. 즉 이 책에서 한 글자라도 고칠 수 있는 사람에게는 천 금을 주겠다는 뜻인데 여불위는 그만큼 이 책에 대해 자신감을 가지고 있었던 것이다.


## 태후에게 노애를 소개하다

진시황이 성장한 뒤에도 어머니 태후의 음란한 행동은 그치지 않았다. 이에 여불위는 발각되면 자신에게도 화가 미칠 것을 두려워해서, 몰래 남근이 큰 노애라는 사람을 찾아 가신으로 삼았다. 그리고 때때로 음악을 연주하게 하면서 노애의 남근에 줄을 매달아 오동나무 수레바퀴를 끌고 걷게 했다. 이렇게 하면 태후가 이 소문을 듣고 노애에게 관심을 가질 것이라 생각했던 것이다.

과연 태후는 이 소문을 듣고 사람들 몰래 노애를 얻어 보려고 했다. 그 낌새를 알아챈 여불위는 노애를 바쳤고 다른 사람을 시켜 노애가 궁형을 받아야 할 중죄를 지었다고 고발하게 했다. 물론 이 일은 거짓으로 꾸민 것이었다. 그리고 여불위는 태후에게 은밀히 속삭였다.

"궁형에 처했다고 속이면 궁중에서 노애에게 일을 시킬 수 있습니다."

그래서 태후는 남몰래 궁형을 집행하는 관리에게 뇌물을 주어 거짓으로 궁형을 집행하는 척하고 노애의 수염과 눈썹을 뽑아 환관으로 만들어 자신의 시중을 들게 했다.

태후는 노애와 몰래 정을 통하며 그를 매우 총애했고 그러다가 임신하고 말았다. 태후는 남에게 알려질 것이 두려워 거짓으로 점을 쳐서 액운을 피해야 한다고 하면서 궁궐에서 나와 옹(雍)이라는 땅으로 옮겨 가서 살았다. 노애는 언제나 태후를 따라다녔고, 태후는 노애에게 많은 상을 내렸으며, 모든 일은 노애에 의해 결정되었다. 이렇게 해서 노애는 수천 명의 사람들을 자기 밑에 두어 고용했으며, 또한 벼슬을 얻기 위해 노애의 가신이 되는 사람도 천 명이 넘었다.

진시황 9년에 누군가가 고발했다.

"노애는 실제로 환관이 아닙니다. 항상 태후와 사사로이 정을 통해 이미 아들 둘을 낳아 모두 숨겨 놓았으며 두 사람은 서로가 '왕이 죽으면 우리 아들을 후사로 삼자.'라고 모의했습니다."

진시황은 관리들에게 명해 상세히 조사하도록 했다. 그래서 이 사건에 상국 여불위도 연결되어 있음을 알게 되었다. 곧 노애의 삼족을 죽이고 태후가 낳은 두 아들도 죽였다. 그리고 태후를 옹 땅으로 내쫓았다. 또한 노애가 고용했던 사람들의 재산을 빼앗고 그들을 촉(蜀) 땅으로 내쫓았다. 진시황은 여불위까지도 죽이려고 했으나 선왕을 섬긴 공로가 크고 빈객들 중에 여불위를 변호하는 사람이 많았기 때문에 차마 법대로 처벌할 수 없었다.

진시황 10년에 여불위를 관직에서 파면시켰다. 제나라 사람 모초(茅焦)가 왕을 설득했으므로 태후를 옹 땅에서 불러들여 수도 함양으로 다시 돌아오게 했다. 그리고 여불위를 함양에서 내보내 영지인 하남으로 떠나게 했다. 그러나 여불위의 위세는 그때까지도 대단해서 1년이 지나도록 제후들의 빈객이나 사신들이 여불위를 만나기 위해 날마다 길에서 줄을 이어 대기할 정도였다. 진시황은 여불위가 변란을 일으킬까 두려워서 여불위에게 편지를 보냈다.

　"그대는 무슨 공로가 있기에 진나라에서 그대를 하남의 제후로 봉하고, 10만 호의 식읍을 내렸는가? 그대는 진나라와 어떤 친족 관계에 있기에 중부라는 칭호를 받은 것이오? 그대는 가족과 함께 촉 땅으로 옮겨 살도록 하시오."

　여불위는 점차 진시황의 압박이 옥죄어 온다는 것을 느끼고 마침내는 참수당할 것이라 생각해 독주를 마시고 죽었다. 노여워했던 진시황은 여불위와 노애가 모두 죽었으므로 촉 땅으로 추방했던 노애의 가신들을 다시 함양으로 돌아오게 했다. 진시황 19년에 태후가 죽었다. 이에 시호를 제(帝)태후라 하고 장양왕 무덤에 합장했다.

〈여불위열전(呂不韋列傳)〉

**여불위**
본래 상인이었으나 자초가 왕위에 오르게 도와 승상이 되었다. 진시황이 왕위에 오른 뒤 상국으로 중용되었으나, 태후의 밀통 사건에 연루되어 파면되고 결국 자살했다.

**이사**
진나라의 재상으로 뒤에 환관 조고와 공모해 호해를 2세 황제로 옹립했다. 그러나 조고의 모함으로 처형되었다.

**진시황**
중국을 통일한 진나라의 황제로 군현제를 실시하고 문자·
도량형·화폐를 통일하는 등 강력한 중앙 집권 정책을 추
진했다. 그러나 만리장성 등 대규모 공사를 벌여 백성들의
불만을 샀다.

# 2. 진시황의 재상 이사

## 때를 포착하면 지체 없이 서둘러야 한다

이사는 초나라 출신으로 젊었을 때에는 군청의 하급 관리로 있었다. 어느 날 이사는 관청 변소의 쥐들이 더러운 것을 먹다가 사람이 다가가면 놀라 달아나는 것을 보았다. 그러나 창고에 있는 쥐들은 쌓인 곡식을 먹으며 큰 건물에 살면서도 사람이 와도 거들떠보지도 않는 것이었다. 그래서 이사는 탄식하며 말했다.

"사람이 '훌륭하다, 훌륭하지 않다.'라고 말하는 것도 결국은 이런 쥐들과 다를 바가 없구나. 자신의 몸을 두는 장소에 따라 달라지는 것이다."

이렇게 생각한 이사는 순자를 찾아가 천하를 통치하는 학문을 배웠다. 학업을 마치자 이사는 당시 여러 나라들 중 가장 강국인 진나라로 가려는 마음을 굳히고 순자에게 작별 인사를 했다.

"저는 때를 얻으면 지체 없이 일을 해서 놓치지 말아야 한다고 들었습니다. 지금은 바야흐로 여러 제후들이 서로 세력을 다투면서 유세객들을 중용하고 있는 시기입니다. 지금이야말로 저같이 지위도 벼슬도 없는 일개 평민이 바삐 움직여야 하는 둘도 없는 좋은 기회입니다. 비천한 위치에 있으면서 어떤 계획도 세우지 않는다면 마치 짐승이 물고기를 보고서도 사람들이 본다고 해서 억지로 탐욕을 참고 지나가는 것과 같습니다.

가장 큰 부끄러움은 낮은 지위에 있는 것이며, 가장 큰 슬픔은 가난한 것입니다. 오래도록 비천한 지위와 곤궁한 처지에 있으면서 세상의 부귀를 비난하고 영리를 미워하거나 스스로 무위(無爲)의 경지에 안주하는 것은 선비가 진정으로 걸어야 할 길이 아닐 것입니다. 그래서 저는 진나라 왕에게 유세하러 가려고 합니다."

이사가 진나라에 도착했을 때, 마침 진나라의 장양왕이 죽었으므로 이사는 재상 여불위를 찾아가 가신이 되었다. 여불위는 이사의 현명함을 알고 진시황의 비서관으로 임명했다. 왕과 대면할 기회를 얻은 이사는 이렇게 왕을 설득했다.

"상대의 허점을 파헤치지 않고 그저 기다리기만 하다가는 기회를 놓쳐버립니다. 큰일을 성취하려면 상대의 허점을 봐서 과감하게 밀고 나가야만 합니다. 지금 제후들은 마치 진나라의 군이나 현처럼 복종하고 있습니다. 진나라의 강대함과 대왕의 현명함이라면 마치 주방장이 솥 위에 앉은 먼지를 닦아내듯이 손쉽게 제후들을 멸망시키고 천하를 통일하실 수가 있습니다.

이것은 만 년에 한 번 있는 기회입니다. 지금 서둘지 않아서 제후들이 서로 합종을 약속한다면 비록 오제 시대의 황제와 같은 현명한

왕이 있을지라도 천하를 손에 넣을 수 없을 것입니다."

왕은 이사를 장사(長史, 궁궐을 총괄하는 우두머리)로 기용하고 이사의 계책을 은밀히 실행에 옮겼다.

그때 마침 한나라 출신의 토목 기술자가 진나라에 와 있었는데, 그는 운하 개척의 필요성을 말하며 즉시 공사를 시작할 것을 주장했다. 그러나 그 사람의 속셈은 진나라가 이 엄청난 공사를 벌임으로써 동쪽으로 진출하지 못하도록 하는 것이었고 그 음모는 마침내 들통나고 말았다.

그러자 진나라 왕족과 대신들은 다른 나라 출신의 유세객들을 추방시키자는 주장을 강력히 제기했다. 이사도 그 대상이 되어 추방자 명단에 들어 있었다. 이에 이사는 글을 올려 이렇게 주장했다.

"지금 관리들이 유세객들을 내쫓을 것을 논의하고 있다고 하는데, 이것은 잘못된 일입니다. 옛날 목공, 효공, 혜왕, 소양왕 네 임금께서는 빈객들의 공으로 대업을 이루었습니다. 과연 그때의 빈객들이 진나라를 저버렸습니까? 결코 그렇지 않았습니다. 오히려 네 분 임금께서 이들을 멀리하고 등용하지 않았다면 진나라는 부유하고 강성한 국가가 되지 못했을 것입니다.

무릇 진나라에서 나지는 않지만 다른 나라에서 나는 보배로운 물건이 많으며, 꼭 진나라에서 나는 것만 찾는다면 왕께서는 이들 보배를 지닐 수 없을 것입니다. 인재도 이와 마찬가지입니다. 진나라에서 태어나지 않았더라도 충성스러운 인물이 많습니다. 지금 빈객들을 쫓아내서 적국을 이롭게 하고 백성을 줄여 적국에 보태주게 되면 나라가 위기에 처했을 때 어찌할 수 없을 것입니다.”

이에 진나라 왕은 타국 출신 유세객을 추방하라는 명령을 취소하고 이사의 관직을 돌려주었으며 그의 계책을 받아들였다. 그로부터 20여 년 뒤에 진나라는 마침내 천하를 통일하고 왕을 높여 황제라 했으며, 이사는 승상이 되었다.

이사의 맏아들 이유(李由)는 삼천군(三川郡)의 태수가 되었다. 아들들은 모두 진나라의 공주들과 결혼했고 딸들은 모두 진나라의 귀공자들에게 시집갔다. 아들 이유가 휴가를 얻어 집에 오자 이사가 집에서 주연을 베풀었다. 온갖 관직에 있는 고관들이 모두 나와 이사에게 장수하라고 축원했는데, 이사의 대문 앞과 뜰에는 수레와 말이 수천 대나 되었다. 이사는 한숨을 쉬며 탄식했다.

“아! 나의 스승 순자께서는 ‘사물이 지나치게 강성해지는 것을 경계해야 한다.’라고 말씀하셨다. 나는 시골 마을의 평민 출신일 뿐인데, 폐하께옵서는 아둔하고 재능 없는 나를 뽑아 오늘의 이 지위까지 오르게 했다. 지금 다른 사람의 신하된 사람으로서 나보다 윗자리에 있는 사람이 없고, 부귀도 극에 달했다고 할 수 있다. 만물이 극에 이르면 스러지는 것이 도리인데, 나의 앞날은 어떻게 될 것인가.”

## 환관 조고의 음모

진시황 37년에 황제가 천하를 살피러 나섰다. 회계산으로 해서 해안을 따라 북쪽으로 순행길에 올랐다. 이때 승상 이사와 환관 조고(趙高)가 황제의 옥새를 관리하면서 수행했다. 진시황에게는 20여 명의 아들이 있었는데, 맏아들 부소(扶蘇)가 입바른 소리를 자주 하니 황제가 이를 귀찮게 여겨 그를 변경으로 보내 국경의 군대를 감독하게 했다. 몽염(蒙恬)이 그 군대의 장군이었다. 막내아들 호해(胡亥)는 황제의 특별한 사랑을 받았는데, 그가 따라갈 것을 청하자 진시황은 허락했다. 그 밖의 황자들은 아무도 따라가지 못했다. 그해 7월, 사구(沙丘)라는 곳에 도착했는데 황제는 병이 위독해 조고에게 다음과 같은 글을 써서 부소에게 보내게 했다.

"군대는 몽염에게 맡기고 함양으로 와서 내 유해를 맞이해 장례를 지내라."

편지는 이미 봉해져 있었지만 아직 사자에게 넘기기 전에 황제는 세상을 떴다. 편지와 옥새는 모두 조고가 가지고 있었다. 호해, 이사, 조고 및 환관 대여섯 명만이 진시황이 죽은 사실을 알고 다른 신하들은 아무도 몰랐다. 이런 상황에서 조고는 옥새가 찍힌 편지를 쥐고 호해에게 이렇게 말했다.

"황상께서 붕어하셨지만 조서를 내려 황자들을 책봉해 왕으로 삼지 않으시고, 다만 맏아들에게만 글을 내렸습니다. 맏아들이 오시면 곧 즉위해 황제가 되십니다. 그러면 전하께서는 한 치의 땅도 갖지 못하게 될 것입니다. 이 일을 어찌 하시겠습니까?"

"그건 당연한 일이오. 아버지께서 운명하실 때까지 제후에 봉하지 않았으니 무슨 다른 말을 할 수 있겠소!"

"그렇지 않습니다. 천하의 대권을 잡느냐 마느냐 하는 것은 전하와 저와 승상에게 달려 있습니다. 남을 신하로 삼는 것과 남의 신하가 되는 것, 남을 지배하는 것과 남에게 지배당하는 것은 완전히 다릅니다. 깊이 생각해 보시기 바랍니다."

"황제가 될 형을 막고 아우가 즉위하는 것은 불의요. 불의한 일을 하면 천하는 복종하지 않고 몸은 위태롭게 되며 국가는 위험에 처할 것이오."

"대체로 큰일을 행할 때는 작은 일은 돌아보지 않습니다. 작은 일을 돌아보다가 큰일을 잊어버리면 뒤에 반드시 재앙이 닥치며, 의심해 주저하면 뒤에 반드시 후회하게 됩니다. 결단하시고 과감하게 행동으로 옮기면 귀신도 피해 가고 뒷날 성공하게 됩니다."

호해는 점점 마음이 움직이고 있었다. 조고가 다시 말했다.

"승상과 상의하지 않고서는 일은 성취되기 어려울 것입니다. 제가 승상과 상의하겠습니다."

조고가 승상 이사를 찾았다.

"황제께서 붕어하실 때 장자 부소에게 서신을 내려 함양에서 유해를 맞이하라고 하셨으니 요컨대 부소를 후사로 삼을 생각이셨습니다. 그러나 편지는 아직 발송되지 않았고 황제의 붕어를 아는 사람은 아무도 없습니다. 황태자를 정하는 일은 귀공과 저의 입에 달렸을 뿐입니다. 어떻게 하시겠습니까?"

"도대체 무슨 이야기를 하고 계시오? 이것은 신하된 사람으로서 의논해서는 안 될 일이오."

"저는 본래 하찮은 일을 하던 환관에 지나지 않습니다. 그동안 저는 우리나라의 재상이나 공신 가운데 봉토를 2대에 걸쳐 보존한 사람을 본 적이 없습니다. 결국은 모두가 형벌을 받고 망했습니다. 승상께서도 장자 부소를 잘 알고 계실 것입니다. 그는 강직하고 의연하며 용감해 사람들의 마음을 돋우어 기운을 내게 만드시는 분인데 즉위하면 반드시 몽염을 승상으로 삼을 것입니다. 그러면 승상은 관직을 잃고 고향으로 돌아가게 될 것입니다. 그러나 호해를 세우면 그렇게 되지 않을 것입니다. 승상께서는 깊이 생각하시고 결정하시기 바랍니다."

"나는 군주의 조칙을 받들어 하늘의 명에 따를 뿐이오."

"편안한 것을 위험으로 돌릴 수도 있고, 위험한 것을 편안한 것으로 돌릴 수도 있습니다. 다만 사람이 결정하기 나름입니다."

"나는 시골의 일개 평민이었으나 다행히도 황제께서 발탁해 승상의 지위에 오르게 되었고 자손들까지도 벼슬과 녹봉을 받게 되었소. 충신은 죽음을 피하거나 딴생각을 갖지 않는 법이니, 더 이상 말하지 마시오."

"제가 알기로 성인은 때에 따라 적절하게 대응해 고정된 태도를 지니지 않고, 그 끝을 보면 시작을 알 수 있다고 합니다. 어떻게 영구히 변하지 않는 규범이 있겠습니까? 가을에 서리가 내리면 잎과 꽃이 떨어지고 얼음이 녹아 물이 흐르게 되면 만물이 움직입니다. 이것은 필연의 법칙입니다. 어찌해 이런 도리를 모르십니까?"

이사가 말했다.

"옛날 제나라에서는 환공의 형제가 왕위를 놓고 싸우다 그 형 규가 피살되었으며, 은나라의 폭군 주왕은 친척을 죽이며 간언하는 사람의 말을 듣지 않다가 나라는 잿더미가 되고 끝내는 망했소. 나는 사람의 도리를 다하고 싶소."

조고가 다시 말했다.

"승상께서 제 말을 들으신다면 제후의 지위가 자자손손에 이어질 것이고, 장수를 누리실 것입니다. 그러나 이 일을 포기하고 따르지 않으면 재앙이 자손에게까지 미칠 것입니다. 처세를 잘하는 사람은 화를 돌려서 복으로 만들 수 있습니다. 어떻게 하시렵니까?"

이사는 하늘을 우러러 한탄하고 눈물을 흘리고는 긴 한숨을 내쉬며 말했다.

"아! 나 홀로 어지러운 세상을 만나 죽을 수도 없으니 어디에 내 목숨을 맡긴단 말인가!"

이사는 결국 조고의 말을 따르기로 했다. 조고가 바로 호해를 찾아가 말했다.

"제가 전하의 밝은 뜻을 받들어 승상에게 알렸더니 승상도 따르기로 했습니다."

이렇게 세 사람이 공모해 진시황이 호해를 태자로 삼는다는 내용의 조서를 꾸몄다. 또한 황제의 편지인 것처럼 꾸며 장자 부소에게 이렇게 보냈다.

"나는 천하를 순행해 명산에 제사 지내고 기도드려 수명을 연장하려고 한다. 너는 몽염과 같이 군사 수십만 명을 이끌고 변경에 주둔한 지 벌써 10년이 지났으나, 공로는 조금도 없다. 그런데도 너는 여러 번 글을 올려 내가 하는 일을 비난했고, 태자가 되지 못한 것을 밤낮으로 원망만 했다. 너 부소는 자식으로서 불효했으므로 칼을 내리니 스스로 목숨을 끊어라. 몽염 그대도 부소를 바르게 인도하지 못했으니 자결을 명한다."

편지를 황제의 옥새로 봉하고 호해의 사람을 시켜 부소에게 보냈다. 사자가 가져온 편지를 읽은 부소는 울면서 안으로 들어가 목숨을 끊으려고 했다. 그러자 몽염이 이를 만류했다.

"폐하는 지금 지방에 계시며 아직도 태자를 세우지 않았습니다.

저에게 30만 명의 대군을 이끌고 변경을 수호하게 했으며 전하로 하여금 저를 감독하게 하셨으니, 이는 국가의 막중한 임무입니다. 지금 사자가 가져온 편지만 읽고 자결하려 하신다면 혹시 이 편지가 거짓으로 된 것인지 어떻게 알 수 있겠습니까? 다시 용서를 빌고 그런 뒤에 자결해도 늦지 않습니다."

그때 사자는 여러 번 자결을 독촉했다. 부소는 어진 사람이라 몽염에게 이렇게 말했다.

"아버지가 자식에게 죽음을 내리셨는데, 어찌 다시 용서를 간청하겠소?"

그러고는 스스로 목숨을 끊었다. 몽염이 죽지 않으려 하자 사자는 곧 옥리에게 넘겨 그를 감옥에 가뒀다. 사자가 돌아와 보고하자 호해와 이사 그리고 조고는 대단히 기뻐했다. 그들은 곧 함양으로 돌아와 진시황의 죽음을 발표했다. 호해는 2세 황제로 즉위했으며, 조고는 황제 측근에서 궁궐을 보위하는 낭중령(郎中令)이 되어 궁중에서 황제를 모시며 권력을 휘둘렀다.


아방궁 공사를 계속하는 2세 황제

2세 황제가 한가할 때 조고와 상의하며 말했다.

"나는 이제 황제로서 천하에 군림하게 되었으니, 하고 싶은 것을 모두 즐기고 나라를 편안히 하면서 내 타고난 수명을 마치고 싶소."

"지당하신 말씀입니다. 그런데 시황제께서 돌아가셨을 때 우리들이 꾀했던 일에 대해 황자들과 대신들이 의심을 품고 있습니다. 그들이 반란이라도 일으키지 않을까 우려됩니다."

"그럼 어찌하면 좋겠소?"

"법을 엄하게 하고 형벌을 가혹하게 하십시오. 그리고 시황제께서 임명했던 대신들을 몰아내고 폐하의 형제들을 멀리 하며, 폐하께서 믿을 수 있는 사람들을 가까이에 두십시오."

2세 황제는 조고의 말을 따라 새로운 법을 만들고, 죄가 있는 신하들과 황자들을 조고에게 넘겨 처단하게 했다. 많은 대신들이 죽었고 황자 열두 명이 시장 바닥에서 죽었다. 황녀 열 명도 기둥에 묶인 채 창에 찔려 죽었다. 또한 그들의 재산마저 모두 몰수했는데, 여기에 연루된 사람들은 이루 다 헤아릴 수 없을 정도였다. 법령과 형벌이 날로 가혹해지자 위험을 느껴 모반하려는 신하가 많아졌다. 그런데도 아방궁(阿房宮) 공사는 계속되었고, 길을 넓히는 공사까지 하느라 세금은 더욱 무거워지고 부역을 하기 위한 백성의 징발은 그치지 않았다.

이로 인해 옛 초나라 땅에서 진승과 오광이 반란을 일으키니 각지에서 호걸들이 일어나 스스로 제후며 왕이라고 칭하고 진나라에 대항했다. 반란군은 진나라의 수도 근처까지 진격했다가 물러날 정도였다. 이사는 2세 황제에게 간언했지만 황제는 듣지 않았다.

이사의 아들 이유는 삼천군의 군수였는데 오광의 반란군 무리가 삼천군의 서쪽을 지나가도 막지 못했다. 그런데 진나라의 장수 장함(章邯)은 오광의 무리를 격파해 쫓아 버렸다. 나라에서는 왜 이유가 오광의 반란군을 막지 못했는지 정황을 파악하게 하고, 이사도 질책했다.

"재상의 지위에 있으면서 어떻게 도적의 무리들이 이렇게 날뛰도록 가만두었는가?"

이사는 두려워 어찌할 바를 몰랐다. 마침내 이사는 2세 황제의 뜻에 아부해 용서를 구하기로 작정하고 글을 올렸다.

"옛날 신불해(申不害, 전국 시대 초기의 법가 사상가)는 '천하를 차지하고서도 자신의 뜻대로 행동하지 못한다면 이것은 천하를 질곡(桎梏, 차꼬와 수갑을 뜻하며 몹시 자유롭지 못함을 비유함)으로 삼는 것이다.'라고 했습니다. 이 말은 신하를 잘 질책하지 못하면 도리어 천하의 백성을 위해서 자신의 몸을 괴롭히는 것과 같다는 뜻입니다. 부질없이 애써서 자신의 몸을 괴롭히고 정신을 쓰면서 몸소 백성들에게 봉사하는 것은 백성들이나 할 일이지 군주가 할 일은 아닙니다.

또 한비자(韓非子, 전국 시대 초기의 법가 사상가)는 '자애로운 어머니에게는 집안을 망치는 자식이 있지만, 엄격한 집안에는 방자한 하인이 없다.'라고 했습니다. 무엇 때문에 이 말을 했겠습니까? 잘못을 저지르면 반드시 벌을 주기 때문입니다.

오직 현명한 군주만이 신하를 진실로 질책하실 수 있으며 간사한 신하가 없게 합니다. 간사한 신하가 없으면 천하는 평안해지고, 천하가 평안해지면 군주는 존엄해집니다. 군주가 존엄해지면 처벌이 타당해지고, 처벌이 타당해지면 구하는 바를 얻을 수 있습니다. 구하는 바를 얻게 되면 나라는 부유해지고, 나라가 부유해지면 군주의 즐거움도 풍부해집니다. 그러므로 신하를 처벌하는 법을 시행하면 군주는 하고자 하는 바를 다 얻을 수 있습니다. 그렇게 되면 여러 신하들과 백성들은 과오를 벗어나려고 정신이 없을 터인데, 어찌 모반을 꾸밀 수 있겠습니까? 이것이 제왕의 길을 완성하는 것입니다."

이 글이 올려지자 2세 황제는 기뻐했다. 이렇게 해서 신하를 처벌하는 것이 더 엄격해졌고, 백성에게 세금을 심하게 부과하는 사람이 현명한 관리라고 여겨졌다. 길에 다니는 사람의 절반은 형벌을 받았던 사람이고, 형벌을 받아 죽은 사람들이 날마다 시장 바닥에 쌓여갔다. 많은 사람을 죽인 사람이 오히려 충신이라고 여겨졌다.

처음 조고가 낭중령이 되었을 때 그는 개인적인 앙갚음을 위해 사람을 죽인 경우가 많았다. 조고는 대신들이 조정으로 들어가 황제에게 보고를 하다가 자신을 비방할까 두려워서 2세 황제를 설득했다.

"천자가 존귀한 까닭은 여러 신하들이 다만 폐하의 소리만 들을 뿐이고, 그 얼굴을 뵈올 수가 없기 때문입니다. 그래서 천자는 자신을 짐(朕, 원래 조짐이라는 뜻으로 사물이 아직 제 모습을 드러내기 전의 상태를 말하는데, 당시에는 황제가 자신을 칭하는 말로 사용했으며 조고가 교묘하게 이 말 뜻을 풀이한 것임)이라 일컫는 것입니다.

폐하께옵서는 아직 어리십니다. 조정에 앉아서 실수라도 하신다면 폐하의 신성하고 영명하심을 천하에 보이는 것이 아닙니다. 그러니 당분간 폐하께서는 궁궐 깊숙한 곳에 계시면서 법률에 밝은 저와 시중(侍中, 황제를 모시는 직책)과 상의해서 나라의 일을 처리하십시오. 이렇게 하면 대신들은 감히 의심스러운 일을 말하지 못할 것이며, 온 천하가 훌륭한 군주라 칭송할 것입니다."

2세 황제는 이 건의를 받아들여 궁궐 깊숙한 곳에 머물렀고, 모든 안건은 조고가 결재했다. 이사가 이에 반대해 황제를 뵈려고 하자 조고는 이사에게 이렇게 말했다.

"지금 지방에서는 도적 떼들이 많이 일어나고 있는데도 황제께서는 아방궁을 짓고 짐승이나 기르고 계십니다. 제가 간언하려고 해도 지위가 낮으니 재상께서 간언해 주시지요."

"정말 그렇소. 그러나 요즘 황제께서는 조정에 나오시지 않고 궁궐 깊숙한 곳에 계셔서 알현하려 해도 기회가 없소."

"만일 재상께서 꼭 간언하려 하신다면 황제가 한가한 틈을 엿보아 알려드리겠습니다."

조고는 황제가 미녀들과 한창 즐기고 있을 때를 기다렸다가 이사에게 사람을 보냈다.

"폐하께서 지금 한가하시니 뵈올 수 있습니다."

이사가 궁문에 이르러 뵙기를 청했다. 그러나 황제의 응답이 없었다. 세 번씩이나 거듭해 뵙기를 요청하자 2세 황제는 화를 내며 말했다.

"짐은 언제나 한가한 날이 많았는데도 그때는 오지 않다가 짐이 연회를 즐기려고 하면 승상께서는 안건을 말하려 하는 거요? 승상은 감히 나를 어리다고 얕잡아 보는 것이오?"

옆에 있던 조고가 황제의 표정을 보며 이렇게 속삭였다.

"그렇게 대하시면 위태롭습니다! 옛날 우리들의 음모에는 승상도 참여했었습니다. 지금 폐하께서는 황제가 되셨지만, 승상은 더 높아진 것이 없습니다. 승상은 왕이 되고 싶어 합니다.

또 폐하께 구태여 말씀드리지는 않았습니다만, 승상의 맏아들 이유는 삼천군 태수로 있는데 반란을 일으킨 진승 등이 모두 승상의 고향에서 가까운 고을 사람들입니다. 그래서 도둑들이 공공연히 돌아다니면서 삼천군을 지나도, 이유는 그들을 무찌르려고 하지 않았습니다. 그들 사이에 편지가 오간다는 이야기를 들었습니다만, 아직 확실한 증거를 잡지 못했기 때문에 감히 말씀드리지 못했습니다. 또한 궁중 밖에서 승상의 권세는 폐하의 권세보다도 큽니다."

2세 황제도 그럴 것이라고 생각했다. 황제는 이사를 심문하려 했으나 증거가 없어서, 사람을 시켜 삼천군 태수 이유가 반란자들과 내통했는지를 조사하도록 했다. 이사도 자신이 의심받고 있다는 것을 듣고 알았다. 그래서 황제를 뵙고 말씀드리려고 했으나 2세 황제는 궁궐에서 춤과 연극을 구경하고 있어 만날 수가 없었다. 이사는 조고를 비판하는 글을 썼다.

## 사슴을 보고 말이라 하다

"신이 듣건대 '신하와 군주의 권력이 비슷해지면 위태롭지 않은 나라가 없으며, 첩과 남편의 세력이 비슷하면 위태롭지 않는 집안이 없다.'라고 합니다. 지금 대신 중에는 다른 사람들에게 마음대로 이익을 주기도 하고 해를 주기도 하며 권력이 폐하의 권력과 별 차이가 없는 사람이 있으니, 이것은 매우 온당치 못한 일입니다. 조고가 바로 그런 자이옵니다."

이에 2세 황제가 대답했다.

"그게 무슨 말인가? 조고는 원래 천한 환관이었소. 그러나 그는 제 몸이 편안하다고 해서 제멋대로 하지 않았고 제 몸이 위태롭다고 해서 마음을 바꾸지 않았으며, 행실을 깨끗이 하고 선행을 닦아 지금의 지위에 이르렀소. 그대가 조고를 의심하다니 무슨 까닭이오?"

이사는 다시 글을 올렸다.

"그렇지 않사옵니다. 조고는 본래 미천한 출신으로, 도리를 알지 못하고 탐욕은 끝이 없으며 이익을 추구함은 그칠 줄 모르고 위세는 폐하의 다음이며 욕구는 끝이 없습니다. 그래서 위험하다고 말씀드린 것입니다."

2세 황제는 전부터 조고를 신임하고 있었으므로 이사가 조고를 죽이지나 않을까 걱정이 되었다. 황제는 이사를 조고에게 넘겨 조사하도록 하라는 명령을 내렸다. 이사는 감옥에 갇히자 하늘을 우러러보며 탄식했다.

"아아 슬프다. 도리를 모르는 군주에게 무슨 계책을 말할 수가 있을까! 지난 날 황제는 자신의 형제들을 죽이고 즉위했으며, 충신을 죽이고 아방궁을 짓느라 백성들에게 무거운 세금을 거두어들였다. 내가 간언하지 않은 것이 아니라, 황제가 나의 말을 듣지 않았을 뿐이다.

무릇 옛날 훌륭한 임금들은 먹고 마시는 데에도 절제가 있었고 수레나 물건에도 정해진 수가 있었으며, 궁실을 짓는 데에도 한도가 있었다. 명령을 내려 어떤 일을 하는 경우에도 비용만 들고 백성들에게 보탬이 되지 못하는 일을 하지 않았으므로, 오랫동안 평안하게 다스릴 수 있었다. 지금 반역자들이 천하의 반을 차지했건만 황제는 아직도 깨닫지 못한 채 조고의 보좌를 받고 있으니, 도적들이 함양에까지 쳐들어와서 고라니와 사슴이 조정에서 노는 꼴을 보고야 말겠구나."

2세 황제는 조고에게 이사의 죄상을 밝혀 벌을 내리게 했다. 조고는 이사의 일족과 빈객들을 모두 체포했다. 조고가 이사를 심문하면서 채찍으로 천 번도 더 내리치며 고문하자, 이사는 고통을 이기지 못해 허위로 자백하고 말았다. 그러고 나서 황제에게 자신을 변호하는 글을 올렸다. 이 글을 올리자 조고는 임금이 보낸 사자인 것처럼 꾸며서 매질했다. 나중에는 2세 황제가 사람을 시켜 심문했는데, 이사는 부인하면 예전처럼 매질하리라 생각해 끝내 무고함을 주장하지 못하고 굴복하고 말았다. 결국 이사가 역모에 관련이 있다는 최종 판결이 황제에게 보고되었다. 2세 황제는 기뻐하며 조고에게 말했다.

"그대가 아니었다면 재상에게 속을 뻔했소."

이사에 이어 그의 아들인 이유를 조사하려고 했으나, 그는 이미 반란군인 항량(項梁)에게 죽임을 당한 뒤였다. 결국 이사는 오형(五刑, 얼굴을 파서 먹물로 글씨를 새기고 머리, 다리, 코, 생식기를 절단하는 형벌)의 형벌을 받고 시장 바닥에서 허리를 잘려 죽임을 당하게 되었다. 이때가 2세 황제 2년 7월이었다.

이사가 죽고 나서, 2세 황제는 조고를 더욱 예우해 승상으로 삼고 모든 일을 조고가 결정하도록 했다. 조고는 자기의 권세가 매우 당당함을 알고, 한번은 사슴을 바치면서 말이라고 했다. 2세 황제가 좌우의 신하들에게 물었다.

"이것은 사슴이지 않은가?"

그러자 신하들은 모두가 "말이옵니다."라고 대답했다. 2세 황제는 놀라서 스스로 정신이 이상하다고 생각해 점치는 관리를 불렀다. 그러자 그도 조고의 눈치를 보며 이렇게 말했다.

"폐하께서는 하늘에 제사 지내고 종묘에서 귀신을 모시면서 재계(齋戒, 여자를 멀리하고 경건한 마음가짐을 갖는 것)를 하지 않아서 이 지경에 이른 것입니다. 부디 덕을 쌓아 재계를 분명히 하옵소서."

2세 황제는 사냥 장소로 이용하던 상림원(上林苑)에 들어가 재계하는 척하고 실제로는 매일 사냥이나 하며 노닐었다. 그런데 마침 지나가던 어떤 사람이 상림원에 들어왔다가 2세 황제가 쏜 화살에 맞아 죽었다. 조고는 이를 빌미삼아 2세 황제에게 간언했다.

"천자가 아무 이유도 없이 죄 없는 사람을 죽였으니, 이는 하늘에서 금하는 것이옵니다. 이제 귀신도 제사를 받지 않을 것이니, 마땅히 궁궐을 빠져나가 기도하셔야 합니다."

황제는 아무 소리도 못하고 망이궁(望夷宮)으로 옮겨갔다. 사흘 뒤에 조고는 수비병들에게 조칙이라고 날조해, 흰옷을 입고 무장한 군사들을 궁 안으로 들어오게 했다. 그들이 궁궐 안으로 들어오자 조고는 2세 황제에게 보고했다.

"많은 무리의 산동(山東) 지방 도적 떼가 쳐들어왔습니다!"

2세 황제는 망루에서 바라보다 겁을 먹었고, 조고의 위협으로 자살했다. 조고는 옥새를 손에 넣고 황제의 옷을 입었는데 좌우의 백관들이 아무도 따르지 않았고, 궁전에 올라갔으나 궁전이 세 번이나 무너지려고 했다. 이에 조고는 하늘도 돕지 않고 군신들도 이를 허락하지 않을 것임을 알고, 진시황의 손자 자영(子嬰)을 불러 옥새를 주었다.

자영은 즉위했지만 조고가 두려워 병을 핑계대고 정치에는 관여하지 않았다. 그리고 몰래 환관인 한담(韓談), 그리고 그의 아들과 함께 조고를 살해할 모의를 꾸몄다. 마침 조고가 문병 하기 위해 찾아왔는데, 자영은 한담을 시켜 조고를 찔러 죽였다. 이어 그의 삼족을 멸했다.

자영이 즉위한 지 석 달 만에 유방의 군사가 함양에 이르렀다. 모든 신하와 백성들은 자영을 배반하고 유방의 군대에 대항하지 않았다. 자영은 처자와 더불어 옥새가 달린 끈을 자기의 목에 걸고 항복했다. 유방은 자영을 관리에게 넘겼으나, 뒤에 온 항우는 자영의 목을 베었고 마침내 진나라는 천하를 잃었다. 〈이사열전(李斯列傳)〉

제7부
한제국의 성립

# 史記

제7부 한제국의 성립

항우와 유방은 처음에 같이 힘을 모아 진나라를 멸망시켰다. 그러나 진나라가 멸망한 뒤 항우는 초나라 왕, 유방은 한(漢)나라 왕이 되었고 이후 이들은 4년에 걸쳐 중원의 패권을 놓고 싸웠다.

처음에는 항우의 세력이 단연 우세했다. 그러나 유방에게는 소하(蕭何)와 같은 충직한 행정가가 있었고 장량(張良)과 같은 뛰어난 참모가 있었으며, 한신(韓信)과 같은 명장이 있었다. 유방의 인품과 천성에 반해 모여든 사람들의 도움으로 유방은 항우를 제압하고 마침내 전국을 통일했다.

중국 역사상 최초로 농민 출신 황제가 된 한나라 고조(高祖) 유방은 주나라 왕조에서 시행했던 지방 분권적인 봉건제와 진시황의 중앙 집권적인 군현제를 절충한 군국제의 방식으로 나라를 통치했다. 그러나 군국제의 실시로 지방 세력가인 호족들이 성장하게 되고 그 결과 중앙 집권 체제가 약화되자, 무제(武帝) 때에는 지방 호족들을 완전히 제압해 군현제를 실시하고 철저한 중앙 집권 체제를 확립했다. 뿐만 아니라 진나라가 지나친 법치주의로 망했다고 생각해서 한나라 초기에는 통치의 효율성을 높이고 황제의 권위를 뒷받침해 주는 유학 사상으로 나라를 통치했다. 이때부터 유학은 중국의 통치 이념으로 자리 잡게 된다.

한나라의 전성기는 무제 때였다. 무제는 중국을 위협하던 흉노족을 몰아내면서 영토를 크게 넓히는 데 성공했다. 중국의 영토는 동쪽으로는 조선, 남쪽으로는 베트남 그리고 서쪽으로는 서역 지방(오늘의 인도 북부)까지 확대되었다. 사마천이 살았던 시기도 바로 무제 시대였고 《사기》는 무제 시기까지를 다루고 있다.

# 1. 항우와 유방의 초한전

**한나라 왕 계보**(기원전 206년~기원후 5년)

| [1] 고조 高祖 | → | [2] 혜제 惠帝 | → | [3] 소제공 少帝共 | → | [4] 소제홍 少帝弘 |
|---|---|---|---|---|---|---|
| \|206~195\| | | \|195~188\| | | \|188~184\| | | \|184~180\| |
| → [5] 문제 文帝 | | [6] 경제 景帝 | → | [7] 무제 武帝 ⋯⋯⋯⋯ | | [13] 평제 平帝 |
| \|180~157\| | | \|157~141\| | | \|141~87\| | | \|1~기원후 5\| |

## 귀족 집안의 항우와 농민의 자식 유방

항적(項籍)의 자는 우(羽)로 처음 군사를 일으킨 것은 24세 때였다. 항우의 집안은 대대로 초나라 장군을 지낸 명문 가문이었다. 항우의 아버지 항연(項燕)은 초나라의 장수였는데, 진나라의 장수 왕전(王翦)과 싸우다 죽었다. 그래서 그는 어린 시절을 작은아버지 항량의 밑에서 자랐다.

항우는 어렸을 때 글을 배웠으나 제대로 배우지도 않은 채 포기했고 검술 또한 마찬가지였다. 항량이 항우에게 화를 내자, 항우는 이렇게 말했다.

"글은 자신의 이름이나 쓸 정도면 충분하고, 검술은 한 사람을 대적하는 것이라 배우기에 만족스럽지가 않습니다. 만 명의 사람을 대적하는 방법을 배우겠습니다."

그러자 항량은 항우에게 병법을 가르쳤다. 항우는 처음에는 매우 좋아했지만 그것도 대략 뜻만 알고는 배우기를 그만두었다.

항량은 살인을 해서 항우와 함께 오중(吳中)이라는 곳으로 피신했었는데 그곳의 현명하다는 관리들도 그 재능이 항량만 못했다. 그래서 항량은 중요한 일이 있을 때마다 앞장서서 일을 주관했고, 또 능력 있는 사람들과 젊은 사람들을 잘 조직해 그들의 재능을 파악해 두었다.

언젠가 진시황이 회계산을 유람하고 절강을 건널 때였다. 그것을 보던 항우가 말했다.

"내가 저 사람의 자리를 차지하겠습니다."

항량은 깜짝 놀라 항우의 입을 막으며 질책했다.

"경망스런 말은 하지 마라. 멸족을 당한다."

항량은 이 일로 인해 항우를 보통이 넘는 재목이라고 여겼다. 항우는 키가 8척이고 힘이 세서 세 발 달린 큰 가마솥을 들어 올릴 정도였고, 재능이 뛰어나 오중 지방의 젊은이들도 모두 항우를 두려워했다.

진나라의 2세 황제 때 진승과 오광 등이 반란을 일으켰다. 그해 9월에 회계 지방의 군수도 반란을 일으키려고 항량을 설득했다.

"전국에서 반란이 일어나니 이는 필시 하늘이 진나라를 멸망시키려는 징조가 아니겠소? 먼저 하면 남을 제압하지만, 늦으면 남에게 제압을 당한다고 하니 나도 군대를 일으키고자 하오. 그대가 나의 장수가 되어 주시오."

그러나 항량은 항우를 시켜 군수를 죽이고 자신이 회계 군수가 되어 8천 명의 병사를 확보했다. 항우는 부장(副將, 대장을 보좌하는 두 번째 장수)이 되었다. 항량은 8천 명의 군사를 이끌고 진나라를 향해 서쪽으로 진격했다. 진영(陳嬰), 경포(黥布)도 군대를 이끌고 항량에게 합류했다. 항량의 병력은 어느덧 6, 7만 명으로 불어났다.

항량은 진나라의 장수 장함의 군대와 힘든 싸움을 벌였다. 이에 앞서 항량은 항우에게 양성현의 공략을 명했는데, 그곳의 수비가 의외로 견고해 간신히 성을 함락시킨 항우는 그 보복으로 적병을 한 명도 남김없이 모조리 땅에 묻어 버렸다.

항량은 진승이 죽었다는 말을 듣고 여러 장수들을 불러 모아 이후의 대책을 논의했다. 여기에는 패현(沛縣)에서 농민들을 이끌고 봉기한 유방도 참석했다. 이때 범증(范增)이라는 한 노인이 항량을 찾아왔다. 범증의 나이는 70세로, 평소에 기묘한 계책을 좋아하던 사람이었다. 그는 항량에게 이렇게 말했다.

"진나라가 여섯 나라를 멸망시켜 통일할 때, 초나라는 여섯 나라

중에서도 가장 죄가 없었습니다. 그런데 초나라 회왕은 속아서 진나라에 들어갔다가 돌아오지도 못하고 죽임을 당하는 신세가 되고 말았습니다. 초나라 사람들은 지금까지도 그를 가련하게 여기고 있습니다. 그래서 초나라 사람들은 '세 집밖에 안 남는다 해도 초나라가 기필코 진나라를 멸망시킬 것이다.'라고 말하고 있습니다.

그런데 진승은 가장 먼저 일어났지만 초나라 왕의 후예를 세우지 않았습니다. 그리고 자신이 스스로 왕이 되고 말았으니 그 세력이 오래갈 수 없는 것은 당연한 일입니다. 당신이 군대를 일으키자 초나라 출신의 장수들이 벌 떼같이 앞 다투어 당신에게 오는 것이 무엇 때문이겠습니까? 그것은 바로 당신이 집안 대대로 초나라 장수이기 때문에 다시 초나라의 후예를 세울 수 있다고 생각해서입니다."

항량은 그 말을 옳게 여겨 양치기를 하던 초나라 회왕의 손자 웅심(熊心)을 초나라 회왕이라 부르게 하니, 이는 백성들이 바라는 것을 따른 일이었다. 항량은 스스로 무신군(武信君)이라 칭했다.

몇 달 후에 항량은 제나라 전영(田榮)의 군대와 연합해 진나라의 군대를 동아(東阿)에서 크게 무찔렀다. 그 후 항량은 유방과 항우에게 각각 별도로 성양(城陽)을 공격하게 해 전멸시켰다. 그리고 복양(濮陽)의 동쪽에서 진나라의 군대를 격파했다. 이어서 유방과 항우는 정도(定陶)를 공격했지만 함락시키지는 못했다. 그들은 정도를 떠나 서쪽으로 가면서 진나라의 군대를 크게 격파하고, 진나라의 재상 이사의 아들 이유의 목을 베었다. 이처럼 항량이 승승장구하게 되자 그는 더욱 진나라를 대수롭지 않게 여기고 교만해져 갔다. 부하인 송의 (宋義)가 항량에게 충고했다.

"싸움에서 승리했다고 장수가 교만해지고 병졸이 나태해진다면 패하고 말 것입니다. 진나라의 군대는 나날이 늘어나고 있으니 두렵습니다."

그러나 항량은 이 충고를 듣지 않았다. 송의의 말대로 진나라는 모든 군대를 동원했다. 진나라의 장수 장함은 초나라 군대를 공격해 정도까지 이르렀고 여기서 항량은 전사했다. 유방과 항우는 항량이 죽자 병사들이 겁먹고 있다고 보고 모든 군대를 이끌고 여신(呂臣)의 군대와 함께 동쪽으로 이동했다. 그리고 여신은 팽성(彭城) 동쪽에, 항우는 팽성 서쪽에, 유방은 탕(碭)에 각각 진을 쳤다.

장함은 항량의 군대를 무찌르고 나서 이제 초나라 지역은 근심할 것이 없다고 생각하고 곧 황하를 건너 조나라를 공격했다. 조나라 왕이 거록성(巨鹿城)으로 달아나자 장함은 그 남쪽에 주둔했다. 조나라 장수 진여(陳餘)는 군사 수만 명을 거느리고 거록의 북쪽에 주둔했다.

## 관중을 먼저 평정한 사람을 관중의 왕으로 임명하겠다

초나라 군대가 정도에서 패했다는 소식에 회왕은 두려워서 수도인 우이(旴台)를 빠져나와 팽성으로 갔다. 그리고 거기서 초나라의 병력을 둘로 편성했는데, 항우와 여신의 군대를 통합해 하나로 하고 또 한 부대는 유방의 군대로 했다. 회왕은 전에 항량에게 충고했던 송의를 상장군으로 삼았다. 항우는 그 아래 장수가 되었고, 범증은 말단 장수가 되었다.

이어 회왕은 조나라를 구하기 위해 송의와 항우를 출정시키면서 유방에게는 서쪽으로 진격해 함곡관에서 관중(關中) 지방으로 돌격하게 했다. 그러면서 회왕은 여러 장수들에게 말했다.

"관중을 가장 먼저 평정한 사람을 관중의 왕으로 임명하겠노라."

당시만 해도 진나라의 군대가 압도적으로 우세해 장수들은 관중 지방으로 돌격하는 선두가 되려고 하지 않았다. 다만 항우만이 작은아버지 항량이 진나라의 군대에 죽은 것을 원통해하며 선두로 나서고 싶어 했지만, 회왕 아래의 여러 신하들은 항우의 성급한 성격을 우려해 항우보다는 유방에게 돌진해 공격하게 했다.

한편 항우는 군대가 안양(安陽)에 이르러 46일이 되도록 진격하지 않자 송의에게 항의했다.

"진나라의 군대가 조나라 왕을 거록에서 포위하고 있다고 하니,

급히 강을 건너가 우리는 밖에서 공격하고 조나라는 안에서 대응한다면 틀림없이 진나라의 군대를 격파할 수 있지 않겠소?"

그러나 송의가 반대했다.

"그렇지 않소. 지금 진나라가 조나라를 공격하는데 진나라가 이길 경우 우리는 싸우느라 피곤해진 진나라의 군대를 치면 되고, 또한 진나라가 이기지 못할 경우에도 서쪽으로 공격하면 틀림없이 진나라를 함락시킬 수 있을 것이오. 칼을 들고 싸우는 데에는 내가 당신만 못하지만 앉아서 책략을 쓰는 데에는 당신이 나보다는 못하오."

그러고는 군중에 엄명을 내렸다.

"어떤 사람이든지 억지를 부리며 내 명령을 듣지 않으면 모두 목을 벨 것이다."

그 후 송의는 자신의 아들을 제나라로 파견하면서 성대한 잔치까지 열어 주었다. 날씨는 춥고 많은 비가 내려 병졸들은 추위에 떨고 굶주림에 지쳐 있었다. 그러자 항우는 이렇게 말했다.

"힘을 모아 진나라를 공격해야 하는데 송의는 진격할 생각을 않고 있다. 지금 흉년이 들어 백성들은 가난하고 군대에는 비축한 식량이 없는데 성대한 잔치나 열어 술이나 마시고 있을 뿐이다. 조나라와 힘을 합쳐 진나라를 공격하지 않고 오히려 진나라의 피곤함을 이용할 것이라고 하니 말이나 되는가. 강성한 진나라가 이제 막 일어난 조나라를 함락시킬 것은 뻔한 일이고 그렇게 되면 진나라는 더욱 기세가 등등해질 터인데 어떻게 그들의 피로함을 이용할 수 있단 말인가. 병사들은 돌보지 않고 사사로움만 꾀하는 사람은 사직을 지키려는 신하라 할 수 없다."

항우는 새벽에 상장군 송의의 막사에 들어가 그의 머리를 베고 군중에 명령을 내렸다.

"송의가 제나라와 모의해서 초나라를 배반하려고 하니 왕께서 송의를 죽이라고 하셨다."

여러 장수들은 모두 두려워 아무도 저항하지 못했다. 그들은 항우를 임시 상장군으로 세우고 송의의 아들을 제나라 근처까지 쫓아가 죽였다. 이 사실을 회왕에게 보고하니 회왕은 항우를 상장군으로 삼았다.

항우가 송의를 죽이자 그의 위엄은 초나라에 진동하고 명성은 제후들에게까지 전해졌다. 이에 경포에게 병사 2만 명을 이끌고 거록을 구원하도록 했는데 성과가 없었다. 조나라의 진여가 또다시 구원병을 요청했다. 항우는 모든 군대를 총동원해 직접 이끌고 장하(漳河)를 건넜다. 강을 건너자 곧 항우는 모든 배에 구멍을 내고 취사도구를 깨뜨렸으며, 막사를 불살라 버렸다. 그리고 3일분의 군량만을 지니게 해 병졸들에게 필사적으로 싸울 것을 명했다. 이기지 못하면 살아 오지 않을 것임을 보여준 것이다. 그래서 항우는 진나라의 군사와 접전해 여러 차례의 전투 끝에 진나라의 보급로를 끊고 크게 무찔렀다.

진나라에 반기를 들고 거록을 구하려고 온 제후들의 십여 군대 중 단연 초나라 군대가 으뜸이었다. 다른 제후의 군대는 감히 두려워 군대를 움직이지 못했다. 초나라 군대가 진나라의 군대를 공격하자 여러 장수들은 모두 자신의 진영에서 구경만 했다. 초나라 전사들은 혼자서 열 명을 대적하지 않는 사람이 없었고 초나라 군사들의 고함 소리는 하늘을 진동하니 제후들의 군대는 두려워 떨지 않을 수 없었다. 진나라 군대를 무찌르고 항우가 제후군의 장수들을 불러 막사로 오게 했는데 그들은 무릎걸음으로 기어 와서 감히 고개를 들지 못했다. 항우는 이때부터 제후군의 상장군이 되었고 모든 제후들이 항우에게 속하게 되었다.

이때 진나라의 장수 장함이 장하를 사이에 두고 항우와 대치하고 있었다. 그런데 진나라의 군대가 여러 차례 퇴각하자 2세 황제는 관리를 보내 장함을 꾸짖었다. 장함은 부하 사마흔(司馬欣)을 보내 황제에게 상황을 보고하려 했으나 사마흔은 조고의 방해로 황제를 만나지도 못하고 돌아오며 이렇게 말했다.

"궁중에서는 조고가 정권을 마음대로 하고 그 아래에는 쓸만한 사람이 없습니다. 지금 싸움에서 이기면 조고는 반드시 우리의 공로를 시기할 것이고, 싸움에서 지면 죽음을 면할 수 없을 것이니 장군께서는 이를 깊이 고려하십시오."

조나라 장수 진여도 장함을 회유하기 위해 이런 편지를 보냈다.

"옛적에 백기나 몽염 같은 진나라의 훌륭한 장수들은 공을 세우고도 끝내는 죽임을 당했습니다. 그 까닭은 공을 세운 사람들이 너무 많아 나라에서 모두에게 다 상을 줄 수 없었기 때문입니다. 지금 장군께서는 진나라의 장수가 된 지 3년인데 잃은 병력이 10만 명을 헤아리고 진나라에 반기를 들고 일어나는 제후군은 더욱 많아지고 있습니다. 저 아첨꾼 조고는 일이 다급해지자 2세 황제가 자신을 죽일까 두려워하고 있습니다. 그러니까 법을 들먹여 장군을 죽이고 자신의 책임을 면하고자 할 것입니다. 장군은 공이 있다고 해도 죽을 것이고 공이 없다고 해도 죽을 것입니다. 지금 하늘이 진나라를 멸망시키고자 한다는 것은 누구나 다 알고 있습니다. 그런데 장군은 어째서 제후들과 연합해 함께 진나라를 공격하고 그 땅을 나누어 가진 뒤 왕이 되려고 하지 않으십니까?"

장함은 주저하다가 마침내 항우에게 사람을 보내 투항했다. 항우는 은허에서 장함의 투항을 받아들여 장함을 옹왕(雍王)으로 세워 초나라 진영에 있게 하고 사마흔에게 투항한 진나라의 군대를 이끌고 앞서게 했다.

제후군의 병사들은 대부분 요역과 변방 수비에 동원되었다가 도망치거나 죄를 지은 사람들이었고, 진나라의 병사들은 이들을 잡아가고 함부로 마구 대했던 사람들이었다. 그런데 이제는 진나라의 군대가 제후군에 항복하기에 이르니 제후군의 병사들은 우쭐대면서 그들을 노예처럼 부리거나 걸핏하면 학대하고 모욕했다. 사기가 꺾인 진나라의 병사들은 자기들끼리 몰래 수군거렸다.

"장함 장군이 우리를 속여 제후들에게 투항하게 했다. 만일 지금 진나라를 무찌른다면 문제가 없겠지만, 이기지 못하면 제후군은 우리를 포로로 끌고 물러날 것이고 그러면 진나라는 틀림없이 우리의 부모와 처자를 모두 죽일 것이다."

제후군의 장수가 몰래 그 말을 듣고는 이를 항우에게 일러바쳤다. 항우는 경포를 불러 계책을 말했다.

"아직도 진나라의 병사들 수가 많은 데다가 마음으로 복종하지 않으니 관중에 이르러 우리의 명령을 듣지 않으면 일이 틀림없이 위태롭게 될 것이다. 그러니 이들을 죽이고 장함과 사마흔 등만을 데리고 진나라에 들어가는 것이 차라리 더 낫겠소."

이에 초나라 군대는 밤에 진나라의 군대를 습격해 병졸 20여만 명을 생매장했다.


## 홍문연에서의 칼춤


항우의 군대가 진나라의 수도인 함양 부근의 함곡관에 이르렀으나 관문을 지키는 유방의 병사들이 있어 들어가지 못했다. 그런데 유방이 이미 함양을 함락시켰다는 소식이 들려 왔다. 항우는 크게 노해 장수들을 시켜 함곡관을 함락시키고 희수(戱水) 서쪽에 이르렀다. 유방은 함양 부근의 패상(霸上)에 있어서 항우와 서로 만나지 못했다. 이때 유방의 부하였던 조무상(曹無傷)이 사람을 보내 항우에게 이렇게 말했다.

"유방은 관중의 왕이 되고 진나라의 3세 황제인 자영을 재상으로 삼아 진귀한 보물을 다 가지려 합니다."

이 말을 들은 항우는 크게 노해 말했다.

"병사들을 배불리 먹여라. 내일 아침에 유방의 군대를 격파할 것이다."

항우의 군대 40만 명은 신풍(新豊) 마을의 홍문(鴻門)이라는 언덕에 있었고, 유방의 군대 10만 명은 패상에 있었다. 범증은 항우에게 이렇게 권했다.

"유방은 산동에 있을 때 재화를 탐내고 예쁜 여자들을 좋아했는데 지금 관중에 들어와서는 재물을 탐내지 않고 부녀자들을 가까이하지 않으니 이는 유방의 뜻이 작은 데에 있지 않은 것입니다. 제가 사람을 시켜 살펴보니 용과 범의 기운에 오색으로 눈부시게 빛나니 이는 천자의 기세입니다. 빨리 공격해 기회를 놓치지 마십시오."

항백(項伯)은 항우의 작은아버지인데 평소에 장량과 친하게 지냈다. 장량은 전에 항백이 살인죄를 지었을 때 항백을 살려준 적이 있었다. 그러나 지금은 장량이 유방을 따르고 있었기에 항백은 장량을 돕기 위해 밤중에 유방의 진영으로 달려가 몰래 장량을 만나 모든 일을 상세히 알려 주고 함께 떠나자고 권했다. 그러나 장량은 곧 들어가서 유방에게 모두 아뢰니, 유방이 크게 놀라며 말했다.

"어찌하면 좋을까?"

"누가 대왕에게 이런 계책을 말했습니까?"

"어떤 사람이 나에게 말하기를 '함곡관을 막고 제후들을 받아들이지 않는다면 진나라의 넓은 영토에서 왕이 되실 수 있을 것입니다.'라고 권하기에 그 말을 따른 것이오."

"대왕의 병졸이 항우를 충분히 감당할 수 있을 것이라고 생각하십니까?"

"어림없는 일이오. 어떡하면 좋겠소?"

"항백을 불러 우리는 감히 항우를 배반하지 않을 것이라고 말하십시오."

장량이 곧 나가더니 항백을 데리고 들어왔다. 유방이 항백에게 말했다.

"나는 관중에 들어와 터럭만큼 작은 물건도 감히 가까이하지 않고, 백성들의 호적을 정리하고 창고를 봉해 항왕을 기다리고 있었소. 장수를 보내어 함곡관을 지키게 한 까닭은 다른 도적의 출입과 비상사태에 대비하기 위해서였소. 밤낮으로 항왕이 오시기를 기다리고 있었는데 어찌 감히 반역을 하겠습니까? 바라건대 항왕께 제가 배은망덕하지 않는다는 것을 자세히 일러 주시오."

항백이 승락하고 유방에게 말했다.

"내일 아침 일찍 오셔서 항왕에게 사죄하시지요."

"좋소."

항백은 그날 밤으로 왔던 길을 되돌아가 항우에게 유방이 전한 말을 모두 보고하면서 말했다.

"유방이 먼저 관중을 함락하지 않았다면 공이 어찌 들어올 수 있었겠습니까? 지금 그에게 큰 공이 있는데 유방을 공격하는 것은 의롭지 못한 일이니 잘 대해 주는 것이 좋겠습니다."

항우가 이를 허락했다. 유방이 다음 날 아침에 백여 명의 기병들을 데리고 항우를 만나러 왔다. 그는 홍문에 이르자 사죄하며 말했다.

"신은 장군과 함께 있는 힘을 다해 진나라를 공격했습니다. 그러나 본의 아니게 제가 먼저 관중에 들어와 진나라를 무찌르고 이곳에서 다시 장군을 뵙게 되었는데, 지금 소인배의 말이 있어 장군과 신사이에 틈이 벌어지게 되었습니다."

항우가 말했다.

"이는 그대의 부하 조무상이 말한 것이오. 그렇지 않다면 내가 무엇 때문에 그리 하겠소?"

항우는 잔치를 열어 유방과 함께 술자리를 가졌다. 술자리에서 항우와 항백은 동쪽을 향해 앉고, 그 다음 서열자인 범증은 남쪽을 향해 앉았다. 유방은 북쪽을 향해 앉고 장량은 서쪽을 보며 서 있었다. 범증이 여러 차례 항우에게 눈짓을 하며 차고 있던 옥결(玉玦, 옥으로 만든 고리)을 들어 세 번씩이나 신호를 보냈으나 항우는 묵묵히 응답하지 않았다. 화가 난 범증이 나와 항우의 사촌 동생 항장(項莊)을 불러 말했다.

"항왕은 모질지 못해 유방을 차마 죽이지 못할 사람이오. 그대가 앞으로 들어가 건배를 하고 건배가 끝나면 검무를 추겠다고 청하시오. 그러다가 기회를 봐서 유방을 앉은 자리에서 내리쳐 죽이시오. 그렇지 않으면 그대들은 장차 유방에게 사로잡히게 될 것이오."

항장이 곧 들어가 건배를 올린 후 말했다.

"이 자리를 흥겹게 하기 위해 제가 검무를 추어 보이겠습니다."

항우가 이를 승낙했다. 항장이 검을 뽑고 일어나 춤을 추자, 항백도 따라 일어나 칼춤을 추며 몸으로 유방을 막아 주자 항장은 유방을 공격할 수가 없었다. 장량이 급히 나가 번쾌(樊噲)를 만나 상황을 말했다. 황급히 들어온 번쾌가 장막을 제치고 들어가 서쪽을 향해 서서 눈을 부릅뜨며 항우를 노려보는데 머리카락은 곤두서고 눈꼬리는 온통 찢어져 있었다. 항우가 검을 만지며 무릎을 세워 물었다.

"그대는 누구인가?"

장량이 대답했다.

"패공(沛公, 패현의 우두머리 즉 유방을 말함)의 수레 호위병 번쾌라는 사람입니다."

항우가 말했다.

"장사로다. 그에게 술 한 잔을 내리라."

즉시 큰 잔에 술이 따라졌다. 번쾌는 감사를 표하고 일어나 선 채로 마셨다. 항우가 말했다.

"그에게 돼지 다리를 주어라."

곧 익히지 않은 돼지 다리를 주자 번쾌는 방패를 땅에 엎어 그 위에 돼지 다리를 올려놓고 칼을 뽑아 잘라 먹었다. 항우가 말했다.

"장사로다. 더 마실 수 있겠는가?"

번쾌가 말했다.

"저는 죽음도 피하지 않거늘 한 잔 술을 어찌 사양하겠습니까? 저 진나라 왕은 흉악해 사람 죽이기를 다 죽이지 못할까 염려하듯 죽이고, 사람에게 형벌을 주기를 다 쓰지 못할까 염려하듯 형벌을 내리니 천하가 그에게 등을 돌렸습니다. 초나라 회왕은 여러 장수들과 약속하기를 '먼저 진나라를 무찌르고 함양에 들어가는 사람을 왕으로 세울 것이다.'라고 하셨습니다. 지금 패공께서는 먼저 진나라를 무찌르고 함양에 진입하셨으나 터럭만큼 작은 물건이라도 감히 가까이 한 일이 없고 궁실을 굳게 잠그고 다시 패상으로 돌아와 군대를 주둔해 대왕께서 오시기를 기다리셨습니다. 장수를 보내 관중을 지킨 것은 다른 도적들의 출입과 비상사태에 대비하기 위한 것이었습니다. 이렇게 수고하고 공을 세운 패공에게 상을 주지는 못할망정 소인배의 쓸데없는 말을 들어 죽이려 하시니 이는 멸망한 진나라를 닮아가는 것입니다. 청컨대 대왕께서는 이 같은 일은 하지 마십시오."

항우가 말했다.

"앉으시오."

번쾌는 장량을 따라 앉았다. 잠시 후 유방이 일어나 화장실에 가다가 그 틈을 이용해 번쾌를 불러냈다.

"인사도 없이 그냥 가도 되겠는가?"

"큰일을 하는 데 사소한 예절은 돌아보지 않습니다. 지금 상대는 칼과 도마이고 우리는 도마 위의 고기인데 무슨 인사를 차리겠습니까?"

이에 마침내 떠나기로 하고 장량에게 남아서 인사를 하게 했다. 장량이 유방에게 물었다.

"왕께서는 오실 때 무엇을 가져 오셨습니까?"

"흰색 옥구슬 한 쌍을 항왕에게 바치려 했고, 옥으로 만든 술잔 한 쌍을 범증에게 주려고 했는데 항왕이 노여워해서 감히 드리지 못했소. 공은 나를 대신해서 이것을 드리도록 하시오."

"삼가 말씀대로 따르겠습니다."

이때 항우의 군대는 홍문 아래에 있었고 유방의 군대는 패수에 있었으니 서로 40리 거리였다. 유방은 곧 수레와 시종들을 버려두고 번쾌 등 네 사람과 함께 칼을 차고 방패를 들고 샛길을 통해 자신의 진영으로 달렸다. 그 전에 유방이 장량에게 말했다.

"이 길을 통해 우리 군대까지는 불과 20리인데 내가 우리 진영에 도착할 때쯤 해서 공은 막사로 들어가시오."

유방이 진영에 도착할 즈음에 장량이 들어가 항우에게 인사하며 말했다.

"패공이 술을 이기지 못해 인사도 하지 못하고 삼가 저를 시켜 흰색 옥구슬 한 쌍을 받들어 두 번 절하며 대왕께 드리게 하고, 옥 술잔 한 쌍은 두 번 절하며 대장군에게 바치게 했습니다."

항우가 말했다.

"패공은 어디에 있는가?"

"대왕께서 자신의 허물을 꾸짖으실 것이 두려워 조용히 돌아갔습니다."

항우는 곧 흰색 옥구슬을 받아 자리에 놓았는데, 범증은 옥 술잔을 받자 바닥에 놓고는 칼을 뽑아 박살 내며 말했다.

"아! 어린애들과는 함께 큰일을 도모할 수가 없구나. 천하를 빼앗을 사람은 틀림없이 유방이리라. 곧 우리는 사로잡혀 그의 포로가 될 것이다."

한편 유방은 군영으로 들어와 즉시 조무상을 베어 죽였다.

**범례**

- → 유방의 진격로
- ⇢ 한신의 진격로
- ■ ● 요충지
- ✕ 전쟁터
- ⟩⟨ 장애물

정경(井陘)

양국(襄國)

박양(博陽)

임치(臨淄)

고밀(高密)

평양(平陽)

역양(櫟陽)

안읍(安邑)

낙양(洛陽)

홍구(鴻溝)

팽성(彭城)

함양(咸陽)

홍문(鴻門)

함곡(函谷)

양적(陽翟)

진창(陳倉)

무관(武關)

해하(垓下)

완(宛)

오강(烏江)

초(楚)

한나라 군의 초나라 진격도

## 서초패왕 항우와 한왕 유방의 대결

며칠 후 항우는 군대를 이끌고 서쪽으로 가서 함양의 사람들을 무자비하게 죽였다. 항복한 진나라의 왕자 영(嬰)을 죽이고 궁실을 불태웠는데, 불길은 3개월 동안이나 꺼지지 않았다. 금은보화며 부녀자들을 거두어 돌아오니 어떤 사람이 항우에게 권유했다.

"관중은 산하로 사방이 막혀 있고, 땅이 비옥하니 도읍으로 삼으시면 패왕이 되실 수 있습니다."

항우는 진나라의 궁실이 모두 불타 버렸고, 또한 마음속으로는 고향 땅으로 가고 싶어 이렇게 말했다.

"부귀해진 뒤에 고향으로 돌아가지 않는 것은 비단옷을 입고 밤길을 가는 것과 같으니 누가 그걸 알아주리오?"

그러자 권유했던 사람이 말했다.

"초나라 사람들은 꼭 원숭이가 관을 쓴 것과 같다더니, 틀린 말은 아니구나."

항우는 이 말을 듣자 그 사람을 삶아 죽였다.

항우가 사람을 시켜 초나라 회왕에게 관중을 평정했음을 보고하니 회왕은 전에 약조한 대로 하라고 했다. 이에 항우는 회왕을 높여 의제(義帝)로 삼고, 천하를 나누어 여러 장수들을 세워 왕과 제후로 삼았다. 항우와 범증은 유방이 천하를 차지할까 의심했는데 이미 화해가 이루어졌고, 또 애초에 관중에 먼저 들어간 사람이 왕이 된다는 약조도 있는 터라 유방을 험한 유배지인 파(巴)와 촉 그리고 한중(漢中) 지역을 다스리는 한왕(漢王)으로 삼았다. 그리고 관중을 세 등분해 진나라 출신 장수들을 왕으로 삼아 유방을 견제하게 했다.

경포, 장함, 사마흔, 진여 등 공이 있는 이들에게 지역을 나누어 각각 왕으로 임명하고 항우는 스스로 서초패왕(西楚覇王, 서초를 다스리는 제후들의 우두머리)이 되어 팽성에 도읍했다.

이제 제후들은 희수에서 모임을 마치고 각기 자신들이 배정받은 나라로 향했다. 항우도 자신의 봉지로 출발했다. 유방도 다른 왕들과 마찬가지로 자신이 통치하게 된 서쪽의 한중 지역을 향해 떠났다. 이때 유방은 장량이 일러 준 계책대로 병사들을 이끌고 계곡을 통과하면서 건넜던 다리들을 모조리 불태워 버렸다. 이는 다른 제후의 부대가 뒤에서 습격하는 것을 막기 위함도 있었지만 한편으로는 군대를 동쪽으로 돌려 항우에게 도전할 마음이 없음을 보여 주려 했던 것이다.

그런데 유방을 따르던 한신이 유방을 설득했다.

"항우가 대왕에게 파와 촉 그리고 한중의 땅을 다스리게 한 것은 유배시킨 것이나 다름없습니다. 우리 병사들은 모두 동쪽 출신들이라 고향을 그리워하고 있으니 병사들의 이런 심정을 이용해 동쪽으로 진출하신다면 큰 성과를 거둘 수 있을 겁니다. 부디 동진하시어 천하의 패권을 장악하십시오.”

유방은 한신의 계략을 따라 군대를 동으로 돌려 관중을 향했다.

한편 항우는 의제에게 수도를 장사(長沙)의 침현(郴縣)이라는 곳으로 옮기도록 했는데 그 구실은 ‘옛날의 제왕은 반드시 강의 상류에 머물렀다.’라는 것이었다. 그래서 사신을 보내 의제에게 빨리 수도를 옮기도록 재촉했다. 의제의 신하들이 이에 불복하자 몰래 다른 왕들을 시켜 의제와 그 군신들을 강남(江南)에서 죽였다. 그런데 이때 항우에게 불만을 품은 제나라와 조나라에서는 항우에게 반기를 들고 저항을 시작했다.

이 무렵 동쪽으로 진출한 유방은 옹왕이 된 장함을 공략하면서 관중 지역을 평정했다. 그리고 항우에게 편지를 보내 정식으로 통고했다.

“애초 약정대로 나는 관중의 왕이 될 것이오. 그리 된다면 굳이 그대와 싸우지는 않겠소.”

또한 유방은 항우에게 제나라와 양나라가 모반해 초나라를 멸하려 한다는 말도 덧붙여 알려 주었다. 이 편지를 보고 항우는 유방을 치기보다는 우선 북쪽으로 가서 제나라를 공격했다. 항우는 경포에게 병사를 징발하게 했는데 경포는 병을 핑계 삼아 부하 장수에게 수천 명을 데리고 가게 했다. 항우는 이 일로 경포를 원망했다.

이듬해 겨울 항우는 제나라와 싸웠는데, 제나라 장수 전영이 이기지 못하고 달아나 평원에 이르자 평원 사람들이 그를 죽였다. 마침내 항우는 북진해 제나라의 성곽과 가옥을 불사르고 항복한 전영의 병졸들을 모두 구덩이에 묻고 노약자와 부녀자를 묶어 포로로 삼았다.

제나라 땅을 정벌하고 북쪽으로 가면서 많은 사람들을 죽이고 폐허로 만드니 제나라 사람들이 서로 힘을 합해 항우에게 반기를 들었다. 이때 죽은 전영의 동생 전횡(田橫)이 도망친 제나라의 병사 수만 명을 모아 반기를 들었기 때문에 항우는 제나라에 머물러 계속 싸웠지만 복속시킬 수는 없었다.


## 힘으로 싸우자고 하는 항우와 지혜로 겨루려는 유방

항우가 제나라를 평정하는 데 힘을 기울이고 있을 때 유방은 동쪽으로 진격하면서 계속 영토를 넓혀 나갔다. 그리고 다른 제후들의 지지를 확보해 갔다. 이때 초나라 왕으로 옹립된 의제가 항우에 의해 피살되었다는 소식이 유방에게 전해졌다. 유방은 제후들에게 이런 격문을 돌렸다.

"의제를 왕으로 받들고 섬기는 것은 천하가 일치된 의견으로 약속한 바였다. 그런데도 항우는 의제를 강남으로 추방해 목숨을 빼앗았다. 이 얼마나 극악무도한 일인가! 이에 나 한왕은 스스로 의제의 장례를 발표하는 바이다. 제후들께 부탁하오니 여러분도 모두 흰 상복을 입어주시오. 나는 이제 모든 병력을 동원해 의제를 살해한 항우를 토벌할 것이다!"

이듬해 봄에 유방은 다섯 제후의 군대 총 56만 명을 거느리고 동진해 초나라를 공격했다. 항우가 이 소식을 듣고 즉시 다른 장수들에게 제나라를 치게 하고 자신은 정예 병사 3만 명을 데리고 남하해 호릉(胡陵)으로 진군했다.

4월에 유방의 한군은 비어 있는 초나라의 수도 팽성을 기습해 그곳의 금은보화와 미인을 약탈하고 날마다 성대한 잔치를 벌였다. 그러나 항우는 새벽에 군대를 서쪽에서부터 진격시켜 한낮에 팽성의 한군을 공격했다. 예상치 못한 곳에서 기습 공격을 받은 한군은 대패했다. 한나라의 병사들이 모두 남쪽을 향해 산으로 달아나자 초군은 다시 추격했고, 한군은 쫓기다가 초군에 의해 대부분이 죽으니 한나라의 병졸 십여만 명이 모두 수수(睢水)에 빠져 죽었다. 그로 인해 강물이 흐르지 못할 정도가 되었다. 항우는 유방을 세 겹으로 포위했다.

이때 세찬 바람이 서북쪽으로부터 불어와 나무가 꺾이고 집이 부서지며 모래가 날려 대낮이 돌연 컴컴하게 되었다. 돌풍은 초군 쪽으로 불어 닥쳤다. 갑작스러운 상황에 초군에서는 큰 혼란이 일어나 대열이 무너지며 병졸들이 흩어졌다. 이 틈을 타 유방은 수십 명의 기병들과 함께 도망갈 수 있었다. 유방은 고향 패현을 지나 가족들을 데리고 관중으로 철수하려 했는데 초군 역시 추격대를 보내 패현까지 쫓아가 유방의 가족을 붙잡으려고 했다.

유방의 가족들은 모두 피신한 상태여서 유방과는 길이 어긋나 만나지 못했는데 요행히 도중에 아들 효혜(孝惠)와 딸 노원(魯元)을 만나 같은 수레에 태우고 갔다. 초나라의 기병들이 유방을 추격하자 유방은 마차가 무거워 속도가 느리다면서 효혜와 노원을 수레 아래로 밀쳐 떨어뜨렸다. 이때 하후영(夏侯嬰)이 내려 이들을 수레에 다시 태웠다. 세 번이나 이와 같이 하자 하후영이 "아무리 급한들 자식을 버리려 하시다니 하늘이 무섭지도 않습니까?"라고 말했다. 그제서야 유방은 가만히 있었다. 한참을 달린 끝에 간신히 탈출에 성공했다. 그러나 유방의 아버지 태공(太公)과 유방의 부인 여후(呂后)는 초나라 군사에게 발각되어 붙들리고 말았다.

구사일생으로 탈출에 성공한 유방은 패잔병들을 추스리며 형양(滎陽)으로 갔는데, 이곳에는 패배한 제후군의 병사들이 다 모여 있었다. 그리고 관중에 남아 보급을 책임진 소하가 노약자까지 모아서 증원군을 보내왔기 때문에 한군은 겨우 세력을 만회할 수 있었다. 한편 초군은 팽성에서 크게 이긴 뒤 승세를 몰아 쳐들어왔으나 한군의 반격에 밀려 형양에 머무르고 있었다.

형양에 주둔한 한군은 흙담으로 보급로를 만들어 황하까지 연결해 식량을 보급받았다. 그러나 초군이 보급로를 자주 침범해 식량을 탈취하니 식량이 궁핍해지면서 유방은 걱정이 커졌다. 불안해진 유방은 항우에게 형양 서쪽의 땅을 떼어줄 테니 강화를 맺자고 했다. 항우가 이를 들어주려 하자 범증이 반대했다.

"지금이 한군을 해치울 기회입니다. 지금 풀어 주면 후에 반드시 후회할 것입니다."

항우는 범증의 말을 따라 더욱 단단히 형양을 포위했다.

강화가 맺어지지 않아 걱정하는 유방에게 진평(陳平)이 계책을 내놓았다. 그것은 항우와 범증 사이를 이간질시키는 것이었다. 항우가 파견한 밀사가 유방의 진영에 오자 매우 성대한 요리상을 차려 놓았다. 그리고 식사를 하기 전에 유방은 누가 파견한 사람이냐고 물었고, 사신은 항우가 보내서 왔다고 하자 유방은 놀라는 척하면서 범증이 보낸 사자인 줄 알았다고 하고는 풍성한 요리상을 치우고 형편없는 식사로 바꾸어 놓았다. 사자가 돌아가 그 일을 일러바치니 항우는 범증이 한나라와 몰래 내통하지 않나 의심해 조금씩 범증의 권한을 박탈했다. 범증은 크게 화가 나서 말했다.

"천하의 일은 대강 결정되었으니 왕께서는 이제 알아서 하십시오. 부디 이 늙은이는 평민으로 되돌아가게 허락해 주시길 바랍니다."

항우는 허락했다. 범증은 팽성에 도착하기 전에 등에 종기가 나서 죽었다. 범증이 떠난 후에도 항우는 더욱 포위망을 좁혀 오고 있었다. 이때 한나라 장군 기신(紀信)이 유방에게 제안했다.

"사정이 급박하니 아무래도 초나라를 속이는 수밖에 없겠습니다. 제가 대신 왕의 모습으로 꾸미겠습니다. 그래서 제가 거짓으로 항복하는 척할 때 왕께서는 그 틈을 타서 빠져나가십시오."

그날 밤 유방은 갑옷을 입힌 2천여 명의 부녀자들을 동문 밖으로 내보냈다. 이를 본 초군이 사방에서 공격했다. 기신이 유방이 타는 수레를 몰며 수레 좌측에 깃발을 세우고 말했다.

"성안에 식량이 떨어져서 한왕은 항복하노라."

초군은 모두 만세를 불렀다. 초군이 모두 동쪽으로 모여드는 것을 이용해 유방은 수십 명의 기병과 함께 성의 서문으로 빠져나와 성고(成皐)로 달아났다. 항우가 기신을 보고 물었다.

"유방은 어디에 있는가?"

"대왕은 이미 탈출하셨소이다."

화가 머리끝까지 치민 항우는 기신을 불에 태워 죽였다.

유방은 형양을 빠져나와 남쪽으로 가서 경포를 만나고 다시 병사를 모집해 성고에 들어가 지켰다. 그 이듬해에 항우가 성고를 포위하자 유방은 하후영과 단 둘이서만 성고의 북문을 빠져나와 황하를 건너 수무(修武)로 피신하고는 장이(張耳)와 한신의 군대에 몸을 맡겼다. 잇달아 여러 장군들도 성고를 탈출해 유방을 따라갔다. 마침내 초나라가 성고를 함락한 후 서쪽으로 진군하자 유방은 이를 막기 위해 모든 힘을 쏟고 있었다.

이때 팽월(彭越)이 황하를 건너 동아에서 초군을 공격해 초나라의 장군 설공(薛公)을 죽였다. 이 소식을 들은 항우는 직접 동진해 팽월을 공격했다. 유방은 한신의 군대를 얻어 황하를 건너 남하하려 했는데 정충(鄭忠)이 이를 말렸다. 그리고 유고(劉賈)에게 군대를 이끌고 팽월을 지원하게 하는 한편 초나라가 쌓아 놓은 식량을 태워 버렸다. 항우가 동진해서 팽월을 격파해 몰아내고 있을 때 유방은 군대를 이끌고 황하를 건너 빼앗겼던 성고를 되찾은 후 광무(廣武)에 주둔했다. 그리고 오창(敖倉)의 식량을 확보했다. 그 사이 항우는 동해 지방을 평정하고 다시 서쪽으로 돌아와서 유방이 있는 광무에서 한군과 수개월간 대치했다.

이때 항우에게 쫓겨났던 팽월이 자주 양나라 땅에서 반항해 초군의 식량 보급을 끊어 놓으니 항우는 신경이 매우 거슬렸다. 항우는 유방을 협박하기로 했다. 그래서 높은 도마를 만들어 유방의 아버지를 그 위에 올려놓고 유방에게 소리쳤다.

"지금 즉시 항복하지 않으면 나는 네 아버지를 삶아 죽이겠다."

그 협박에도 유방은 얼굴빛을 바꾸지도 않고 대꾸했다.

"나는 그대와 함께 회왕 앞에서 형제가 되기로 약속했다. 그렇다면 나의 아버지가 곧 그대의 아버지이기도 하니 꼭 그대의 아비를 삶고자 한다면 나에게도 국물이나 한 그릇 나누어 주기 바란다."

항우가 화가 치밀어 정말로 유방의 아버지를 죽이려고 하자 항백이 말했다.

"천하의 대세는 아직 알 수 없으며 천하를 차지하려는 사람은 가족을 돌아보지 않으니 비록 그를 죽인다고 해도 도움이 될 것이 없고 화만 더 키울 뿐이오."

항왕은 항백의 말을 따라 유방의 아버지를 도마에서 풀어 주었다.

초나라와 한나라가 이처럼 오랫동안 대치해도 승부가 나지 않으니 장정들은 군사 징발에 시달리고 노약자들은 군량 수송에 지치게되었다. 항우가 유방에게 말했다.

"세상이 수년 동안이나 흉흉한 것은 단지 우리 두 사람 때문이니 그대와 내가 승부를 겨루어 정하고 부질없이 천하의 백성들에게 고통을 주지 말자."

유방이 웃으며 답했다.

"나는 지혜를 다툴지언정 힘으로는 겨루지 않겠다."

항우가 장수에게 나가 싸움을 걸도록 했다. 한군에는 말을 탄 채활을 잘 쏘는 누번(樓煩)이라는 사람이 있었다. 초군에서 세 차례나싸움을 걸었으나 누번은 그때마다 화살을 쏘아 상대를 죽였다. 항우가 크게 화가 나서 스스로 갑옷을 입고 창을 들고 싸움을 걸었다. 누번이 항우를 쏘려고 하자 항우가 눈을 부릅뜨고 고함을 지르니 누번은 활을 쏘기는커녕 감히 쳐다보지도 못하고 진지 안으로 달아나서는 얼씬도 하지 못했다.

광무산 계곡을 두고 항우와 유방의 대치는 계속되었다. 항우가 둘이서만 대결하자고 요구했지만 유방은 이를 거절하고 오히려 항우가 그간 저지른 죄목을 열거하며 항우의 화를 돋구었다. 항우는 유방이 싸움에 응하지 않자 매복시켜둔 쇠뇌를 쏘게 했고 유방은 가슴에 화살을 맞아 상처를 입고 성고로 도망쳤다.

## 유방을 돕는 한신

항우는 한신이 이미 제나라와 조나라를 격파하고 곧 초나라를 공격하려 한다는 말을 듣고 용저(龍且)를 시켜 한신을 공격하게 했다. 한신이 맞서 싸워 초군을 무찌르고 용저를 죽였다. 그리고 한신은 스스로 제나라 왕이 되었다. 항우는 용저의 군대가 패했다는 소식을 듣고 한신이 만만치 않은 인물이라고 생각했다. 항우는 한신을 포섭하려 했으나 실패했다.

이때 팽월이 다시 반란을 일으켜 양 땅을 함락하고 초나라의 식량 보급로를 끊자 항우는 팽월을 제압하는 것이 급하다고 생각해 조구(曹咎)를 불렀다.

"성고를 지키기만 하시오. 설사 한군이 싸움을 걸어오더라도 절대

응하지 말고 수비만 단단히 해서 한군이 동쪽으로 오는 것을 막으시오. 내가 보름 안에 꼭 팽월을 죽여 양 땅을 평정하고 다시 그대와 합류하겠소."

그리고 항우는 동진해 진류(陳留)와 외황(外黃)을 공격했다. 외황 사람들이 처음에는 귀순하지 않다가 며칠 만에 항복하자 항우는 노해 15세 이상의 남자를 모두 성 동쪽으로 끌고 가서 구덩이에 생매장하려고 했다. 그러자 외항의 어린 소년 하나가 항우 앞에 나와 탄원했다.

"이곳 외항 사람들은 팽월의 위협 때문에 임시로 그에게 항복한 것뿐입니다. 오히려 이곳 사람들은 대왕을 기다리고 있었습니다. 그런데 대왕이 오셔서 우리들을 생매장해 버린다면 백성들이 어찌 대왕에게 의지하려는 마음이 생기겠습니까? 이곳 동쪽에 있는 양 땅의 십여 성도 모두 겁을 내어 절대로 항복하려고 하지 않을 것입니다."

항우가 소년의 말이 옳다고 여겨 생매장하려고 했던 사람들을 용서했다. 그러고는 동진하면서 수양(睢陽)에 이르니 이 소문을 듣고 모든 성들이 앞 다투어 항우에게 항복했다.

한편 항우가 예측한 것처럼 성고에서는 한군이 초군에게 자주 도전했다. 초군은 항우의 명령대로 신중히 대처하면서 싸움에 응하지 않았다. 그러나 참는 것도 잠시였다. 대엿새 동안이나 심한 욕을 하면서 약을 바짝 올리자 조구는 이를 참지 못하고 군대를 이끌고 사수(汜水)를 건넜다. 병사들이 반쯤 건넜을 때 한군은 갑자기 초군을 공격해 초군은 크게 패했다. 항우의 명령을 따르지 못한 조구와 사마흔 등의 장수들이 사수에서 스스로 목을 찔러 죽었다. 이때 항우는 수양에 있다가 조구의 군대가 패했다는 소식을 듣고 즉시 군대를 이끌고 돌아왔다.

이 무렵 유방의 군대는 병력이 많고 식량도 풍부했지만 항우의 군대는 지쳐 있었고 식량도 떨어졌다. 유방은 여러 번 항우에게 사람을 보내서 아버지 태공을 보내 달라고 설득해 보았지만 항우는 들어주지 않았다. 그러자 유방은 휴전 맹약을 제시했다. 즉 천하를 둘로 나누어 홍구(鴻溝)를 경계로 서쪽은 한나라, 동쪽은 초나라의 영토로 하자는 것이다. 항우는 이 맹약을 허락하면서 곧 유방의 부모와 처자를 돌려보내니 한군에서는 모두 만세를 불렀다. 항우는 군대를 거느리고 동쪽으로 돌아갔다.

유방도 서쪽으로 돌아가려고 했다. 그러나 장량과 진평이 유방을 설득했다.

"한나라는 천하의 절반을 차지하고 제후들도 모두 한나라에 가담했습니다. 그러나 초나라는 군대도 지치고 식량도 떨어졌습니다. 이는 하늘이 초나라를 멸망시키려는 것이니 이 기회를 틈타 초나라를 탈취하셔야 합니다. 지금 공격하지 않으면 이는 호랑이를 길러 스스로 우환을 남기는 일과도 같습니다."

유방도 이에 동의했다. 유방은 곧 항우를 추격했다. 그리고 한신과 팽월도 양하(陽夏)의 남쪽에서 합류해 유방을 돕기로 약속했다. 그러나 양하의 남쪽에 군대가 도착해도 한신과 팽월의 군대는 오지 않았다. 한군은 도리어 초군의 역습을 받아 크게 패했다. 유방은 다시 진지로 들어가 깊이 참호를 파고 수비하며 장량을 불러 물었다.

"한신과 팽월이 약속을 지키지 않는데, 어찌하면 좋겠소?"

"초군을 격파한다고 해도 한신과 팽월은 나누어 받을 땅이 없으니 그들이 오지 않는 것은 당연합니다. 대왕께서 그들과 더불어 천하를 함께 나눌 수 있다면 지금이라도 즉시 오게 할 수 있습니다. 만약 그렇게 할 수 없다면 사태는 어떻게 될지 알 수 없습니다. 대왕께서 진(陳)의 땅 동쪽에서 바다에 이르기까지를 모두 한신에게 주고, 수양(睢陽) 이북에서부터 곡성(穀城)에 이르기까지는 팽월에게 준다고 하시면 각자 스스로를 위해 싸울 것이니 초나라는 쉽게 패배할 것입니다."

"좋소. 그렇게 하겠소."

곧 사자를 보내 이 소식을 한신과 팽월에게 알렸다.

"힘을 합해 초를 공격합시다. 초나라가 격파되면 진나라의 땅 동쪽으로부터 바다에 이르기까지는 제나라 왕에게 주고, 수양 이북에서부터 곡성까지는 팽 재상에게 줄 것이오."

한신과 팽월은 모두 대답했다.

"당장 진군하겠습니다."

곧 한신은 제나라 땅에서 출발했다. 그리고 팽월의 군대도 모두 해하(垓下)에서 합류했다.


## 사면초가에 빠진 항우


항우의 군대는 해하에 주둔하고 있었는데, 병사는 적고 식량은 떨어져 갔으며 병사들의 사기도 크게 떨어져 있었다. 한나라의 군대와 제후군은 몇 겹으로 초군을 포위했다. 밤중에 한나라 병사들이 사방에서 모두 초나라의 노래를 부르니 항우가 이를 듣고는 크게 놀랐다.

"한나라가 이미 초나라를 다 차지했는가? 어찌 이리도 초나라 사람들이 많은가!"

항우는 일어나 군막 안에서 술을 마셨다. 항우에게는 한시도 떨어지지 않는 우(虞)라는 애첩이 있었고, 추(騅)라는 준마가 있어 늘 타고 다녔다. 항우는 슬프고 분한 마음을 시 한 수로 읊었다.


"힘은 산을 뽑아 들 만하고,

기개는 세상을 뒤덮을 만하구나.

시운(時運)이 불리함이여!

추가 나아가지 않는구나.

추가 나아가지 않음이여!

어찌해야 한단 말인가!

우야, 우야! 어찌해야 한단 말인가!"

노래를 몇 차례 부르자 애첩도 따라 불렀다. 항우의 뺨에 눈물이 흘러내리니 좌우의 신하들이 모두 울어 아무도 고개를 들고 그를 볼 수 없었다.

항우가 곧 말에 올라타니 말을 타고 따르는 장수들이 8백여 명이었다. 그날 밤 그들은 포위망을 뚫고 남쪽으로 질풍처럼 달렸다. 날이 밝자 한군은 항우가 탈출했음을 알았다. 이에 기병 대장 관영에게 기병 5천 명을 이끌고 추격하게 했다. 항우가 회수를 건널 무렵 거기까지 따라온 병사는 백여 명뿐이었다. 계속 질주해 음릉(陰陵)까지 왔을 때 길을 잃고 헤매다가 한 농부에게 물으니, 농부가 거짓으로 대답했다.

"왼쪽으로 가십시오."

그들은 속아서 가다가 널따란 늪지에 빠지고 말았고 그 바람에 한군이 바짝 추격해 따라오게 되었다. 항우는 다시 동쪽으로 달려 동성(東城)에 이르니, 따라온 사람은 28명에 지나지 않았고 추격하는 한군의 기병은 수천 명이었다. 절망에 빠진 항우는 부하 기병들에게 말했다.

"내가 군사를 일으킨 지 8년, 몸소 70여 회의 전투를 하면서 일찍이 패배한 적이 없어 마침내 패자가 되어 천하를 가졌다. 그러나 지금 끝내 여기서 곤궁을 당하니 이는 하늘이 나를 망하게 하는 것이지 내가 잘못 싸운 탓이 아니다. 나는 오늘 죽음을 결심하고 마지막 결전을 감행해서 세 번 싸워 모두 이기겠다. 나는 적의 포위를 뚫고 적장을 죽이고 적의 군기를 쓰러뜨려서 하늘이 나를 망하게 한 것이지 내가 싸움을 잘못해서가 아님을·분명히 보여줄 것이다."

그러고는 기병을 네 개의 대열로 나누어 동시에 네 방향으로 나가게 했다. 한군은 몇 겹으로 포위해 왔다. 항우가 자신의 기병들에게 말했다.

"다들 보거라. 내가 저 적장을 단칼에 베고 말테다."

그리고 기병들과는 산의 동쪽 세 곳에 나누어 모이기로 약속했다. 항우가 크게 소리 지르며 달려 내려가자 한군은 바람에 초목이 쓰러지듯이 모두 흩어졌다. 마침내 한나라의 장수 한 명을 베었다. 이때 기병 대장 양희(楊喜)가 항우를 추격했는데 항우가 눈을 부릅뜨고 꾸짖자 양희는 기겁을 하고 그대로 도망치고 말았다. 항우는 자기편 기병들과 세 곳에서 만났다. 한군은 항우가 있는 곳을 알지 못하고 군사를 셋으로 나누어 다시 포위했다. 항우가 이에 달려 나가 다시 한군의 지휘관 한 명의 목을 베고 백여 명의 병사들을 죽였다. 그리고 자신의 병사들을 모아 보니 항우 쪽에서는 두 명의 기병을 잃었을 뿐이었다. 항우가 병사들에게 말했다.

"내 말이 어떤가?"

모두가 엎드려 말했다.

"대왕의 말씀 그대로입니다."

이때 항우는 장강의 지류인 오강(烏江)을 건너려 했다. 오강의 정장(亭長, 마을 책임자)이 배를 준비하고 기다리다가 항우에게 말했다.

"강동(江東)은 비록 작지만 땅이 수천 리나 되며, 백성들이 수십만 명이니 다스리기에 족한 곳입니다. 청하건대 대왕께서는 속히 강을 건너십시오. 지금 오직 저에게만 배가 있으니 한군이 도착해도 건널 수는 없을 것입니다."

그러자 항우가 웃으며 말했다.

"하늘이 나를 망하게 하는 것인데 내가 건너가서 무엇을 하리오? 나 항우는 강동의 젊은이 8천 명과 더불어 강을 건너 서쪽으로 가서 지금 한 사람도 돌아오지 못하게 했으니 비록 강동의 부모와 형제들이 나를 불쌍히 여겨 왕으로 삼은들 무슨 면목으로 그들을 보겠는가? 비록 그들이 말하지 않더라도 나 스스로가 부끄럽지 않겠는가?"

그러고는 정장에게 말했다.

"나는 그대가 덕이 있음을 알고 있소. 내가 이 말을 5년 동안 탔는데 가는 곳마다 상대할 수 있는 사람이 없었고 일찍이 하루에 천 리를 달렸으니 차마 죽일 수 없어 그대에게 주겠소."

그러고는 기병들에게 모두 말에서 내려 짧은 칼을 들고 싸우게 했다. 항우 혼자서 죽인 한군이 수백 명이었고, 항우의 몸도 십여 군데 상처를 입었다. 이때 항우가 한나라의 기병 여마동(呂馬童)을 돌아보고 말했다.

"그대는 나의 옛 친구가 아닌가?"

여마동이 보고는 왕예(王翳)에게 항우를 가리키며 말했다.

"이 사람이 항왕입니다."

항우가 말했다.

"듣자하니 내 머리에 천 금의 돈과 만 호의 식읍을 걸었다는데, 내가 그대를 위해 은덕을 베풀겠다."

그러고는 스스로 목을 찔러 죽었다. 왕예는 항우의 머리를 취하고 나머지 기병들은 서로 밀치면서 그 몸을 가지려고 다투다가 수십 명이 목숨을 잃었다. 마지막에 양희와 여마동, 그리고 여승(呂勝)과 양무(楊武)가 각각 몸의 일부를 얻었다. 다섯 명이 함께 그 몸을 맞추어 보니 모두 맞았다.

항우가 죽자 초나라 사람들 모두가 한나라에 항복했는데 오직 항우의 고향인 노현(魯縣)만이 항복하지 않았다. 유방은 천하의 군대를 이끌고 이들을 모두 죽이려고 했으나 노현 사람들은 예의를 지켜 군주를 위해 죽음으로 절개를 지키려고 했다. 그래서 항우의 머리를 가져다가 사람들에게 보이자 노현의 어른들이 항복했다.

처음에 초나라 회왕이 항우를 노공(魯公)으로 봉했고 그가 죽자 노현이 마지막으로 항복했다. 이러한 것을 존중해 유방은 항우를 제후로 존중해 제사 지내게 했고, 자신도 상복을 입어 애도를 표하고 나서 그곳을 떠났다.

유방은 항씨의 여러 자손들을 모두 죽이지 않았으며, 특별히 항백을 사양후(射陽侯)로 봉했다. 다른 항씨 성의 제후들에게는 유방의 성인 유씨 성을 하사했다. 〈항우본기(項羽本紀), 고조본기(高祖本紀)〉

## 2. 충직한 행정가 소하

### 소하의 공로는 사냥꾼과도 같다

소(蕭)상국은 이름이 하(何)이고 유방과 같은 패현 사람이다. 소하는 법률 지식이 많아 처음에는 관청의 하급 관리를 지냈는데 한나라 고조 유방이 평범한 백성이었을 때 관리 신분으로 여러 번 유방을 돌보아 주었다. 유방이 정장(亭長)이 되었을 때도 소하는 늘 그를 도와주었다. 후에 유방이 부역 감독관으로 함양에 가게 되자, 다른 관리들은 그에게 3백 전을 주었으나 소하는 선뜻 5백 전을 마련해 주었다.

그 후 유방이 군사를 일으켜 스스로 패공이 되자 소하는 그의 밑에서 행정 사무 책임자로 일했다. 유방이 진나라를 무찌르고 함양으로 진입하자, 모든 장수들은 앞 다투어 보물 창고로 뛰어들었지만 소하만은 먼저 궁으로 들어가 진나라의 법령 문서들과 행정 문서들을 입수해 감추어 보관했다. 유방은 한나라의 왕이 되자 소하를 승상에 임명했다. 진나라가 멸망할 때 항우는 여러 제후들과 함께 함양을 모조리 약탈해 불태우고 떠났다. 뒤에 유방이 천하의 산천과 요새, 호구 수, 재정 실태, 백성들의 실정 등을 모두 파악할 수 있었던 것은 소하가 이미 정부 문서들을 완전히 손에 넣고 있었기 때문이었다. 유방에게 한신을 추천한 것도 소하였다.

유방이 동쪽으로 진군해 항우가 세 곳으로 분할한 진나라의 옛 영토인 관중 지방을 평정하러 떠났을 때, 승상 소하는 수도 파촉(巴蜀)에 남아 그곳을 지키면서 세금을 거두고 치안을 유지했으며 군량미를 확보해 전선으로 수송했다. 또 유방이 항우와 싸우기 위해 나섰을 때, 소하는 관중에 남아 태자를 모시면서 법령과 규약 등 제도를 정비하고 종묘를 세웠으며, 하늘에 제사를 지내고 궁궐과 관청을 세웠다. 이러한 모든 일들은 왕에게 보고해 결재를 받은 후에 실행했으며, 부득이 보고하지 못했을 때는 자신의 재량껏 합리적으로 처리한 후에 반드시 왕에게 보고했다.

소하는 항상 관중의 가구 수와 인구를 정확히 파악하고 전선으로 물자들을 차질 없이 수송했다. 당시 유방은 여러 번 패해 군대를 잃고 도망쳤으나, 소하는 군졸들을 징발해 결손된 인원을 보충했다. 그래서 유방은 믿음직스러운 소하에게 전적으로 행정을 맡겼다.

유방은 항우와의 격전 중에서도 자주 후방으로 사자를 보내 소하의 노고를 위로해 주었다. 그러자 포생(鮑生)이라는 사람이 소하에게 이런 충고를 했다.

"대왕께서 지금 햇빛에 그을리고 벌판에서 잠을 자는 고된 전쟁을 하면서도 여러 번 사자를 보내 승상을 위로하는 것은 승상을 의심하고 있기 때문입니다. 저의 생각으로는 승상의 자제와 형제들 중 싸울 수 있는 사람들을 모두 싸움터로 보내는 것이 좋을 듯합니다. 그러면 대왕은 더욱 승상을 신임하지 않겠습니까?"

소하는 포생의 의견을 따랐는데, 과연 유방은 기뻐하고 더욱 소하를 신임했다.

마침내 유방은 항우를 물리쳤고 천하는 평정되었다. 그리고 논공행상(論功行賞)이 시작되었다. 여러 신하들이 서로 공을 다투는데 1년이 가도록 매듭을 짓지 못했다. 마침내 결론을 내린 유방은 가장 큰 공을 세운 사람이 소하라고 하며 그에게 가장 넓은 땅을 하사했다.

그러자 공신들이 투덜거리며 말했다.

"신들은 갑옷을 입었고 예리한 창칼을 손에 잡았습니다. 많게는 백여 차례, 적게는 수십 차례씩 전투를 겪었습니다. 그런데 소하는 단지 붓을 잡고 있었을 뿐인데 어찌 우리보다 더 큰 상을 받습니까?"

이에 유방이 물었다.

"그대들은 사냥을 아는가?"

"압니다."

"사냥개를 아는가?"

"압니다."

그러자 유방은 다음과 같이 말했다.

"사냥에서 토끼 등의 짐승을 쫓아가 죽이는 것은 사냥개지만, 개의 줄을 놓아 짐승이 있는 곳을 지시하는 것은 사람이다. 그대들은 짐승을 잡아올 수는 있으니 말하자면 사냥개의 공로와 같다. 그러나 소하는 개의 줄을 놓아 목표물을 잡아 오게 지시하는 것이니 사냥꾼의 공로와 같다. 더욱이 그대들의 가문에서는 단지 혼자나 많아야 두세 명이 나를 따랐으나, 소하의 가문에서는 수십 명이 나를 따라 전쟁을 치렀다. 이 공을 잊어서는 안 될 것이다."

군신들은 모두 아무 말도 하지 못했다. 제후들에 대한 영지의 분배가 이렇게 끝나자 이번에는 신하들의 서열을 정하게 되었다.

그러자 모두가 입을 모아 조참(曹參)을 서열 1위로 올려야 한다고 추천했다.

"조참은 70여 군데나 상처를 입었으며, 성을 공격하고 땅을 빼앗음에서 공이 가장 큽니다."

유방은 마음속으로는 역시 소하에게 서열 1위를 주고 싶었다. 그런 차에 악천추(鄂千秋)가 말했다.

"군신들의 의견은 틀렸습니다. 조참이 비록 전투에서 땅을 빼앗은 공은 있지만 그것은 단지 한때의 일일 뿐입니다. 폐하께서 초나라 군대와 5년을 대치하셨는데, 자주 군사를 잃으셨고 몸만 빠져나와 피하신 것이 몇 차례나 됩니다. 그러나 소하는 관중에서 늘 군사를 보내어 병력을 보충했는데, 이 일은 폐하께서 명령을 내려서 한 것이 아닙니다. 또한 양식이 떨어졌을 때 소하는 양식을 운송해 군사들에게 공급했습니다. 또한 소하는 늘 관중을 잘 보전해 폐하를 기다렸으니 이는 두고두고 기릴 공입니다. 마땅히 소하를 가장 높은 서열로, 조참을 그 다음의 서열로 정하셔야 합니다."

유방은 이에 동의해 소하에게 서열 1위를 주었다. 소하에게는 궁전에서 칼을 차고 신을 신고 다니는 것이 허락되었다. 황제를 배알할 때도 작은 걸음으로 조급히 걷지 않아도 되었다. 그리고 유방은 소하를 추천한 악천추의 벼슬을 한 등급 올려 주었고, 소하의 형제 십여 명에게도 영지를 하사했다. 소하에게는 따로 2천 호의 영지를 덧붙여 주었다. 이로써 유방은 예전에 부역 감독관이 되어 함양으로 떠날 당시 다른 사람들보다도 2백 전이나 더 준 소하에게 보답한 셈이다.


그대는 진정 어진 재상이오


한나라 고조 11년 가을, 진희(陳豨)가 한단 지방에서 반란을 일으켰다. 유방은 직접 군사를 이끌고 토벌에 나섰는데, 유방이 없는 동안 한신이 관중에서 모반을 꾸민다는 소문이 있었다. 여후가 소하의 계책을 따라 한신을 죽였다. 유방은 한신이 제거되었다는 말을 듣고 사자를 보내 소하를 승상에서 상국으로 승진시키고, 5천 가구의 식읍을 더 주었으며, 5백 명의 군사를 보내어 소하를 호위하게 했다. 그러자 많은 신하들이 모여 소하의 뛰어난 계략을 치하하는데, 유독 소평(召平)이라는 사람만이 이렇게 바른말을 했다.

"재난은 여기에서 시작될지도 모릅니다. 황제 폐하는 햇볕에 그을리고 벌판에서 잠을 자며 고된 전쟁을 하고 있는데도 상국께 오히려 영지를 더 늘려주고 호위병까지 붙여 주니, 이것은 한신이 반란을 일으킨 것을 계기로 상국을 의심하는 마음이 생겼기 때문입니다. 부디 영지를 사양하시고 상국의 재산을 모두 군비에 보태신다면, 황제는 오히려 더 기뻐할 것입니다."

이에 소하는 소평의 계책을 따랐고, 유방은 과연 크게 기뻐했다.

그 이듬해 가을 유방은 경포의 반란을 직접 토벌하러 나섰다. 이때 유방은 여러 번 사자를 보내 상국 소하가 무엇을 하고 있는지를 알아보았다. 상국은 전에 진희의 반란으로 유방이 궁궐을 비웠을 때와 같이 백성들을 다독거렸고, 자신의 재산을 전부 군비로 조달하고 있었다. 그때 소하의 한 빈객이 이런 조언을 했다.

"지금 상국께는 더 이상 오를 지위도 없습니다. 게다가 지난 십여 년 동안 관중에 머무르면서 민심을 얻어, 백성들도 모두 상국을 따르고 있습니다. 폐하께서 여러 차례 상국의 근황을 물으신 것은 상국이 관중을 동요시킬까 두려워서입니다. 상국께서는 백성들로부터 받는 신망을 스스로 실추시킬 필요가 있다고 봅니다. 그래서 많은 밭을 싸게 사서 재물을 모으는 모습을 보여 주십시오. 이렇게 해서 인기가 떨어진다면 황제께서 오히려 안심하실 것입니다."

이번에도 소하는 빈객의 계책을 따랐다. 소하에 대한 평판이 안 좋아졌다는 말을 들은 유방은 크게 안심하며 반겼다.

유방이 경포를 물리치고 돌아오는데, 백성들이 길을 막으며 상소문을 올렸다. 소하가 백성들을 윽박질러 백성들의 밭과 집 수천만 전어치를 싸게 샀다는 것이다. 유방이 돌아오자 소하는 황제를 배알했다. 유방은 웃으면서 "상국은 이런 식으로 백성들을 이롭게 했소?"라고 하며 백성들이 올린 상소문을 모두 보여 주었다. 그러면서 "상국이 직접 백성들에게 사죄하시오."라고 했다. 그러나 소하는 오히려 백성들을 위한다는 생각으로 황제께 이렇게 건의했다.

"도성에는 백성들이 농사지을 땅이 부족한데, 폐하의 넓은 사냥터는 그냥 놀고 있습니다. 청하건대 백성들이 그곳에서 농사를 짓게 하되, 볏짚이나 보릿짚은 짐승들의 먹이로 하게 거두지 말 것을 윤허해 주십시오."

이 말을 들은 유방은 크게 노했다.

"뇌물을 많이 받아먹긴 했구나. 이제는 그들을 위한답시고 짐의 사냥터까지 요구하다니!"

그리고 유방은 곧 소하를 감옥에 가두었다. 며칠이 지나 한 관리가 황제께 아뢰었다.

"상국이 무슨 죄를 지었기에 그토록 엄히 벌하시는지요?"

"진나라의 승상 이사는 진시황을 보좌할 때 업적은 황제에게 돌렸고 허물은 자신이 가졌다고 들었소. 그런데 상국은 간사한 상인들에게 뇌물을 받고도 백성들을 위한다며 짐의 사냥터를 요구하는데, 이는 자기만 백성에게 잘 보이려는 짓이오. 그래서 괘씸해서 소하를 벌했소."

이에 관리가 말했다.

"백성들을 위해 황제께 건의하는 것은 승상의 직책상 당연히 해야할 일입니다. 폐하께서는 어찌 상국이 상인들의 뇌물을 받았다고 의심하십니까? 폐하께서 여러 해 동안 초나라와 싸우셨고 진희와 경포의 반란으로 직접 군대를 이끌고 나가셨는데, 당시 상국은 남아 관중을 지켰습니다. 만약 그가 딴마음을 먹었다면 그때 관중을 손에 넣었을 것입니다. 상국은 그때에도 사사로운 이익과 욕심을 취하지 않았는데, 지금에 와서 욕심을 부리겠습니까?"

유방은 썩 기분이 내키지는 않았지만 다음 날 소하를 풀어 주었다. 소하는 늙은 나이이기도 했지만 원래가 공손한 성품이라 맨발로 황제 앞에 엎드려 사죄했다. 유방이 말했다.

"됐소. 상국은 백성을 위해 짐의 사냥터를 요구했는데 짐은 윤허하지 않았으니, 짐은 걸왕이나 주왕과 같은 폭군이고 상국은 어진 재상이오. 짐이 상국을 구속한 까닭은 백성들로 하여금 짐의 잘못을 알게 하기 위한 일이었던 것 같소."

소하는 밭과 집을 살 때도 반드시 외딴곳에 마련했고, 집을 지을 때도 담장을 치지 않았다. 그러면서 소하는 말했다.

"후대의 자손들이 현명하다면 나의 검소함을 배울 것이고, 현명하지 못하더라도 권세 있는 사람에게 빼앗기지는 않을 것이다."

혜제(惠帝) 2년에 상국 소하는 죽었는데 그의 시호는 문종후(文終侯)다. 〈소상국세가(蕭相國世家)〉

# 3. 최고의 전략가 장량

《태공병법》을 배우다

　유후(留侯) 장량은 그 선조가 한(韓)나라 사람이다. 장량의 할아버지
와 아버지는 모두 한나라에서 재상을 지냈다. 그 후 한나라는 진나
라에게 망했고, 그때 장량은 어린 나이였다. 한나라가 망했는데도
장량의 집에는 노비들이 3백 명이나 있었다.

　그 무렵 동생이 죽었는데도 장량은 오히려 많은 재산을 아낌없이
써가며 진시황을 죽일 자객을 구해서 한나라의 원수를 갚고자 했다.
이는 그의 할아버지와 아버지가 한나라의 5대 왕을 거치면서 재상
을 지냈기 때문이다.

　마침 진시황이 동방을 순시한다는 소식을 듣자, 장량은 뛰어나게
힘이 센 사람 한 명을 찾아내어 120근 짜리 철퇴를 만들어 박랑사(博
浪沙)라는 곳에서 진시황 일행을 숨어서 기다리고 있었다. 그리고 두
사람은 진시황의 수레를 향해 힘껏 철퇴를 던졌으나 진시황을 맞추
지는 못하고 뒤따르는 수레만 맞추고 말았다. 진시황은 크게 노해
당장 범인을 잡아들이라고 명령했다. 그래서 그는 장량이라고 이름
을 바꾸고 하비(下邳) 지방에 숨어 살았다.

하비에서 지내던 어느 날 장량은 개울가 다리 위를 산책하고 있었다. 그때 거친 삼베옷을 걸친 한 노인이 다가오더니 일부러 신발을 벗어 다리 밑으로 떨어뜨리고는 말했다.

"애야, 내려가서 내 신을 주워오너라."

장량은 어이가 없어서 한번 혼내줄까 생각했으나 그 사람이 노인이었으므로 참고 신발을 주워 왔다. 그러자 노인은 "내 발에 신겨라."라고 했다. 장량은 기가 막혔으나 이왕 노인을 위해 신을 주워 왔으므로 바른 자세로 꿇어앉아 신을 신겨 주었다. 노인은 발을 뻗어 신발을 신더니 웃으면서 그냥 가 버렸다. 놀라서 장량이 물끄러미 노인을 바라보았는데 가던 노인이 다시 돌아와서는 말했다.

"한번 가르쳐 볼 만한 놈이로구나. 닷새 후 새벽에 이곳으로 다시 오너라."

장량은 뭔가에 홀린 사람처럼 자신도 모르게 무릎을 꿇고 "네."하고 대답했다.

닷새째 되는 날 새벽, 장량이 그곳으로 가보니 노인은 벌써 와 있었다. 노인은 화를 내며 말했다.

"늙은이와 약속을 하고서 늦게 오다니! 고얀 녀석 같으니라고. 닷새 후 더 일찍 오너라."

닷새가 지나 새벽닭이 울 때 장량은 다시 그곳으로 갔다. 노인은 또 먼저 와 있었다.

"또 늦게 오다니, 버르장머리 없는 놈! 닷새 뒤에 좀 더 일찍 오 거라."

닷새 뒤 장량은 아예 한밤중에 그곳으로 갔다. 조금 뒤 노인이 나타나서는 웃으면서 "마땅히 이랬어야지."라고 하며 책 한 권을 내놓고 말했다.

"이 책을 읽으면 너는 제왕의 스승이 될 수 있고, 10년 후에는 그 뜻을 이룰 것이다. 그리고 13년 뒤에 너는 나를 만날 수 있는데, 곡성산(穀城山) 아래에 있는 황색 돌이 바로 나이니라."하고는 더 이상 아무 말도 하지 않고 사라져 버렸다.

날이 밝아 장량이 그 책을 보니 옛날 주나라의 태공망이 지은 병법서 《태공병법》이었다. 그날부터 장량은 늘 그 책을 읽고 또 읽어 통달했다. 장량은 하비에 머무르는 동안 협객이 되었는데, 이때 다른 사람을 죽이고 숨어 다니던 항우의 숙부 항백도 그가 보살펴 주었다.

그로부터 10년 뒤, 진승이 봉기하자 장량도 청년 백여 명을 모아 나섰다. 이때 유방이 수천 명의 무리들을 거느리고 하비 서쪽의 땅을 공격해 점령하고 있었으므로 장량은 곧 유방에게 합류했다.

장량은 자주 《태공병법》의 계책을 말했는데, 다른 사람들은 이해하지 못했으나 유방은 늘 그의 말을 듣고 따랐고 장량은 유방을 '하늘이 낸 인물'로 생각했다. 그 후 유방은 항량의 군대와 합류했는데,

이때 장량이 항량에게 건의했다.

"진나라에게 망한 초나라를 계승하기 위해 왕을 세우셨으니, 한나라를 계승할 왕도 세우십시오. 그러시면 우리 쪽 세력이 더욱 강해질 것입니다."

항량은 장량의 말대로 옛 한나라 출신 제후를 한나라의 왕으로 세우고, 장량을 한나라의 재상으로 임명했다. 장량은 재상이 되어 옛 한나라의 몇 개 성을 빼앗았지만 진나라가 다시 빼앗아 갔다. 이렇게 성을 두고 싸우는 동안 유방이 진나라의 수도인 함양을 공격하기 위해 낙양 근처로 왔다. 그래서 장량은 유방을 따라 관중 지역 공격에 나섰다.

유방이 2만 명의 병사로 관문을 지키는 진나라의 군대를 단숨에 치려고 했다. 장량은 이를 말리며 이렇게 말했다.

"진나라의 군대가 아직은 강성하니 업신여길 일이 아닙니다. 제가 듣건대 진나라의 장수는 백정의 자식이라고 하니, 장사꾼은 돈이나 재물로 쉽게 움직일 수 있습니다. 패공께서는 이대로 진영 안에 머물러 계시면서 선발대를 보내어 근처 산등성이마다 깃발과 장대를 수없이 세워 군대가 많은 것처럼 꾸미십시오. 그 다음에 말을 잘하는 역이기(麗食其)를 파견해 적장을 재물로 매수하는 것이 좋을 듯합니다."

장량의 말대로 하자 진나라의 장수는 정말 진나라를 배반하고 유방과 연합했다. 그리고 그는 빨리 진나라의 수도인 함양을 공격하자고 했다. 이에 유방이 진나라 장수의 말대로 하려고 하자 장량은 다시 조언했다.

"진나라의 장수는 진나라를 배반할 의사가 있는 것 같습니다만, 그 부하들이 따를지 걱정입니다. 만약 따르지 않는 사람이 있다면 위험하오니 그들이 방심하는 틈을 타서 공격하는 것이 상책입니다."

유방은 장량의 말대로 진나라의 군대를 방심시킨 후 공격했고 도망가는 패잔병까지 쫓아가 무찔렀다. 결국 진나라의 군대는 붕괴되었고, 유방은 함양에 입성해 진나라의 왕 자영으로부터 항복을 받았다. 진나라의 궁전에 들어가 보니 수많은 보물, 어여쁜 여자 등이 눈부시게 많이 있었다. 유방은 내심 이곳에 머물고 싶었으나 번쾌는 유방에게 궁궐 밖으로 나가야 한다고 간곡히 충고했다. 유방은 들으려 하지 않았다. 이에 장량이 말했다.

"이제까지 진나라가 무도했기 때문에 패공께서 여기에 오실 수가 있었습니다. 모름지기 천하의 사람들을 위해 남은 적들을 제거하시려면 마땅히 검소함을 보여 주셔야 합니다. 진나라의 궁궐에 들어왔다고 해서 곧바로 향락을 누리시려 한다면, 걸왕보다 더 포악하다고 욕할 사람도 있을 것입니다. '충성스런 말은 귀에 거슬리지만 행실에 이롭고, 독한 약은 입에 쓰지만 병에 이롭다.'라는 말이 있지 않습니까? 번쾌의 말을 따르십시오."

유방은 할 수 없이 발길을 돌려 궁전에서 물러났다. 이 무렵 항우도 홍문에 이르렀는데 그는 유방이 먼저 함양을 함락시키고 함곡관을 막은 것에 크게 노해 유방을 공격하려고 했다. 이때 전에 장량의 신세를 진 적이 있는 항우의 숙부 항백이 밤중에 장량을 찾아와 빨리 도망가라고 일러 주었다.

그러나 장량은 즉시 유방을 찾아가 위급한 상황을 설명하면서 항백을 만나게 했다. 그리고 다음 날 유방은 항우를 만나고 화해를 하게 되었다. 그 후 유방은 한(漢)나라 왕에 임명되었고, 자신이 통치할 한중으로 이동하게 되었다.

한편 장량은 한(韓)나라로 갔다. 그런데 항우는 장량이 유방과 친한 것을 알고, 둘이 손잡을 것이 걱정되어 한(韓)나라 왕을 데리고 다니다가 죽여 버렸다. 장량은 달아나서 유방을 찾아갔다. 이때 유방은 항우와 맞서기 위해 군사를 돌려 관중 지역을 평정하는 중이었다.

장량도 유방을 수행해 관중 지역을 평정하고 초나라 공략에 나섰다. 그런데 팽성 싸움에서 유방은 항우에게 크게 패했다. 유방의 실망은 이만저만한 것이 아니었고, 앞으로의 대책도 난감했다. 유방은 신하들에게 말했다.

"나와 함께 천하를 통일할 사람이 누구인가? 나는 그에게 함곡관 동쪽을 떼어 주겠노라."

장량이 말했다.

"경포와 팽월 그리고 한신이 있습니다. 경포는 초나라 항우의 맹장이지만 지금은 항우와 사이가 좋지 않습니다. 팽월은 이미 제나라왕 전영과 함께 항우에게 반란을 일으켰습니다. 그리고 대왕의 장수들 중 한신이 가장 뛰어납니다. 이 세 사람에게 함곡관 동쪽을 떼어주신다면 항우를 충분히 격파할 수 있습니다."

유방은 곧 사람을 보내 경포를 설득했고, 팽월과도 동맹을 맺었다. 또 한신에게는 자신을 배신한 위표(魏豹)를 공격해 죽이게 했다. 그리고 그 기세를 몰아 유방에게 등을 돌린 연나라, 대(代)나라, 제나라, 조나라에도 한신을 보내 제압하게 했다.

## 천 리 밖 싸움을 승리로 이끈 것은 모두 장량의 공이오

마침내 유방은 항우를 제압하고 천하를 통일했다. 이제 공신들에대한 논공행상이 실시되었다. 장량은 자주 병을 앓아서 스스로 군대를 통솔한 적이 없었고, 늘 계책을 내는 역할을 맡으며 유방을 보좌했다. 그런데도 유방은 장량의 공을 높이 평가했다.

"군영에서 작전을 세워 천 리 밖 싸움을 승리로 이끈 것은 모두 장량의 공이오. 그대는 제나라 땅에서 3만 호의 영지를 고르라."

이에 장량이 아뢰었다.

"신이 처음 하비에서 군사를 일으켰고, 유(留) 지방에서 폐하를 처음 뵈었습니다. 이는 하늘이 신을 폐하께 주신 것입니다. 폐하께서는 저의 계책을 쓰셨고, 다행스럽게도 예상은 우연히 맞았습니다. 신은 바라건대 유 지방의 제후로 봉해지는 것으로 만족하겠으며, 3만 호의 영지는 감히 받을 수가 없습니다."

결국 유방은 장량의 뜻을 존중해 장량을 유후에 봉했다. 이때 소하도 함께 영지를 받았다. 그리고 이어서 20여 명의 공신들에게도 포상을 했으나 그 밖의 공신들은 아직 포상을 받지 못하고 있었다.

한번은 유방이 궁궐의 구름다리 위에서 내려다보니, 여러 장수들이 삼삼오오 모래밭에 모여 앉아 대화를 나누고 있었다. 유방이 유후에게 물었다.

"지금 저들이 무슨 말들을 하고 있는가?"

"폐하께서는 아직 모르고 계십니까? 저들은 지금 반란을 꾀하고 있습니다."

"천하가 이제 막 안정되었는데 무슨 까닭으로 반란을 일으키겠는가?"

"폐하께서는 한낱 서민의 신분에서 일어나 저 무리들을 부려 천하를 차지하셨습니다. 그런데 폐하께서 천자가 되신 지금, 땅을 하사받은 사람들은 소하나 조참처럼 옛날부터 폐하의 마음에 있던 사람들이고, 벌을 받은 사람들은 평소부터 폐하의 미움을 샀던 사람들입니다.

지금 각 공신들에게 그들의 공을 따져 영토를 주신다면 천하의 모든 땅으로도 부족합니다. 저들도 이것을 알고 있지요. 그래서 그들은 '폐하께서는 우리들 모두에게 땅을 다 하사하지 못하실 것이다. 그렇다면 옛날 허물을 들춰내서 오히려 우리들을 죽이실지도 모른다.'라고 생각하고 두려워해 저렇게 모여서 반란을 꾀하려는 것입니다."

유방이 걱정하며 말했다.

"어떻게 하는 것이 좋겠소?"

"신하들이 폐하께서 평소에 가장 미워하는 사람으로 알고 있는 사람이 누구인지요?"

"짐이 옹치(雍齒)라는 사람에게 원한이 있어 죽이고 싶었지만, 세운 공이 많아 참고 있소."

"그렇다면 옹치에게 영토를 하사하시고 이를 여러 신하들에게 알리십시오. 옹치가 영토를 하사받는 것을 신하들이 보면 자신들도 포상을 받을 것이라고 확신할 것입니다."

유방은 곧 술자리를 베풀고 옹치에게 영토를 하사하고 제후로 봉했다. 많은 신하들이 술자리가 끝나자 모두 기뻐하면서 말하기를 "옹치도 제후에 봉해졌으니 우리는 걱정할 것도 없다."라고 했다.

여러 신하들이 유방에게 수도를 낙양으로 옮길 것을 건의했지만, 유방은 장량의 건의에 따라 관중으로 정했다.

장량은 본디 병이 많아서 도가의 방법대로 곡식을 먹지 않고 1년 여를 두문불출했다. 그 사이 유방은 여후 태생의 태자를 폐하고 척(戚)부인의 아들 여의(如意)를 새로운 태자로 세우려 했다. 대신들이 극구 반대하는 상소를 올렸으나 유방의 마음은 바뀌지 않았다.

여후가 어찌할 바를 몰라하며 장량에게 대책을 물었다. 장량은 이렇게 조언했다.

"지금은 말로 폐하를 설득할 수 없습니다. 방법은 단 하나, 숨어서 사는 네 명의 선비들을 불러오는 것입니다. 이들은 전에 폐하가 불러도 오지 않았던 사람들입니다. 폐하께서 선비를 무시하고 업신여 긴다고 생각해서 모두가 산속에 은거하며 폐하의 신하가 되지 않았 습니다. 그러나 폐하는 이들을 존경합니다. 이들을 불러올 수 있다 면, 폐하의 마음을 움직일 수도 있습니다."

여후는 곧 자기 오라버니에게 태자의 겸손하고도 간곡한 편지와 후한 예물을 보내어 이 네 사람을 모셔 오게 했다. 마침내 네 사람이 도착했는데 그때 경포가 반란을 일으켰다. 유방은 태자에게 경포를 토벌하게 하려고 했는데, 네 사람은 여후에게 태자를 보내지 말라고 권했다. 그러자 여후는 눈물을 흘리며 유방에게 호소했고 결국 유방 은 아픈 몸임에도 군대를 거느리고 친히 경포를 토벌하고 돌아왔다.

이듬해 유방은 병이 더 심해지자 더욱더 태자를 바꾸려고 했다. 이에 장량이 간언하며 유방의 마음을 돌리려 했지만 유방은 듣지 않았다. 장량은 이를 핑계로 출근도 하지 않았다.

그러던 어느 날 연회가 열렸다. 그 자리에는 태자도 참석하게 되었다. 그런데 연회에 참석한 태자의 뒤를 따르는 네 사람이 있었다. 흰 수염과 흰 눈썹의 근엄하게 옷차림을 갖추어 입은 노인들이었다. 이들을 처음 본 유방이 물었다.

"그대들은 누구인고?"

이에 네 사람이 앞으로 나아가 자신들의 이름을 말하자 유방은 크게 놀라며 말했다.

"아, 짐이 그대들을 가까이 하고자 한 것이 몇 년이던고! 그때 공들은 기어이 짐을 피해 도망가더니, 이제는 어찌해서 태자를 따라다니는가?"

네 사람 모두가 말했다.

"폐하께서는 선비를 업신여기시고 잘 꾸짖으시므로 신들은 의로움을 해칠까 두려워 피했습니다. 그런데 삼가 듣건대 태자께서는 사람됨이 어질고 효성스러우며 사람을 공경하고 선비를 사랑하시니, 천하에 목을 빼고 태자를 위해서 죽고자 하지 않는 사람이 없다고 하므로 신들이 온 것입니다."

그리고 네 사람은 황제의 건강을 기원하며 건배를 한 후 급히 사라졌다. 유방은 눈길로 그들을 전송하면서 곧 척부인을 불러 말했다.

"저 네 사람이 태자를 보위하고 있으니, 짐도 어찌할 수가 없소."

결국 유방이 태자를 바꾸지 못한 것은 장량이 이 네 사람을 불러 온 덕택이었다.

그 무렵 장량은 자주 이런 말을 하곤 했다.

"우리 집안은 대대로 한나라의 재상을 맡아 왔다. 한나라가 멸망했을 때 나는 만 금의 재산을 털어 원수인 진나라에 복수를 해 천하를 떠들썩하게 했다. 그리고 지금은 세 치의 혀로 황제의 참모가 되었으며 만 호의 영토를 하사받고 제후의 지위에 올랐으니, 이는 평민으로서는 더 이상 바랄 수 없는 지위에 오른 셈이다. 더 무엇을 바라겠는가? 그러므로 이제 나는 세속의 일은 떨쳐 버리고 적송자(赤松子, 전설 속의 신선)처럼 살고 싶구나."

그래서 장량은 일체의 곡식을 먹지 않았고, 신선술을 배워 몸을 가볍게 했다. 유방이 승하하고 태자가 뒤를 잇자, 여후가 장량에게 입은 은덕에 감격해 억지로 음식을 먹게 권하면서 이렇게 말했다.

"사람이 한세상을 살아감은 마치 흰 망아지가 문의 틈새를 지나는 것과 같이 빠른 것인데, 굳이 그토록 고통스럽게까지 할 필요가 있습니까?"

장량도 할 수 없이 여태후의 권유에 따라 음식을 먹었다. 그 후 8년 뒤 그는 세상을 떴다. 장량이 처음 하비의 다리 위에서 자신에게 《태공병법)을 준 노인을 만난 지 13년 되던 해 유방을 따라 가던 중 마침 곡성산 부근을 지나게 되어 그 산기슭에 가보니, 과연 노인이 말한 대로 황색 돌이 우뚝 서 있었다. 장량은 공손히 절을 올리고는 이 바위를 가지고 돌아와 정성껏 제사를 지냈다. 장량이 죽자 황색돌도 그와 함께 안장했다. 〈유후세가(留侯世家)〉

**항우**
진승과 오광의 난으로 진나라가 혼란해지자 병사를 일으켜 진나라를 멸망시켰다. 서초의 패왕이라 불리며 천하를 호령했으나 제후를 통솔하지 못해 유방과 겨룬 전투에서 패해서 죽었다.

**한신**
제나라의 왕이 되어 항우, 유방과 대등한 세력을 키웠으나 통일 이후 모반을 꿈꾸다가 여후에게 죽임을 당했다.

**유방**

진승과 오광의 난으로 진나라가 혼란해지자 병사를 일
으켜 한나라 왕이 된다. 뒤에 항우와 싸워 이기고 한나
라 고조가 되었다.

**여태후**

한나라 고조의 황후로 유방의 천하 통일을 보좌하고, 한
나라 초기 여러 제후들을 제거하는 과정에서 매우 중대
한 역할을 했다. 유방이 죽은 뒤 정권을 장악해 16년간
한제국을 통치했다.

# 4. 토사구팽 당한 명장 한신

## 천하를 얻으려면 한신과 함께해야 한다

　회음후(淮陰侯) 한신은 회음 사람으로, 평민이었을 때는 가난하고 품행도 그리 단정한 편이 못 되었다. 이렇다 할 일자리도 없어서 늘 남에게 빌붙어 먹고 다녀 사람들이 그를 싫어했다. 한때는 어떤 관리에게 여러 번 밥을 얻어먹었는데, 몇 달이 지나자 관리의 아내가 그를 미워해서 새벽밥을 지어 자기들끼리만 먹고 치워버렸다. 한신이 평소처럼 끼니때에 맞추어 가보니 식사는 이미 끝나버린 상태였다. 한신은 화가 나서 다시는 그 집에 발을 들여놓지 않았다.

　어느 날 한신이 냇가에서 낚시를 하고 있었는데 빨래하던 한 아낙네가 한신이 굶주린 것을 보고는 밥을 주었다. 그 아낙네는 그 후에도 여러 번 한신을 먹여 주었다. 한신이 고마워서 "이 은혜는 꼭 갚으리다."라고 하자, 아낙네는 도리어 화를 내며 "멀쩡한 사내가 제 입에 풀칠도 못하는 게 딱해 밥 몇 끼 준 것이지, 내가 무슨 보답을 바라고 그랬나."라고 했다.

　하루는 그 마을의 백정 하나가 한신을 조롱하며 말했다.

　"네가 비록 덩치가 크고 긴 칼을 잘 차고 다니지만, 실은 겁쟁이라는 것을 내가 잘 알지. 네가 정말 용기가 있으면 나를 찌르고, 내가 겁나면 내 가랑이 밑으로 기어가 보시지."

그러자 한신은 그를 물끄러미 바라보다가 몸을 구부려 백정의 가랑이 밑으로 기어갔다. 이를 본 마을 사람 모두가 한신을 겁쟁이라고 비웃었다.

이 무렵 진나라에 대한 반란이 일어나 항량이 회수를 건너자 한신은 그 밑으로 들어갔지만 이름이 알려지지 않았다. 항량이 전사하고 그의 조카 항우가 세력을 잡았을 때 한신은 항우 밑에 있었다. 항우는 한신에게 경호병 일을 맡겼는데, 한신이 항우에게 여러 가지 계책을 올려도 항우는 한 번도 귀 기울이지 않았다.

그러다가 한신은 항우에게서 뛰쳐나와 유방을 찾아갔다. 유방 밑에서도 한신은 별로 인정을 받지 못해 말단 직책을 맡았다. 한신은 그곳에서 군법을 어기는 사건에 휘말려 들어 그 관련자들과 함께 참수를 당하게 되었다. 열세 명의 목이 잘리고 이제 한신의 목이 베어질 차례가 되었다. 이때 한신이 고개를 들어 하후영이라는 대신을 보고 이렇게 외쳤다.

"대왕께서는 천하를 손에 넣지 않으실 겁니까? 어찌해 장사를 죽이려 하십니까?"

그 소리에 놀란 하후영이 한신을 기특하게 여겨 풀어 주라고 했다. 그리고 하후영은 한신을 불러 몇 마디 말을 해 보고는 쓸 만한 인물이라 여겨 유방에게 추천했다. 한신을 접견한 유방은 그를 식량 담당 관리로 임명했지만, 그리 탐탁하게 여기지는 않았다.

한신은 승상 소하와 자주 대화를 했는데, 소하는 한신이 비범한 인물임을 알았다. 그런데 그 무렵 유방의 진영에는 탈주하는 장수와 병사들이 많았다. 한신도 자신이 제대로 인정을 받지 못하자 도망쳐 버렸다. 소하는 한신이 도망쳤다는 말을 듣자 왕에게 알리지도 못하고 한신을 추적했다.

유방에게는 소하도 도망쳤다고 보고되었다. 유방이 크게 성을 내며 낙담했는데 며칠 뒤 소하가 돌아와 왕을 배알했다. 유방은 화가나기도 하고 기쁘기도 해서 소하를 꾸짖으며 말했다.

"왜 도망쳤던 거요?"

"신은 도망친 것이 아니라 도망친 사람을 쫓아갔을 뿐입니다."

"누구를 쫓아갔단 말이오?"

"한신을 쫓아갔습니다."

"지금까지 도망친 사람들이 수십 명인데, 승상은 어느 누구도 쫓아간 적이 없었소. 그런데 별 볼일도 없는 한신을 쫓아갔다니 거짓말이 아니오?"

"다른 장수들이야 쉽게 얻을 수 있지만 한신과 같은 걸출한 인물은 두 번 다시 구할 수 없는 보물입니다. 만일 왕께서 한나라의 왕으로만 만족하신다면 한신을 굳이 쓸 필요가 없겠지만, 천하를 얻고자 하신다면 한신을 빼고 더불어 상의할 만한 인물이 없습니다. 대왕께서 어떤 생각을 갖고 있는가에 달려 있습니다."

생각에 잠겼던 유방이 이윽고 입을 열었다.

"나 역시 동쪽으로 가고자 하오. 답답하게 이곳에 오래 머물 수야 없지 않소?"

"그렇게 결심하셨다면 한신을 중용하십시오. 대왕께서 천하를 다투신다면 한신도 기꺼이 함께 하겠지만, 그렇지 않으신다면 한신은 도망칠 것입니다."

"경의 뜻을 따라 한신을 장군으로 삼겠소."

"장군으로 삼는다 해도 한신은 떠날 것입니다."

"그렇다면 대장군으로 삼겠소."

"참으로 잘 결정하셨습니다."

이에 유방은 한신을 불러 대장군으로 임명하려 했다. 그러자 소하가 다시 말했다.

"대왕께서는 평소 부하들을 너무 만만하게 보시고 예의를 갖추지 않으실 때가 많습니다. 대장군으로 임명하는 일을 마치 어린아이 부르듯 하시니, 한신이 떠난 것도 이런 까닭에서입니다. 대왕께서 한신을 대장군으로 임명하시려 한다면 길일을 택하시어 목욕재계하시고 단을 설치해 의식을 갖추어야 되실 줄 압니다."

유방이 이를 허락했다. 한편 새롭게 대장군이 임명된다는 소식이 전해지자 여러 장수들이 저마다 자신이 임명되지 않을까 하고 기대했다. 그러다가 한신이 임명되자 온 군대가 크게 놀랐다. 대장군 임명식이 성대하게 끝난 후 유방이 한신에게 물었다.

"승상께서 자주 장군의 이야기를 했소. 장군은 과인에게 어떤 계책을 가르치겠소?"

한신이 공손히 절을 하며 왕에게 말했다.

"지금 대왕께서 천하의 대권을 다툴 사람은 항우이지 않습니까?"

"그렇소."

"대왕께서 스스로 생각하시기에 용맹스럽고 어질고 굳센 점에서 항우와 비교해 보신다면 누가 더 낫다고 생각하십니까?"

유방이 한참을 생각하다 말했다.

"내가 항우만 못하오."

한신이 다시 예의를 갖추며 말했다.

"저도 그렇게 생각합니다. 그러나 신은 일찍이 항우를 섬긴 적이 있기에 항우에 대해 조금은 압니다. 항우가 성내어 큰 소리로 꾸짖으면 천 명의 사람이 모두 엎드리지만, 어진 장수를 믿고 지휘권을 과감히 맡기지 못하니 이는 필부의 용기일 뿐입니다. 또 항우가 사람을 대하는 태도는 공경스럽고 자애로우며 말씨도 부드럽습니다. 누가 병에 걸리면 눈물을 흘리며 음식을 나누어 줍니다. 그러나 부하가 공을 세워 상과 벼슬을 내려야 할 때가 되면 항상 머뭇거려서

도장이 닳아 망가질 때까지 찍지 못합니다. 이것은 다만 아녀자의 인에 불과합니다.

항우가 비록 천하의 패자가 되어 여러 제후들을 신하로 삼았지만 관중에 있지 못하고 변두리인 팽성에 자리 잡고 있습니다. 또한 가장 먼저 관중에 들어가는 사람이 천하의 왕이 된다는 약속도 저버리고 자기가 좋아하는 제후만 왕으로 삼아 이미 공정성을 잃어버렸습니다.

항우의 군대가 지나가는 곳에는 학살과 파괴만이 남아 있습니다. 그래서 백성들은 항우를 원망할 뿐 감히 따르는 사람이 없습니다. 단지 그의 강한 위세에 눌려 있을 따름입니다. 그러므로 지금은 비록 항우가 천하의 패자라고 불리지만 이미 천하의 인심을 잃어버렸다고 할 수 있습니다.

지금 대왕께서 항우와는 달리 천하의 인재들에게 모든 것을 믿고 맡긴다면 무엇을 이루지 못하겠습니까? 전에 항우는 진나라에서 항복해 온 20만 명의 군사를 흙구덩이에 매장시켜 버렸습니다. 당연히 진나라 사람들의 원한은 하늘을 찌를 듯합니다. 그러나 대왕께서는 진나라에 들어가시고도 백성의 손끝 하나 해치는 일이 없었으며, 진나라의 가혹한 법을 폐지시켜 주겠다고 약속하셨습니다. 이에 진나라의 백성들은 대왕께서 자신들의 왕이 되기를 간절히 바라고 있습니다.

'가장 먼저 관중에 들어가는 자가 왕이 된다.'라는 약속이 있었던 만큼 당연히 가장 먼저 입성하신 대왕께서 천하의 왕이 되셔야 했습니다. 하지만 항우 때문에 그 뜻을 이루지 못하고 이곳으로 오시는 바람에 진나라의 백성들은 매우 원통해하고 있습니다. 이제 대왕께서 모든 힘을 쏟아 동쪽으로 진출하시면 격문 한 장만 붙여도 대왕의 세상이 될 것입니다."


## 제나라를 무찌르고 제나라 왕이 된 한신

유방은 이 말을 듣고 매우 기뻐하면서 한신을 너무 늦게 얻었다고 생각했다. 그 후 유방은 동쪽으로 영토를 넓혀가면서 초나라와 대결했다. 유방의 군대가 팽성에서 초나라 군대에게 크게 패하자 한신은 병사들을 모아 유방과 합류해 초군을 격파했고, 이에 초나라 군대는 더 이상 서쪽으로 진출하지 못했다.

앞서 유방의 군대가 팽성에서 초나라 군대에 패했을 때 제나라와 조나라, 위나라 왕이 한나라를 배반하고 초나라와 동맹을 맺었다. 유방은 곧 한신을 시켜 위나라를 공격하게 했는데, 위나라 군대의 저항이 만만치가 않았다. 이에 한신은 마치 대군을 거느리고 배로 황하를 건너는 것처럼 위장하고, 실은 나무통을 연결시킨 뗏목으로 군대를 건너게 해 위나라 수도를 습격하고 위나라 왕을 사로잡았다.

그해 9월에 유방은 한신에게 동쪽으로 진격해서 조나라를 치게 했다. 한신은 수만 명의 군사를 이끌어 정형(井陘)이라는 곳에 도착했다. 조나라에서는 20만 명의 군사가 맞서고 있었다.

이때 조나라에서는 광무군(廣武君) 이좌거(李左車)가 대장군인 성안군(成安君) 진여에게 이렇게 건의했다.

"지금 한신의 군대는 승세를 타고 있으므로 그들의 사기는 매우 높습니다. 그러나 그들은 폭이 좁은 긴 골짜기를 지나와야 합니다. 저에게 기습병 3만 명을 주신다면 지름길로 가서 그들의 식량 보급로를 차단시켜 놓겠습니다. 그리고 장군께서 도랑을 깊이 파고 벽을 높이 쌓아 그들과 대적하지 않고 그냥 시간만 끌고 계신다면 그들은 옴짝달싹도 못하게 됩니다. 그때 우리 기습병이 배후에서 공격한다면 열흘 안에 한신의 머리를 베어 올 수 있을 것입니다."

그러나 성안군은 이에 찬성하지 않았다. 그는 학자 출신으로 언제나 의로움을 강조하며 기습 작전은 쓰지 않았다. 성안군은 광무군에게 이렇게 반박했다.

"병법에 이르기를 '아군이 적군의 열 배가 되면 포위하고, 두 배가 되면 싸우라.'라고 했소. 지금 한신의 병력이 수만 명이라고 하지만 실제로는 수천 명에 지나지 않소. 게다가 그들은 천 리나 떨어진 먼 곳에서 오고 있기 때문에 지칠 대로 지쳐 있소. 이런 적을 맞이해 싸우지도 않고 피하면 나중에 대군이 쳐들어올 때는 어떻게 싸우겠소? 제후들이 우리를 겁쟁이라고 놀리다가 오히려 우리들을 얕잡아 봐서 침입해 올 것이 두렵소이다."

한신은 첩자를 보내 조나라의 동향을 파악하고 있었는데 광무군의 계략이 묵살되었다는 소식을 듣고 크게 기뻐하며 과감히 군대를 이끌고 좁은 골짜기 길로 향했다. 그리고 그는 밤중에 명령을 내려 2천 명의 군사로 하여금 한나라의 붉은 깃발을 한 개씩 가지고 들어가 산속에 숨어 조나라 군대를 살피게 했다.

"조나라 군대는 우리가 도망치는 것을 보면 본부를 비워 둔 채 쫓아올 것이다. 너희들은 그사이 재빨리 조나라 본부로 들어가 조나라 깃발을 뽑아 버리고 한나라의 깃발을 꽂아라."

그러고는 모든 군사들에게 간단한 식사를 하게 하면서 말하기를 "오늘 조나라 군대를 무찌른 뒤에 잔치를 벌여 실컷 먹어보자!"라고 했다. 그러나 한신의 장수들은 아무도 그 말을 믿지 않고 마지못해 건성으로 "알았습니다."라고 대답했다.

한신은 만 명의 군사를 먼저 출발시키고 그들을 정형의 골짜기 어귀에서 강을 등진 채 적과 싸우게 했다. 즉 배수진의 전법을 쓴 것이다. 조나라 군사들이 이를 보고는 병법도 모른다며 한신을 비웃었다. 새벽에 한신은 깃발을 앞세워 북을 치며 골짜기 어귀로 나갔다. 조나라 군대도 나와 그들과 격렬하게 싸웠다. 한신은 싸우는 척하다가 일부러 후퇴하며 도망쳤다. 조나라 군대는 한신의 예측대로 본부를 비워둔 채 한신을 추격했다. 이 틈을 타서 한신이 보낸 기습병 2천 명이 조나라 본부에 들어가 조나라 깃발을 뽑아 버리고 한나라의 붉은 깃발 2천 개를 꽂았다. 이때 한나라의 군대와 강가에서 접전을 벌이던 조나라 병사들은 조나라 본부에 온통 한나라의 깃발만 꽂혀 있는 것을 보고는 크게 놀랐다. 조나라 병사들은 본부가 함락된 줄 알고 순식간에 도망가기에 바빴다. 조나라 장수들이 도망가는 병사들을 베면서 싸움을 독려했지만 소용없는 일이었다. 이때 한나라의 군대가 앞뒤에서 사정없이 공격하니 조나라 군사들은 맥없이 무너졌다. 한나라의 군사들은 성안군의 목을 베고 조나라 왕까지 사로잡았다. 이때 한신은 병사들에게 큰 소리로 명령을 내렸다.

"광무군은 절대 죽이지 말라! 그를 사로잡는 사람에게는 천 금을 상으로 주겠노라."

얼마 후 광무군이 체포되었다. 한신은 곧 그의 포승을 풀어 주고 스승의 예를 갖추었다. 곧이어 승리를 축하하는 잔치가 열렸는데 많은 장수들이 한신에게 물었다.

"장군께서 배수진을 치라 하시고, 또 조나라를 격파하고 잔치를 벌이자고 하셨을 때 저희들은 그 말을 진정으로 믿지 않았습니다. 이것은 무슨 전술입니까?"

"이것도 병법에 있는 것이다. 다만 그대들이 몰랐을 뿐이다. '죽을 곳에 빠져 본 후에야 살 수 있고, 망할 곳에 있어 봐야 흥할 수 있다.'라고 병법에 쓰여 있다. 지금 우리 부대는 잘 훈련된 군대가 아니라 한 마디로 오합지졸이다. 이들에게는 '싸우지 않고 물러서면 죽는다.'라고 생각하도록 해야지, 그렇지 않으면 모두가 도망가고 말았을 것이다. 어찌 승리를 장담할 수 있겠는가?"

부하들이 모두 탄복했다. 그리고 한신은 사로잡혀 온 광무군에게 물었다.

"이제 곧 북쪽으로 연나라를 치고 동쪽으로는 제나라를 치려는데 좋은 계책을 일러 주십시오."

광무군이 사양하며 말했다.

"'패장은 무용에 대해 말할 자격이 없고, 나라가 망한 신하와는 더불어 나라의 일을 상의할 수 없다.'라고 했습니다. 저는 한낱 패망한 나라의 포로에 지나지 않는데 어찌 대사를 함께 논하겠습니까?"

이에 한신이 말했다.

"백리해가 우나라에 있을 때 우나라는 망했지만 진나라에 있을 때는 진나라가 흥했소이다. 이는 백리해가 우나라에 있을 때는 어리석었다가 진나라에 가자 현명해졌기 때문이 아니고 오직 임금이 그를 중용했느냐 중용하지 않았느냐의 차이지요. 만약 성안군이 그대의 계책을 따랐다면 나 같은 사람은 이미 포로가 되었을 거요. 성안군이 그대의 말을 따르지 않았기 때문에 내가 모시게 된 것이오. 부디 사양하지 마시고 가르침을 주십시오."

마침내 광무군이 입을 열었다.

"'슬기로운 사람도 천 번 생각에 한 번의 실수가 있고, 어리석은 사람도 천 번 생각하면 한 번은 맞는다.'라는 말이 있습니다. 또한 '성인은 미치광이의 말도 가려서 들을 건 듣는다.'라고 했습니다. 저의 말씀이 받아들일 만한 것은 못 되지만 그래도 말씀드리겠습니다. 성안군은 백전백승의 길이 있었는데도 결국 군대를 잃고 자신의 목숨까지 잃었습니다. 그런데 장군께서는 위나라 왕을 사로잡고 이번에는 순식간에 조나라의 20만 대군을 격파했습니다. 장군의 명성은 천하에 떨치고 있습니다. 이 점은 장군께 매우 유리한 점입니다.

그러나 계속된 전투로 백성들은 피로하고 병졸들은 지쳐서 동원하기가 어렵습니다. 그럼에도 장군께서는 지친 병사들을 몰아 연나라의 견고한 성을 공격하시려는데, 이렇게 하면 아마도 이기기는 힘들 것입니다. 그러다가 약한 연나라가 항복하지 않으면 제나라는 더욱 방어를 강화할 것입니다. 더구나 연나라와 제나라가 힘을 합치면 장군은 매우 힘들어질 것입니다. 그래서 지금은 연나라와 제나라를 치지 않는 편이 좋을 듯 싶습니다. 병법에 능한 사람은 자신의 단점으로 적의 장점을 공격하지 않고, 자신의 장점으로 적의 단점을 공격하는 법입니다."

"그렇다면 어떻게 해야 하겠소?"

"우선은 싸움을 멈추고 군대를 쉬게 하며 조나라 백성들을 위로해 전쟁 고아들을 돌보며, 날마다 고기와 술로 잔치를 벌여 사대부와 백성들을 대접하고 군사들을 배불리 먹인 뒤 비로소 연나라를 치는 것이 좋습니다. 그러면서 한편으로는 언변이 좋은 사신을 보내 한나라 군대의 강함을 과시하면 연나라는 반드시 항복할 것입니다. 연나라가 항복하면 다시 사신을 제나라에 보내 연나라가 항복했음을 알립니다. 그렇게 되면 제나라 역시 항복하지 않을 수 없습니다. 싸움을 하는 데에 '먼저 소리를 치고 싸움은 나중에 한다.'라는 것은 바로 이런 경우를 두고 한 말입니다."

한신은 좋은 계책이라고 동감하며 그대로 시행했다. 사신을 연나라에 보내니 과연 연나라는 항복했다. 한신은 제나라를 치기 위해 군대를 움직였는데 이때 유방이 역이기를 시켜 제나라를 회유해 이미 항복을 받았다는 소식이 전해졌다. 제나라의 항복 소식에 한신은 진격을 중지하려고 했다. 이에 괴통(蒯通)이라는 사람이 나서며 말했다.

"지금 장군께서 한왕의 명령을 받들어 제나라로 진격하는 중에 제나라의 항복 소식을 들었습니다. 그러나 공격 중지 명령은 받지 않으셨습니다. 또한 역이기라는 사람은 일개 선비에 지나지 않는데도 세 치 혀를 놀려 제나라의 70여 개 성을 항복받았습니다. 그러나 장군께서는 수만 명의 군대를 거느리고 한 해가 다가도록 겨우 조나라의 50여 개 성을 점령했을 뿐입니다. 장군이 되신 지 벌써 몇 해가 되었건만 일개 선비의 공적만도 못하니 말이 됩니까?"

그 말이 옳다고 여긴 한신은 멈추지 않고 제나라를 향해 진격했다. 한편 제나라는 역이기의 말을 듣고 한나라에 항복한 후 잔치를 벌이며 방비를 하지 않고 있었다. 한신은 이 틈을 노려 제나라 군대를 물리치고 드디어 제나라 수도인 임치(臨淄)에 이르렀다. 그러자 제나라 왕은 역이기가 자신을 속였다고 생각하고는 역이기를 삶아 죽이고 달아나 초나라에 도움을 청했다. 임치를 함락한 한신은 계속 제나라 왕을 추격했다. 그러자 초나라에서도 용저 장군에게 20만 명의 대군을 주어 제나라를 돕게 했다.

용저가 한신과 대치하고 있을 때 어떤 사람이 용저에게 말했다.

"한나라는 멀리서 싸우러 왔으니 있는 힘을 다할 것입니다. 그들의 날카로운 기세를 꺾기는 어렵습니다. 그러니 장군께서는 성을 굳게 지키시면서, 제나라 왕을 시켜 이미 빼앗긴 성을 우리 쪽으로 돌아오게 하는 것이 좋겠습니다. 제나라 군사들은 초나라가 구원하러 왔다는 사실을 알면 반드시 한나라를 배반할 것입니다. 한나라 군대는 2천 리나 떨어진 머나먼 곳에 와서 싸우고 있는 형편이라, 이미 항복했던 성들이 모두 배반해 버리면 그들은 식량조차 구하지 못한 채 무너질 것입니다."

그러나 용저는 한마디로 잘라 말하며 그의 말을 묵살했다.

"나는 한신을 잘 안다. 그는 겁쟁이라 상대하기가 쉽다. 게다가 명색이 제나라를 도운다면서 싸우지도 않고 한나라를 항복시킨다면 내가 무슨 공이 있겠느냐? 싸워 이기면 내가 제나라의 절반을 차지하게 될 텐데 어찌 싸우지 않겠는가?"

드디어 유수(濰水)를 사이에 두고 한나라와 제나라 군대가 진을 쳤다. 한신은 밤에 몰래 만여 개의 모래주머니를 만들게 해 유수 상류를 막았다. 그런 후 군대를 이끌고 유수를 반쯤 건너 공격하는 척하다가 되돌아 도망쳤다. 이를 본 용저가 한신을 겁쟁이라고 비웃으며 대군을 이끌고는 한신을 뒤쫓아서 유수를 건너가기 시작했다. 그 순간 한신의 군대가 상류의 모래주머니를 한꺼번에 무너뜨리니 갑자기 집채만한 물기둥이 용저의 군사들을 휩쓸고 말았다. 용저의 병졸들은 절반도 강을 건너지 못했다. 한신은 급히 습격해 용저를 죽였다.

한나라 4년에 한신은 마침내 제나라를 완전히 평정하고 유방에게 사자를 보냈다.

"제나라는 간사하고 변덕이 심한 나라입니다. 더구나 남쪽은 초나라와 국경을 맞대고 있습니다. 제나라에 임시 왕을 내세워 진정시키지 않으면 질서가 잡히지 않을지도 모릅니다. 바라옵건대 저를 이곳 제나라의 임시 왕으로 삼아 주시면 고맙겠습니다."

이때 유방은 형양에서 항우에게 몰려 포위당하고 있었다. 이러한 위기 상황에서 한신의 편지를 본 유방은 버럭 화를 냈다.

"내가 지금 곤궁한 처지에 빠졌는데 도와줄 생각은 못할망정 스스로 왕이 되겠다는 말이냐?"

그때 곁에 있던 장량이 한왕의 발을 일부러 밟으며 작은 목소리로 속삭였다.

"지금 우리는 최악의 처지에 몰려 있습니다. 한신이 왕이 되는 것을 막을 수 없을 것입니다. 제지해서 좋을 것이 없습니다. 차라리 한신을 정식으로 왕에 임명해 제나라를 튼튼하게 지키도록 하는 것이 상책입니다."

유방이 그 말뜻을 알아듣고는 일부러 목청을 높여 사자에게 명령했다.

"대장부가 나라를 평정했으면 당연히 왕이 되어야 하는 것인데, 임시 왕이 말이 되는가? 정식으로 왕이 되어 제나라를 다스려야 마땅하다."

유방은 장량을 보내 한신을 제나라 왕에 임명하고 초나라를 공격하게 했다.


천하를 셋으로 나누어 그 하나를 차지하는 것이


한편 초나라는 한신에게 20만 명의 군사를 잃고, 전세가 점차 불리해졌다. 그러자 걱정이 된 항우는 한신을 자기편으로 끌어들이기 위해 무섭(武涉)이라는 사람을 한신에게 보냈다.

"온 천하가 진나라의 시달림을 받은 지 오래되었습니다. 그래서 우리는 힘을 합쳐 진나라를 멸망시켰습니다. 그 뒤 각기 그 공적에 따라 땅을 나눠 왕의 자리에 앉고 병사들을 고향에 돌아가게 했습니다. 그런데 유방은 다시 군사를 일으켜 남의 땅을 빼앗으며 초나라에게 싸움을 걸어왔습니다. 천하를 통째로 집어 삼키려고 탐욕을 부리고 있는 것입니다.

유방은 믿을 수가 없습니다. 항왕께서는 그를 죽일 기회가 많았지만, 늘 가엽게 여겨 살려주었습니다. 그러나 유방은 위기를 벗어나기만 하면 약속을 어기고 또다시 공격해 왔습니다. 지금 장군께서는 유방을 위해 모든 힘을 다 바치고 계십니다만 언젠가는 배반당할 것입니다. 장군이 살아남을 수 있었던 것은 항왕이 건재한 덕분입니다.

지금 항왕과 유방 두 사람의 싸움에서 승리의 관건은 장군의 손에 달려 있습니다. 장군이 오른쪽으로 기울면 유방이 이기고, 왼쪽으로 기울면 항왕이 이깁니다. 만일 항왕이 패한다면 다음에는 장군이 당할 차례입니다. 부디 한나라와의 낡은 인연에 얽매이지 마시고 천하를 셋으로 나누어 왕이 되십시오."

그러나 한신은 정중히 무섭의 말을 거절했다.

"내가 항왕의 밑에 있을 때는 고작 말단 경호병 노릇을 하고 있었을 뿐이오. 그때는 항왕에게 어떤 계책을 말해도 채택되지 못했소.

그래서 초나라를 버리고 한나라에 온 거요. 그러나 한왕께서는 내게 대장군의 벼슬과 수만 명의 대군을 주셨소. 오늘 내가 이 자리에 오를 수 있었던 것은 오로지 한왕 덕택이오. 남이 나를 믿어 주는 데도 배반하는 것은 옳은 일이 아니오. 비록 내일 죽더라도 마음을 바꿀 수는 없소."

무섭이 돌아간 뒤 이번에는 괴통이 찾아왔다.

"저는 관상을 볼 줄 압니다. 사람의 귀하고 천함은 얼굴의 모양에 나타나고 기쁨이 생기느냐 근심이 생기느냐 하는 것은 얼굴색으로 나타나며 일의 성공과 실패는 결단력에 달려 있습니다. 이 세 가지를 종합해 운세를 보면 확실합니다."

"그러면 내 관상은 어떻게 보십니까?"

한신이 묻자, 괴통은 조용히 말하고 싶다면서 주위의 사람들을 물리치게 했다.

"장군의 관상을 보니 제후에 불과합니다. 그것도 위태로워 안정된 모습이 아닙니다. 그러나 등을 보니 고귀하기가 이를 데 없습니다."

"그것이 무슨 말이오?"

"세상이 어지러워지자 영웅호걸들이 왕을 자칭하고 세력을 모으니 천하의 뜻있는 사람들이 구름처럼 모여들어 물고기 비늘처럼 겹쳐지고 불길처럼 커졌습니다. 그때의 걱정은 오직 진나라를 멸망시키는 것이었습니다. 그런데 지금은 초나라와 한나라가 서로 싸우게 되니 죄 없는 천하의 백성들이 시달리고 있습니다. 길에는 온통 시체와 뼈가 나뒹굴고 있습니다.

지금 천하는 장군의 손에 달려 있습니다. 장군께서 한나라를 섬기면 한나라가 이기고, 초나라를 섬기면 초나라가 이기게 되어 있습니다. 제 생각으로는 두 왕을 존속시켜서 천하를 셋으로 나누는 것이 가장 좋은 방책인 것 같습니다. 장군을 포함해 세 세력이 솥의 세 발처럼 자리를 잡고 있으면 어느 편도 먼저 움직이지 못할 것입니다.

하늘이 주는 것을 받지 않으면 벌이 내리고, 때가 왔을 때 단호하게 행동하지 않으면 도리어 화를 입는다고 합니다. 부디 심사숙고하시기 바랍니다."

그러나 한신은 머리를 저으며 말했다.

"한왕은 자신의 수레에 나를 태워 주며 자신의 옷을 나에게 입혀 주고 자신의 밥을 나에게 먹여 주었소. 옛말에도 '남의 수레를 타는 사람은 그의 걱정을 제 몸에 싣고, 남의 옷을 입는 사람은 그의 근심을 제 마음에 품으며, 남의 음식을 먹는 사람은 그를 위해 목숨을 바쳐야 한다.'라고 했소. 이익에 사로잡혀 의리를 저버릴 수는 없는 일이오."

그러자 괴통이 반박하며 말했다.

"지금 장군께서는 한왕과 친하다고 여겨서 충성과 신의를 다해 길이 빛날 공을 세우려 하시지만 그것은 잘못입니다. 아무리 친한 사이라 할지라도 나중은 믿을 수가 없습니다. 걱정은 욕심이 많은 데에서 나오고 사람의 마음은 아무도 예측할 수가 없기 때문입니다. 들짐승이 없어지면 사냥개는 쓸모없게 되어 삶아 먹히고 맙니다.

지금 장군께서는 군주를 흔들리게 할 만한 위력을 지니고 계십니다. 그러니 초나라에 가면 초나라가 믿지 못할 것이고, 한나라에 가면 한나라가 두려워하는 어려운 처지에 놓여 있습니다. 장군께서 그런 위세와 공로를 가지고 어디로 가시겠습니까? 남의 신하이면서도 군주를 벌벌 떨게 하는 위세를 가졌으며, 그 이름 또한 천하에 드날리고 있습니다. 그러니 장군께서는 매우 위태로운 처지에 놓이신 것입니다."

그러자 한신은 며칠 더 생각해 보겠다고 대답했다. 며칠 후 괴통이 찾아왔다.

"무릇 지혜는 일을 결단하는 힘이 되며, 의심은 일을 방해하는 장애가 되는 법입니다. 작은 일에 구애받고서는 큰 지위를 얻지 못합니다. 터럭같이 사소한 부분에 매달려서는 천하의 큰 흐름을 장악할 수 없습니다.

알고 있으면서도 실천하지 못하는 것이 모든 일의 화근이 됩니다. '아무리 맹호라도 망설이면 벌만도 못하며, 아무리 준마라도 나가지 않으면 늙고 둔한 말만큼도 못하다. 순임금과 우왕의 지혜가 있어도 앉아만 있어서는 벙어리의 손짓만 못하다.'라는 말은 실천이 얼마나 중요한가를 잘 알려 주고 있습니다. 대체로 공은 이루기 어려우나 잃기는 쉽고, 좋은 때를 만나는 일은 두 번 다시 오지 않습니다. 제발 깊이 헤아려 주시기 바랍니다."

그러나 한신은 계속 망설이며 한나라를 배반하지 못했다. 공로가 이토록 크니 자신에게서 제나라를 빼앗지는 않을 것이라고 생각한 것이다. 결국 한신은 괴통의 말을 듣지 않았다. 괴통은 한신이 자신의 말을 들어주지 않자 거짓으로 미친 척하고 무당이 되었다.

그 무렵 유방이 고릉(固陵)에서 항우의 역습에 휘말려 궁지에 몰리자 장량은 한신을 불렀다. 한신은 군사를 이끌고 해하에 이르러 항우의 군대를 무찔렀다. 드디어 한나라가 천하를 제패하게 되었다. 한나라 5년 정월 한신은 초나라 왕으로 임명되어 초나라로 갔다. 한신은 예전에 자신에게 밥을 먹여 주었던 빨래하던 아낙네를 불러 천금을 하사했고, 한때 신세를 졌던 남창의 관리에게는 백 전을 주며 말했다.

"당신은 소인이오. 은혜를 베풀려면 끝까지 베풀어야지……."

또한 자신에게 가랑이 밑으로 기어가라고 창피를 준 백정에게도 벼슬을 주었다.

"이 사람은 장사다. 그러나 나를 욕보이던 때에 내가 어찌 이 사람을 죽일 수 없었겠는가? 하지만 죽인들 내 이름이 유명해지는 것도 아니었기에 참고서 오늘의 공적을 이루었다."

## 토끼 사냥이 끝나면 사냥개는 잡아먹힌다

한나라 6년에 누군가가 한신이 모반을 꾀한다고 밀고했다. 유방은 남방의 운몽(雲夢)이라는 큰 호숫가로 시찰을 간다고 알리면서 모든 제후들을 진(陳)으로 모이도록 지시했다. 이는 어디까지나 한신을 체포하는 데에 목적이 있었는데 한신은 그것을 알지 못했다. 유방이 초나라에 도착할 무렵 한신은 모반을 생각했지만 발설하거나 실행에 옮긴 적이 없었기 때문에 자신은 의심받을 일이 없다고 생각했다. 초조했지만 한신도 운몽으로 가서 황제 유방을 뵈려 했다. 이때 어떤 사람이 한신에게 제안했다.

"종리매(鐘離昧)를 처치한 후에 유방을 만나시는 것이 좋겠습니다."

종리매는 항우의 부하였으나 한신과는 고향 친구로 친했기 때문에 항우가 죽은 후 도망쳐 한신에게 온 장군이었다. 한편 유방은 종리매에게 원한이 있었기 때문에 종리매가 초나라에 있다는 말을 듣고, 종리매를 체포하도록 지시한 상태였다. 한신이 종리매를 만나 의논하자 종리매가 말했다.

"유방의 비위를 맞추기 위해 나를 잡아갈 생각이라면 내 스스로 여기서 목숨을 내놓겠소. 하지만 내일은 당신이 망할 것이오."

그는 한신을 마구 비난하고서는 스스로 목을 찔렀다. 한신은 종리매의 목을 가지고 유방을 만났다. 그러나 유방은 한신이 오자마자 붙잡아 포박했다. 이에 한신이 탄식했다.

"과연 사람들의 말이 맞구나. 토끼 사냥이 끝나면 사냥개를 잡아먹고, 하늘을 나는 새가 없어지면 활을 치워버린다. 적국을 함락시킨 후에는 지략이 뛰어난 신하들을 죽인다고 했으니, 천하가 평정된 이 마당에 내가 삶아져 죽는 것은 당연하다."

유방은 한신을 묶어 낙양으로 호송했는데, 낙양에 도착한 후에야 한신의 죄를 용서하고 그를 왕에서 제후로 격하시켜 회음후로 삼았다. 이후에도 유방이 자신을 경계하는 것을 알고, 한신은 병을 핑계로 조정에 나가지 않았으며 밤낮으로 유방을 원망하고 불만을 품었다.

언젠가 유방이 한신과 함께 사석에서 여러 장수의 능력을 평가하면서 이런 대화를 나눈 적이 있었다.

"나 같은 사람은 어느 정도의 군사를 거느릴 수 있다고 보는가?"

"10만 명 정도는 되겠습니다."

"그러면 그대는?"

"저는 많으면 많을수록 좋습니다."

"그런데 어찌해서 나에게 사로잡히게 되었는가?"

"폐하께서는 병사들의 장군이 되실 수는 없지만 장수는 잘 거느리십니다. 더욱이 폐하의 능력은 하늘이 준 것이기 때문에 사람의 힘으로는 어찌할 수가 없습니다."

어느 날 거록 지방의 태수로 임명된 진희가 한신에게 작별 인사를 하러 왔다. 한신은 그의 손을 잡고 마당을 거닐며 하늘을 우러러 탄식했다.

"내 그대에게는 모든 것을 말할 수 있겠지. 내 말을 들어주겠는가?"

"말씀하십시오."

"그대가 가는 곳은 천하의 정예 병사들이 모여 있는 땅이오. 그대가 밖에서 일어나고 내가 안에서 일어나면 천하는 우리 것이 될 수 있을 것이오."

진희는 원래 한신의 능력을 믿어서 따랐기 때문에 한신에게 맹세했다.

"시키는 대로 하겠습니다."

한나라 10년에 진희가 약속대로 반란을 일으켰다. 유방은 친히 군대를 이끌고 나갔는데 한신은 병을 핑계로 밖에 나가지 않고 은밀히 진희에게 사자를 보냈다.

"오직 군사들과 함께 싸우기만 하시오. 나는 여기서 도울 것이오."

그런데 부하 하나가 이 사실을 밀고해 버렸다. 유방의 부인 여후는 즉시 한신을 불러들일까 하다가 한신이 그냥 오지는 않을 것이라고 생각하고 소하와 의논했다. 소하는 진희가 이미 처형되었다는 소문을 퍼뜨린 후 제후들과 이를 축하하기 위한 자리를 만들었다. 그리고 한신에게도 명령을 전했다.

"병중이시라는 것은 알지만 잠깐이라도 들러 축하를 해 주시지요."

한신이 궁궐에 들어서자 대기하던 무사들이 한신을 체포했다. 그리고 그 길로 한신의 목을 베었다. 죽기 직전 한신이 탄식했다.

"내가 괴통의 말을 듣지 않은 것이 한스럽다. 아녀자에게 속았으니 이것이 내 운명인가?"

그 사건으로 인해 한신의 집안은 삼족까지 몰살당했다.

한편 유방은 진희를 토벌하고 돌아와 한신의 처형 소식을 들었다.

"한신이 죽을 때 뭐라 하던가?"

여후가 대답했다.

"괴통의 말을 듣지 않은 것이 천추의 한이라고 했습니다."

그는 즉시 괴통을 잡아들일 것을 명령했다. 며칠 후 괴통이 잡혀왔다.

"네 놈이 한신에게 모반하라고 부추겼느냐?"

"그렇습니다. 그런데 그 못난 사람이 제 말을 듣지 않더니 끝내 자멸하고 말았습니다. 만일 그 사람이 제 말만 들었다면 폐하께서는 그 사람을 물리치실 수 없었을 것입니다."

이에 유방이 크게 노해 소리쳤다.

"저 놈을 당장 삶아 죽여라!"

그러자 괴통이 외쳤다.

"폐하, 노여움을 푸시고 제 말을 들어 보십시오. 일찍이 진나라가 흔들리자 산동 지방에는 아무나 일어나 멋대로 왕을 자칭해 영웅들이 까마귀 떼처럼 모여들었습니다. 도척이라는 사람이 기르던 개가 요임금에게 짖어댄 것은 요임금이 어질지 못해서가 아니라 오직 자기 주인이 아니었기 때문입니다. 당시 제가 알고 있던 사람은 한신 뿐이었습니다. 폐하는 한 번도 뵌 적이 없었습니다. 뿐만 아니라 당시에 많은 사람이 폐하처럼 천하를 제패하고자 힘을 다했습니다. 다만 그들은 힘이 모자랐을 뿐입니다. 이제 그런 사람들도 모조리 가마솥에 삶으실 작정이십니까?"

이 말을 들은 유방은 괴통의 죄를 용서했다. 〈회음후열전(淮陰侯列傳)〉

# 《사기》, 삶의 철학으로 빚어낸 역사

## 1. 사마천의 생애

### 1) 낭중에 이어 태사령이 되다

사마천의 집안 내력과 《사기》를 저술하기까지의 과정 등이 담긴 〈태사공자서〉에는 사마천의 아버지 사마담(司馬談)이 죽으면서 아들 사마천에게 말하는 구절이 나온다.

"우리 조상은 주나라 왕실의 태사(太史, 중국 고대 시절 역사의 기록, 천문, 역법, 제사를 관장하던 관리)였다. 후세로 오면서 집안이 쇠퇴하더니 드디어 나의 대에 이르러 그 명맥이 끊어지게 되었구나. 내가 죽거든 너는 반드시 태사가 되어라. 태사가 되거든 내가 하고자 했던 논저(論著, 역사적 사실에 대한 기술과 논평)를 잊어서는 안 된다. 공자 이후로 4백여 년이 흐르는 동안 제후들은 서로 다른 나라를 빼앗으려고 만 하고 역사 기록은 내버려져서 결국 끊어지기에 이르렀다. 이제 한나라가 일어나 천하가 통일되었고 어진 임금과 충성스러운 신하, 정의를 위해 목숨을 바치는 선비가 나왔다. 내가 태사령의 벼슬에 있으면서 이들의 행적을 기록하지 못한 것이 원통하구나. 너는 내가 못다 한 이 일을 해 주기 바란다. 내 말을 꼭 명심해라."

사마천은 고개를 숙이고 눈물을 흘리며 대답했다.

"소자 비록 뛰어난 머리를 가지지는 못했으나 아버님께서 정리해 놓으신 옛 문헌들을 빠짐없이 기록하고 논평하도록 하겠습니다."

이때 사마천의 나이는 36세로, 그는 아버지의 유언대로 아버지의 일을 이어받아 역사를 정리하고 그에 대해 자신의 논평을 쓰는 일을 필생의 과제로 생각했다. 앞에도 나왔지만 사마천의 선조들은 대대로 역사를 기록하는 관리인 태사였고, 그 일을 이어받은 아버지는 당시 한나라 무제 밑에서 천문과 역법 그리고 역사를 기록하는 임무를 맡아보던 태사령이었다. 사마천은 당시 황제의 시종 무관인 낭중이라는 하급 관리였다.

사마천은 기원전 145년 용문(龍門)에서 태어났다. 사마천의 출생 연도에 대해 어떤 사람들은 기원전 153년 또는 기원전 135년이라고 주장하기도 하나, 많은 사람들이 사마천이 기원전 145년에 태어났다는 주장에 동의하고 있다.

사마천이 태어난 용문이라는 곳은 현재 중국의 섬서성(陝西省) 한

성현(韓城縣)의 교외로 황하의 나루터로 유명한 곳이다. 용문의 계곡은 험해서 오르기가 쉽지 않았다. 그래서 과거에 급제하는 일이 용문의 계곡에 오르는 일만큼이나 어렵다는 데에서 등용문(登龍門)이라는 말이 유래되었다. 〈태사공자서〉에 의하면 사마천은 어린 시절 이곳에서 밭을 갈고 가축을 기르면서 보냈다. 그러면서 글도 배우며 공부를 했는데 사마천을 가르친 선생은 그의 아버지였다.

사마천은 10세 때부터 고문(古文)을 익혔다. 고문은 옛날 글자로 당시 쓰던 한문보다도 어려운 문자다. 이는 사마천이 《서경》이나 《춘추(春秋)》와 같은 옛날 경전이나 역사책을 읽을 수 있는 기초적인 공부를 했음을 의미한다. 아마도 사마담은 사마천을 자신의 후계자로 생각해서 미리 교육시킨 것으로 보인다.

하지만 그가 어린 시절을 회고하면서 "나는 어렸을 때 고삐 풀린 듯 자유분방했고, 커서도 고을에서 칭찬받는 젊은이가 못 되었다."라고 고백하듯이 사마천은 공부를 하기는 했지만 자유분방한 생활을 더 즐겼던 것 같다. 《사기》의 곳곳에도 드러나 있듯이 사마천의 글에는 그의 자유분방한 기질이 진하게 녹아 있는데, 이는 어린 시절의 성장 배경에서 비롯되지 않았을까 추측된다.

이후 사마천은 아버지와 같은 사관으로서의 길을 걷기 위해 천문과 역법 등에 관한 지식은 물론 역사에 관한 지식까지 습득해 갔다. 특히 역사를 공부하면서 사마천은 많은 것을 알고 깨닫게 되었다.

역사에서 만난 수많은 영웅들의 자유롭고 호방한 삶을 접하면서 그는 모험과 낭만이 가득 찬 세상을 만나기도 했고, 위대한 정신의 소유자들과 성인들을 통해 자신의 사상적인 근원 또한 찾을 수 있었다. 예로부터 한 권의 책을 읽고 인생의 방향을 정하는 경우가 많았다. 사마천 역시 《춘추》와 같은 역사책에서 인생의 방향을 정하게 되었고, 이 책을 통해 올곧고 호방한 성격을 배웠다.

20세 되던 해 사마천은 길고도 먼 여행을 떠난다. 이 역시 아버지의 조언과 도움에 의한 일이었다. 그는 여행을 하면서 역사에 기록된 뛰어난 인물들이 살았던 곳이나 그 인물들이 최후를 맞은 곳을 들렀고 그들의 행적과 사상에 대한 그때그때의 감회를 기록했다. 그러니까 사마천의 여행은 단순한 여행이 아니라 목적이 뚜렷한 여행이었던 셈이다. 그 목적은 역사의 현장을 눈으로 확인하고 가슴으로 느끼는 것이었다.

사마천은 먼저 남쪽으로 가서 우왕과 순임금의 묘를 찾아 참배했다. 그리고 전국 시대 초나라의 충신인 굴원이 비통한 마음을 삭이며 몸을 던져 자살한 곳에서 사마천은 굴원이 쓴 글을 읊으며 눈물을 흘렸다고 고백한다. 그리고 북쪽으로 발길을 돌려 공자를 비롯한 여러 학자와 사상가들의 발자취를 더듬었으며, 중국의 패권을 놓고 다투던 항우와 유방의 격전지를 다니면서는 큰 고생을 겪었다고 회고한다.

사마천의 이 여행은 최소 1년에서 최대 3년 정도 걸렸을 것으로 추정된다. 그래서 후대의 사람들은 사마천의 이 여행을 흔히 '독만권서 행만리로(讀萬卷書行萬里路)'라고 말한다. 만 권의 책을 읽고 만리 길을 여행했다는 뜻이다.

여행에서 돌아온 후 27세가 되었을 무렵 사마천은 낭중이라는 벼슬에 오르게 되었다. 낭중은 하급 관리직이었지만 황제의 비서관 역할을 하는 중요한 자리였다. 황제를 모시면서 황제의 눈에 들어 발탁이 되면 곧장 높은 자리로 직행할 수 있는 요직이기도 했다.

그 당시 낭중이라는 벼슬은 자신의 학문이 높거나 또는 부모의 벼슬이 높아야 가능한 자리였다. 그것도 아니라면 아주 많은 돈을 내야만 살 수 있었던 직책이었다. 하지만 사마천의 가정 환경으로 볼 때 돈을 주고 산다는 것은 도저히 불가능했을 것이고, 또한 사마천의 아버지가 권력이나 재력을 가진 관리도 아니기 때문에 사마천이 낭중이 된 것은 그의 학문 실력을 어느 정도 인정받았기 때문이라고 볼 수 있다.

그러나 사마천은 낭중의 직책에 있으면서 황제인 무제의 눈에 들 정도로 돋보이지는 못한 것으로 보인다. 왜냐하면 사마천은 38세에 아버지의 태사령직을 물려받을 때까지 십여 년 동안 줄곧 낭중으로 머물러 있었기 때문이다. 그는 35세 되던 해에 한나라 무제의 명령으로 서남부 지역의 소수 민족 정벌대에 참가하기도 했지만 그것 역시 상을 받을 업적으로는 인정받지 못했다.

사마천이 서남부의 소수 민족 정벌에 다녀오던 바로 그해, 즉 기원전 110년에 사마천은 아버지의 죽음을 맞이하게 되었다. 아버지의 갑작스런 죽음은 그에게 매우 충격적인 일이었다. 아버지의 죽음은 봉선(封禪) 의식에 참가하지 못한 울분 때문이었다. 그 무렵 무제는 여태껏 거행되지 않던 봉선이라는 큰 제사를 거행하고자 했다.

봉선이란 하늘과 땅에 제사를 올리는 의식을 말하는데, 한나라 무제는 천자, 즉 하늘의 아들로서 정치를 잘해 성과를 거두었으니 하늘과 땅에 그 일을 고해야 한다는 의미로 봉선 의식을 실시했다. 이런 봉선 의식은 아무 황제나 할 수 있는 일이 아니었고 특별히 큰 업적을 남긴 황제만이 할 수 있는 성대하고도 장엄한 의식이었다. 그러므로 이 일은 당연히 태사령이 준비하고 주관해야 하는 일인데도 태사령 사마담은 주남(周南)이라는 지방에 있었기 때문에 봉선 의식에 참여하지 못했다. 이 일로 사마담은 크게 실망하고 좌절해 마침내는 울화병을 얻어 죽음에 이르게 되었다.

이때 사마담은 아들 사마천에게 두 가지를 당부하며 세상을 떠났다. 하나는 태사령의 직책을 계승하라는 것이고, 둘째는 자신이 다 쓰지 못한 역사서를 완성하라는 것이었다. 사마천의 나이 36세가 되던 해였다.

아버지가 돌아가신 지 3년째 되던 해에 사마천은 아버지가 맡던 태사령의 직책을 계승했다. 태사령은 천문과 역법을 담당하는 전문직이었으므로 대체로 부자 세습이 되는 것은 큰 문제가 없었다. 태사령이 된 다음의 생활에 대해 사마천은 이렇게 적고 있다.

"친구들과의 모든 왕래를 끊고, 집안일도 잊은 채 밤낮없이 모든 재능을 다해 한마음 한뜻으로 나의 직분을 충실히 수행해 황제에게 잘 보이려고 했다."

이처럼 자신의 직분을 충실히 지키는 한편 사마천은 아버지의 유언을 실천하기 위해 아버지가 남긴 원고들을 정리하며 글을 쓰는 데에 심혈을 기울이고 있었다.

### 2) 궁형을 받고 발분 저서하다

이렇게 열심히 살아가던 사마천에게 전혀 생각지도 못했던 불행이 닥친다. 그에게 닥친 이 불행한 사건을 '이릉(李陵)의 화(禍)'라고 한다. 이릉의 화란 사마천이 무제에게 장군 이릉을 변호해 주다 황제의 노여움을 받아 궁형을 당한 사건을 말한다.

한나라 무제는 매우 비범하고 원대한 포부를 지닌 인물이었다. 그는 안으로 황제권을 강화해 중앙 집권 체제를 확립하고, 밖으로는 주변 이민족을 정복해 영토를 넓혔다. 특히 한나라 무제가 이룩한 군사적 업적은 찬란했다. 남쪽의 월 지역을 평정했고 동북쪽의 고조선을 정복했으며, 장건(張騫)을 파견해 서역으로 통하는 교통로를 개

척했다. 또한 북방 흉노족과 전쟁을 벌여 북으로부터의 위협을 제거하는 등 그 성과는 당시까지의 중국 역사에서 찾을 수 없을 정도로 대단한 것이었다. 특히 여덟 차례에 걸쳐 전개된 흉노와의 전쟁은 국가의 모든 재원과 엄청난 인력을 동원했던 무제의 야심 찬 국책 사업이었다. 그러나 그토록 막대한 자금과 인력을 투입했지만 무제는 결국 흉노를 멸망시키지 못하고 만다.

또한 한나라 무제 후기에는 무리한 군사 동원과 지나친 권력 강화로 인해 백성들은 부역에 시달리고 민생은 안정되지 못했다. 특히 지방 제후들과 대신들을 억누르기 위해 실시한 황제권 강화 정책은 독재 정치로 이어져서 사람들을 공포 속에서 숨죽이게 만들었다. 위로는 황후, 태자, 조정의 삼공으로부터 아래로는 장군, 대신들에게 이르기까지 조금이라도 무제의 눈에 벗어나면 곧 죽음으로 이어지기 마련이었다. 또한 이런 일들에 연루되어 죽은 사람만도 수만 명이었다.

사마천이 당한 이릉의 화도 이런 맥락에서 일어난 사건이었다. 이릉은 흉노 정벌에 나선 장수인데, 사마천의 친구이기도 했다. 이릉은 대장군 이광리(李廣里)가 흉노 정벌에 나섰을 때 자청해 따라 나섰다. 이릉은 5천 명의 군사를 이끌고 흉노와 싸웠다. 처음에는 싸울 때마다 이겨서 조정은 온통 환호성과 칭찬 일색이었다. 그러나 주력 부대의 지원이 없어서 이릉은 결국 흉노에 패해 투항하고 말았다.

이 소식이 들려오자 조정의 분위기는 완전히 달라졌다. 어제까지 만세를 부르며 이릉을 칭찬하던 조정 대신들이 이제는 모두 태도가 돌변해 이릉의 잘못을 찾는 데에 혈안이 되고 이릉을 비난하기 시작했다. 이런 태도에 대해 사마천은 냉정하게 역사를 기술하는 사람으로서 이를 비판했다. 사마천은 다른 신하들과는 달리 황제의 기분을 맞추기 위해 아부하지 않고 말했다.

"이릉은 부족한 병력을 가지고 버틸 만큼 버티다가 어쩔 수 없이 흉노에 투항했습니다. 그러나 이릉이 투항한 것은 자기 한 목숨 살아남기 위해서가 아니라 언젠가는 기회를 다시 엿보아 대항하기 위해서일 것입니다."

황제의 질문에 진실을 말한 사마천은 도리어 황제를 격노하게 만들고 말았다. 황제는 자신이 아끼는 애첩의 오빠인 대장군 이광리에게 패전의 책임이 지워지는 것이 싫었던 터였다. 그리고 이광리를 대장군으로 삼아 출정시킨 것은 황제 자신이었기 때문에 사마천이 이릉을 옹호하는 발언을 하자, 무제는 이 말이 이광리와 황제 자신을 함께 비난하는 것이라고 생각했다. 황제의 노여움을 산 사마천은 감옥에 갇히고 마침내 사형 판결을 받았다.

당시 한나라 형법에는 사대부가 사형을 면제받을 수 있는 방법이 두 가지 있었다. 50만 전의 돈을 국가에 내거나 아니면 생식기를 제거하는 궁형을 받는 것이었다. 가난한 사마천이 살아남으려면 궁형을 받는 수밖에 다른 도리가 없었다. 이때가 기원전 99년으로 그의 나이 47세였다. 당시의 선비들은 궁형이라는 치욕을 당하느니 차라리 죽음을 택했다. 사마천 역시 그런 사실을 잘 알고 있었다. 사마천과 절친한 친구 임안(任安)도 궁형을 선택한 사마천을 이렇게 비난했다.

"당장 칼을 물고 자결하게. 목숨을 구걸해 거세당한 비겁한 사람을 친구로 둘 수는 없지 않겠는가. 자네가 내 친구라면 마지막으로 나의 진정한 충고를 받아들이게."

그러나 죽음보다도 더 고통스러운 궁형을 자청한 사마천에게는 나름의 이유가 있었다. 그 이유란 다름 아닌 아버지의 유언을 실천해 《사기》를 완성하는 것이었다. 그래서 사마천은 이를 악물고 치욕을 감수하면서도 궁형을 택했고 더욱 열심히 자신의 일에 열중했다. 이듬해 사마천은 그의 능력을 인정받아 중서령이 되었다. 중서령이란 궁형을 당한 환관들 중에서 가장 지위가 높은 직책으로, 황제의 비서실장 자리였다. 이렇게 해서 사마천은 《사기》를 저술하는 작업도 계속 진행시킬 수 있게 되었다.

그러던 중 이번에는 사마천의 친구 임안이 처형을 받게 되는 사건이 발생했다. 임안은 황제 옆에서 시중을 들고 있는 사마천에게 죄를 면하게 해달라고 부탁했다. 사마천은 진정으로 친구를 도와주고 싶었지만 자신의 힘으로 해결할 수 있는 일이 아니었다. 그렇다고 모르는 척할 수도 없는 일이었기 때문에 사마천은 친구에게 자신이 궁형을 당하던 시절부터 당시까지의 심정을 토로하는 글을 썼다. 이 글이 유명한 〈보임안서(報任安書)〉다.

"나 같이 별 볼일 없는 사람 하나가 죽는 것이 무슨 대수인가. 마치 구우일모(九牛一毛, 아홉 마리의 소에 있는 터럭 하나) 없어지는 것과 무엇이 다를까?

궁형보다 더 치욕스러운 것은 없지. 그렇기에 나는 하루에도 내장이 아홉 번이나 뒤틀리는 아픔을 느끼고 집에 가만히 있으면 멍하니 무엇인가를 잊은 듯하며, 집을 나서면 어디로 가야 할지 알 수가 없었다네. 이 수치심을 떠올릴 때마다 등골에 땀이 배어 옷을 적셨지.

노예나 비첩 같은 존재들도 오히려 자결할 줄 아는데 하물며 내가 어찌 그렇게 할 수 없었겠는가? 그럼에도 치욕을 참고 견디며 더러운 흙 속에 뒹구는 것을 마다하지 않은 까닭은 내 마음속의 소원을 다하지 못한 것이 한스럽고, 비루하게 살다가 죽을 경우 나의 글이 후세에 남겨지지 않을까 두려웠기 때문이었네.

이제 내가 저술한 이 글이 세상에 나와 사람들에게 전해진다면, 내가 이전에 당했던 굴욕이 보상되리라 믿네. 이제 더 참혹한 형벌을 당한다 할지라도 어찌 후회됨이 있겠는가?"

이렇게 사마천은 자신이 겪은 참담한 심정과 고통을 전하고 있다.

하지만 이런 울분은 결국 사마천으로 하여금 《사기》를 완성하게 한 동력이 되었다. 그래서 사마천이 《사기》를 쓴 것을 두고 울분에서 떨쳐 일어나 저서를 썼다는 뜻으로 '발분 저서(發憤著書)'라고 한다. 사마천은 죽음이 두려운 것이 아니었다. 누구나 한 번은 죽기 마련이지만 사마천은 그의 죽음을 결코 가볍게 하지 않은 것뿐이었다.

　사마천이 필생의 역작인 《사기》를 완성한 시기는 밝혀지지 않고 있다. 정확히 그것이 몇 년의 일이었는지는 알 수 없지만 아마도 그의 나이 55세쯤 되지 않았을까 추측할 뿐이다. 그 이후 사마천이 언제 어떻게 죽었는지도 역시 알려져 있지 않다. 저술 작업을 마치고 자신의 삶을 마감했을지도 모를 일이다.


## 2. 《사기》는 어떤 책인가?


### 1) 《사기》의 구성과 내용

　《사기》의 원래 제목은 《태사공서(太史公書)》이다. '태사공서'란 '태사공이 쓴 글'이라는 뜻으로 태사공은 태사령 직책을 가졌던 사마천의 아버지 사마담과 사마천을 말한다. 그러니까 정확히 말하면 아버지 사마담과 아들 사마천의 공저라는 의미다. 《태사공서》는 《태사공기(太史公記)》라고도 불렸는데, 이를 줄여서 《사기》라고 부르다가 당나라 시대에 정식 역사서의 명칭으로 불리게 된 것이다.

《사기》는 대나무를 깎아 만든 죽간(竹簡)에 총 52만 6천5백 자의 한자로 쓰여졌다. 52만 자가 넘는 한자로 이루어졌다면 엄청나게 방대한 분량인 데다가 죽간을 부분적으로 잃어버리기도 해서 사실 《사기》 자체가 원래 그대로 전해졌다고 보기는 힘들다. 그래서 이후 복원과 대조 등의 과정을 거치면서 일부 내용이 첨가되거나 삭제되었을 것으로 추정된다.

현재 전해 오는 《사기》는 모두 130편으로 구성되어 있다. 그리고 이 130편은 모두 다섯 가지 체제 안에 들어 있다. 다섯 가지 체제란 본기(本紀), 표(表), 서(書), 세가(世家), 열전(列傳)을 말한다.

본기는 전설상의 임금인 오제에서 한나라 무제에 이르기까지 약 2천5백 년간 제왕들의 정치와 행적을 연대순으로 기록한 것으로, 모두 12편이다. 제왕은 최고의 통치자인 만큼 한 시대의 중심에 놓일 수밖에 없다. 그러므로 제왕의 전기이기도 한 본기를 통해서 각 시대의 중요한 사건들을 시대의 흐름을 따라 읽어나갈 수 있다.

그러나 본기에는 〈항우본기〉나 〈여후본기〉처럼 제왕이 아니었던 사람들에 관한 기록도 수록되어 있다. 원래 천자는 아니었지만 천하의 패권을 차지했던 항우, 그리고 한나라 고조인 유방의 부인이면서 그의 아들 혜제를 대신해 나라를 다스렸던 여후를 사마천은 실질적 권력자로 평가해 이들을 본기에 수록한 것으로 보인다.

표는 연표, 즉 연대표를 말하며 모두 10편으로 되어 있다. 여기에는 오제 시대 이후에 일어난 여러 가지 사건들이 시대 순서에 따라 일목요연하게 도표로 정리되었으며, 각 연도마다 중요한 사건이나 인물의 행적이 짤막하게 요약되어 있다. 표를 통해서 본기에서 누락된 사실이라든지, 복잡한 여러 사건들의 시간적·공간적인 연관성을 쉽게 파악할 수 있다. 표는 사마천 이전에 쓰여진 역사서에서는 찾아볼 수 없는, 사마천이 창안한 독창적인 것이다.

서는 국가의 중요한 제도와 사회 규범을 주제별로 정리해 놓은 것으로, 여러 문물 제도의 변천 내력을 기록한 분류사라고 할 수 있다. 예악·군사·제사 의식·천문·역법·수리 시설·경제 제도 등에 대해 다루고 있는데, 모두 8편으로 되어 있어서 8서라고도 한다.

이 8서는 한 분야에 대해 상고 시대로부터 당시까지의 유래와 변천과 실제적인 활용 방안을 기록해 일종의 문화사나 제도사의 성격을 갖는다. 8서의 영향이 후대의 역사책에는 지(志)라는 명칭으로 계승되었다.

세가는 제후들이나 시대에 따라 중요한 지위를 차지한 권력자에 대해 기록한 것으로, 30편으로 구성되어 있다. 여기에는 봉건 제후나 개국 공신 등과 같은 인물의 집안 계보와 사적을 나라별로 기술해 놓았다. 이들에 관한 기록을 통해 한 시대의 중앙과 지방의 관계 그리고 지방 여러 곳의 정치 모습 등을 살펴볼 수 있다. 그런데 이

세가에는 진승과 같은 농민 반란의 지도자나 공자와 같은 사상가도 들어가 있다. 사마천은 아마도 공자나 진승을 실질적으로 제후에 못지않은 중요한 인물로 간주했던 것 같다.

열전은 글자 그대로 풀이하면 '사람들을 열거해 전하는 이야기'라는 뜻인데, 그 안에 다양한 사람들의 전기를 기록했다. 여기에는 학자, 정치가, 군인 등 주요 인물만이 아니라 자객, 협객, 유세가, 해학가, 재력가, 군왕의 총애를 받았던 여인 등 신분과 귀천을 가리지 않고 각 분야에서 특출한 재능이나 수완을 가졌던 다양한 사람들이 등장한다. 뿐만 아니라 흉노, 조선, 월나라 등 중국 주변에 있는 이민족의 풍속과 문화도 포함되어 있어서 중국만이 아니라 고대 동아시아의 역사 전체를 알 수 있다.

열전은 《사기》의 총 130편 중 70편이나 되어, 가장 큰 비중을 차지하며 사마천이 가장 심혈을 기울인 부분이기도 하다. 그래서 《사기》라고 하면 열전을 떠올릴 정도로 열전은 《사기》를 대표하며 사마천의 문학적인 상상력이 가장 잘 드러난 불후의 저작이라고 할 수 있다.

열전에서 사마천은 한 인물의 생애를 연대기적으로 기록하는 통상적인 서술 방식을 피하고, 해당 인물의 특징적인 면모나 일화를 뽑아 기록했다. 이런 점으로 볼 때 사마천은 열전의 인물을 그릴 때 그 인물의 삶보다는 그가 지닌 특징과 성격을 중요하게 여겼음을 알

수 있다. 사마천이 인물을 선정한 중요한 기준은 유가 사상에 근거한 도덕성과 선(善) 그리고 의로움이었다. 의로움의 상징적 인물인 백이와 숙제를 열전의 가장 앞부분에 놓은 것도 그러한 가치관을 반영한 것이다.

열전에는 훌륭한 사람들의 삶만 있는 것이 아니다. 정사를 어지럽힌 꽃미남들의 이야기인 〈영행열전(佞幸列傳)〉, 뛰어난 상술로 돈을 번 사람들의 이야기인 〈화식열전(貨殖列傳)〉, 자객들과 호방한 호걸들의 이야기인 〈자객열전(刺客列傳)〉, 〈유협열전(游俠列傳)〉 등도 들어 있다.

재미있게도 70편의 열전 중 가장 마지막 편인 〈태사공자서〉에는 사마천 자신과 그 집안의 내력, 그리고 《사기》를 쓰게 된 배경과 《사기》 전체의 구성, 《사기》의 내용을 정리했다. 사마천은 자신 역시 기구한 삶을 산 사람을 대표한다고 보고 열전 속에 포함시킨 것이다.

### 2) 역사서로서의 《사기》

《사기》는 중국 역사의 출발인 오제 시대부터 사마천이 살았던 한나라 무제 때까지 약 2천5백 년의 시기를 다룬 역사책이다. 어떤 나라의 역사를 시대 순서대로 정리한 역사책을 통사(通史)라고 하는데, 《사기》는 중국 최초의 통사라고 할 수 있다.

물론 《사기》 이전에 역사책이 없었던 것은 아니었다. 공자가 쓴 《서경》과 《춘추》, 여불위가 《춘추》를 모방해서 만든 《여씨춘추》, 춘추 시대 좌구명(左丘明)이 쓴 《국어(國語)》 등의 역사책이 이미 있었다. 그러나 이들 역사책은 한 나라의 역사를 연대기적으로 기술한 단순한 구성으로 되어 있었다. 따라서 《사기》처럼 오제 시대부터 하·은·주 시대, 진나라, 그가 살던 한나라 무제 때까지 역대 왕조의 흥망성쇠와 그 시대를 살아간 다양한 사람들의 모습을 씨줄과 날줄로 엮은 역사책은 없었다.

사실 사마천이 살았던 시대에는 역사라는 용어가 아직 존재하지 않았다. 앞에서도 말했지만 단지 역사를 기록하는 태사와 그의 기록만이 있었을 뿐이었다. 그런 의미에서 과거의 사실을 체계적이고 정확하게 기록한 역사책, 즉 정사(正史)라는 개념의 책은 없었다. 그러므로 《사기》는 고증과 문헌을 기초로 해서 과거의 사실들을 체계적으로 기록하고 논평한 중국 최초의 정통적으로 인정되는 역사책이다.

또한 《사기》는 진시황의 분서갱유로 기록이 없어져 거의 공백상태가 되어버린 중국 고대사를 복원하는 데에서 뿐만 아니라 선진(先秦, 진시황 시대보다 앞선 중국의 고대) 사상과 문화의 윤곽을 밝히는 데에도 아주 중요한 역할을 하고 있다.

이렇게 본기, 표, 열전 등의 종합적인 체제를 갖춘 역사 서술 방식을 기전체라고 하는데, 기전체 역사 서술의 가장 큰 특징은 인물 중심의 역사 기술 형태라고 할 수 있다. 이는 사마천이 수많은 문헌을 접하고 또 답사 기행을 통해 자신의 역사관을 확립했기 때문일 것이다. 이러한 기전체 서술 방식은 후세의 정통적인 역사 서술 방식으로 굳어져 대대로 계승되었다. 중국의 주요 역사서는 물론이고, 우리나라의 《삼국사기(三國史記)》나 《고려사(高麗史)》와 같은 역사서들도 모두가 기전체의 서술 방식을 따랐다. 오제 시대부터 청(淸)나라까지 중국의 정통 왕조에 대한 역사서는 모두 24권으로 24사라고 부르는데, 《사기》는 이 24사의 첫 번째 권이다. 이 24사는 사마천의 역사 서술 방식을 따라서 모두 기전체로 쓰여졌는데, 그만큼 《사기》가 가장 정확한 역서 서술 방식으로 자리 잡았음을 보여 준다.

그렇다면 《사기》의 역사적 서술은 얼마나 진실에 가까운 것일까? 사실 서양의 역사학이 근대 역사학의 기준이 되면서 《사기》는 호된 비판을 받기도 했다. 역사적 사실을 객관적으로 기술했다기보다는 감정을 가지고 기술했다는 것이다. 그러나 이러한 비판은 역사에 대한 해석의 문제가 본격적으로 논의되면서 잘못된 견해라는 것이 드러났다. 역사란 후대의 역사가에 의해 쓰여지는 것이고 그런 만큼 역사가의 견해나 입장이 반영되기 마련이다.

따라서 《사기》에 사마천 개인의 사상이 반영되었다고 해서 비판의 도마에 오를 이유는 없다. 다만 사마천이 기술한 내용이 역사적인 진실과 얼마나 가깝게 접근했는가가 더 중요한 문제다. 이 점에서 보면 《사기》처럼 풍부한 사료를 가지고 고증을 정확하게 한 역사책도 드물다고 할 수 있다. 사마천은 《사기》를 쓰기 위해 수많은 고

문서들을 황실의 역사 문서 보관소에서 찾아 읽었고 더 나아가 많은 답사 여행을 통해 그 진실을 밝히려고 노력했다. 이 점에서 《사기》는 그 이전에 있었던 주관적인 역사 기술과는 달리 객관적인 사실에 근거를 두기 위해 많은 노력을 기울였다고 평가할 수 있다.

그러면 《사기》의 내용은 역사적 진실을 충실하게 반영한 것일까? 사실 이 문제는 꼭 그렇다고 말하기 어렵다. 왜냐하면 사마천 스스로도 《사기》를 쓴 목적을 "하늘과 사람의 관계를 밝히고 옛날과 현재의 변화를 두루 꿰뚫어서 하나의 학문적 업적을 이룩한다."라고 말했기 때문이다. 이 말은 달리 표현하면 자신의 입장을 가지고 역사적 사실을 해석한다는 뜻이다.

그렇다면 사마천이 말한 입장이란 무엇인가? 그것은 한 마디로 말해 유가적인 세계관이다. 유가가 주장하는 인의예지(仁義禮智)에 바탕을 두고 역사적 사실에 대해 재단을 한다는 말이다. 따라서 《사기》의 밑바탕에는 옳고 그름에 대한 나름의 판단이 들어 있고 그에 대한 논평이 들어가 있다. 이것은 공자가 《춘추》를 쓰면서 역사적 사건에 대해 옳고 그름을 냉정하게 밝힌다고 했던 그 자세와 동일한 것이다. 공자가 《춘추》를 쓰려고 했던 이유는 역사적 진실을 제후와 선비들이 제멋대로 해석해서 가치관이 혼란했기 때문이었다.

이 점은 사마천도 마찬가지였다. 사마천이 황제로 모시고 있던 한나라 무제 역시 자신의 편의에 따라 진실을 제멋대로 해석했고 황제를 따르는 대신들도 마찬가지였다. 그래서 사마천은 더욱더 이런 그릇된 가치관에 맞서 진실을 밝히고 싶었던 것이다. 그 진실의 내용은 당연히 하나의 사상, 곧 인과 의였던 것이다. 따라서 사마천이 쓴 《사기》는 객관적인 역사라기보다는 역사를 살아간 사람들의 진실과 거짓을 있는 그대로 밝힌 것이다. 또한 철학이 있는 역사이고, 인간의 삶을 진실하게 되돌아보게 하는 비판 의식이 들어 있는 역사다.

사실 사마천은 〈태사공자서〉에도 나오듯이 춘추 전국 시대의 인문주의적인 사상들을 두루 공부했고 그런 만큼 스스로 하나의 학문적 일가(一家)를 이루고 싶었을 것이다. 그래서 사마천은 "학문적 업적을 이룩하기"위해, 하나의 학파인 사가(史家, 역사를 중시하는 학파)를 완성하려고 생각했던 것이다. 그런 측면에서 《사기》는 수많은 자료와 책을 섭렵한 사마천 자신의 해박한 지식과 사상이 농축된 책으로, 역사적인 사실은 물론이고 철학, 문학, 음악, 천문학, 지리, 군사, 경제, 신앙 등 사회의 모든 현상을 망라한다.

또한 《사기》는 역사서로서만이 아니라 문학 작품으로서도 불후의 명작으로 꼽힌다. 흔히 《사기》를 전기(傳記) 문학의 출발점이라고 말한다. 사마천은 《사기》에서 인물에 대해 묘사를 하면서 그의 특징과 심리를 생생하게 그렸다. 이는 그의 문학적인 천재성이 돋보이는 부분이기도 하다. 사마천은 인물의 개성을 정확히 파악해 이를 생동감

있게 그렸을 뿐만 아니라 마치 그 자리에 있었던 것 같은 대화를 만들어 하나의 문학 작품으로 만들었다. 또한 전해 오는 전설이나 속담, 유행하는 고사를 덧붙여서 무한한 흥미를 자아내게 했다. 이것이 바로 그의 예술적 기교였는데, 이는 원(元)나라 이후의 서사 문학에도 많은 영향을 미쳤다. 특히 항우의 사랑과 인간성을 그린 《패왕별희(霸王別姬)》와 같은 경극은 사마천의 《사기》에서 주제와 내용을 빌린 것이다.

### 3) 오늘날 《사기》는 우리에게 어떤 의미를 주는가?

《사기》는 단순한 역사책이 아니라 사마천이라는 한 시대의 뛰어난 사상가의 학문과 삶에 대한 폭넓은 이해가 녹아 들어 있는, 인간의 다양한 삶을 발견할 수 있는 사상서이자 문학 작품이라고 할 수 있다. 《사기》는 단순한 이야기가 아니라 이야기 속에 숨어 있는 진실을 읽는 책이다. 왜냐하면 《사기》는 궁형이라는 치욕적인 형벌을 끝내 감수하며 완성시킨 사마천의 '발분의 저서'이기 때문이다. 말로 표현하기 힘든 고통과 분노를 삭이며 살아가야 했던 사마천은 때로는 얼음같이 차가운 눈빛으로, 때로는 용광로처럼 뜨거운 심장으로 사물과 세계를 바라보면서 붓을 움직였을 것이다.

이러한 삶의 깊은 고뇌가 있었기에 그는 인간에 대한 폭넓은 이해와 통찰력을 가질 수 있었고, 인간이 지닌 비루한 속성뿐만 아니라 드높은 기상도 찾아낼 수 있었던 것이다.

그런 의미에서 《사기》는 서양 역사서의 효시인 헤로도토스의 《역사》와 함께 인간의 총체적인 삶을 가장 감동적으로 그려낸 작품이라고 할 수 있다. 이 두 책의 공통점은 인물에 대한 이야기로 이루어진 역사책이라는 점이다. 그러나 그 이야기들은 단순한 이야기가 아니다. 그 이야기 속에는 인간의 선과 악, 아름다움과 추함, 정의와 불의, 용기와 비겁함 등 인간이 가지고 있는 모든 가치와 욕망이 녹아 있다. 이런 의미에서 《사기》는 인간에 대한 보고서라고 할 수 있다.

역사는 교훈을 주어야 하고 역사의 진보를 표현해야 한다는 측면에서 많은 역사책들은 항상 사회의 정의와 인간의 올바른 삶을 강조해 왔기 때문에 우리가 살아가는 현실과는 거리가 있었다. 그런 차원에서 볼 때 《사기》처럼 인간의 총체적인 모습을 그린 역사책은 찾아보기 힘들다.

그러나 무엇보다도 중요한 것은 《사기》가 사람에 대한 사랑을 전제로 쓰여진 책이라는 점이다. 사마천이 인간을 사랑하지 않았다면 역사책을 만들려고 하지 않았을 것이다. 사마천은 인간이 지닌 애증의 감정을 솔직하게 표현하면서도 어느 한 측면에만 치우치지 않았다. 즉 증오는 나쁘다는 식으로 도덕 교과서처럼 서술하지 않았던 것이다. 인간에게는 증오 또한 힘이 될 때가 있는 것이다. 이것은 사마천이 몸소 겪고 보았기 때문에 깨달은 진실이었을 것이다. 그가 〈오자서열전〉을 쓰면서 오자서가 지녔던 복수의 감정을 나쁜 것으로 보지 않았던 까닭도 인간에 대한 총체적인 이해와 인간에 대한 진실한 애정이 있었기 때문일 것이다.

우리의 선조들이 《사기》를 사서오경(四書五經)과 더불어 필독서로 읽었던 까닭도 어느 시대에나 통하는 인간의 진실한 모습을 드러내는 《사기》의 매력을 알았기 때문일 것이다.

# 사마천 연보

**기원전 145년(1세)** ┃ 하양(夏陽)에서 태어났다. 이때 사마천의 아버지 사마
담은 약 26세였다.

**기원전 141년(5세)** ┃ 한나라 무제가 16세의 나이로 즉위한다.

**기원전 138년(8세)** ┃ 무제는 흉노를 물리치기 위해 장건을 서역의 월지국
에 파견해 동맹을 맺고 오도록 한다.

**기원전 133년(13세)** ┃ 무제가 흉노를 공격하려다 실패한다. 이때부터 한나
라와 흉노는 적대 관계에 들어갔고, 무제는 본격적인
흉노 토벌을 계획한다.

**기원전 126년(20세)** ┃ 사마천은 여러 곳을 답사하기 위해 긴 여행을 떠난다.
이때 서역에 파견되었던 장건이 13년 만에 돌아와 무
제에게 서역의 실정을 보고한다.

| 기원전 123년(23세) | 사마천은 아직도 여행 중이거나 아니면 여행에서 돌아와 낭중이라는 직책에 기용된 것으로 추정된다. 대장군 위청이 흉노를 공격해 대승을 거둔다. |
|---|---|
| 기원전 119년(27세) | 사마천은 낭중으로 활동한다. 이때 이릉의 할아버지 이광이 흉노 토벌에 실패하자 자살한다. 장건은 다시 서역으로 파견된다. |
| 기원전 110년(36세) | 사마천은 서남방 소수 민족 정벌대 활동을 끝내고 돌아온다. 이 해에 태사령으로 있던 그의 아버지 사마담이 세상을 뜬다. |
| 기원전 108년(38세) | 태사령이 된 사마천은 아버지가 남긴 원고를 바탕으로 《사기》 저술에 착수한다. |
| 기원전 99년(47세) | 이릉이 흉노에 패하고 투항하자 사마천이 이를 변호하다가 무제의 노여움을 받아 수감된다. |
| 기원전 98년(48세) | 사형을 언도받은 사마천은 살아남아 《사기》의 저술을 완성하기 위해 궁형을 자청한다. |
| 기원전 97년(49세) | 사마천은 궁형을 당한 뒤에도 능력을 인정받아 환관들 중 가장 높은 직책인 중서령에 임명된다. |

**기원전 91년(55세)** │ 사마천은 《사기》의 집필에 매진하며 친구였던 임안에게 답장하는 〈보임안서〉를 쓰다.

**기원전 90년(56세)** │ 사마천은 필생의 역작인 《사기》를 완성한다. 이 이후의 사마천의 행적을 알 수 없으나 그의 묘지는 지금의 섬서성 한성현 지천진(芝川鎭) 사마파(司馬坡)에 있다.